CHARLES NODIER

EPISODES ET SOUVENIRS

1780-1844

« Quelle paix sans mélange à goûter dans cette région limpide qui n'est jamais agitée, qui n'est jamais privée du jour du soleil, et qui rit, lumineuse et paisible au-dessus de nos ouragans, comme au-dessus de nos misères!

« Non, délicieuses vallées du ciel, m'écriai-je en pleurant abondamment, Dieu ne vous a pas créées pour rester désertes, et je vous parcourrai un jour les bras enlacés à ceux de mon père! »

CHARLES NODIER. (*Jean-François les Bas-Bleus.*)

CHARLES NODIER

ÉPISODES ET SOUVENIRS DE SA VIE

PAR

Mme MENNESSIER-NODIER

PARIS
LIBRAIRIE ACADÉMIQUE
DIDIER ET Cie, LIBRAIRES-ÉDITEURS
35, QUAI DES AUGUSTINS, 35
—
1867
Tous droits réservés

AVANT-PROPOS

Ego in eo.

La pensée qui vient de se réveiller en moi avec une insistance à laquelle je dois céder, s'étoit présentée pour la première fois à mon esprit il y a maintenant plus de vingt ans.

Je commençois seulement alors à vivre en familiarité avec une de ces douleurs que le temps consacre au lieu de les atténuer, et rien ne sembloit plus naturel peut-être, que de donner pour appui à l'accablement de regrets sans consolation la mémoire exprimée d'un passé absolument heureux.

Justement convaincue de mon insuffisance en face d'une tâche aussi imposante, je n'aurois eu besoin de réfléchir à aucun autre obstacle, et cependant il faut avouer que l'humilité littéraire seroit bien la plus triste des vanités, si elle pouvoit s'appliquer à un pareil sujet soumis à de pareilles conditions : une fille essayant de raconter la vie de son père.

Il y a là assez de troubles et assez d'amertumes pour n'y pas mêler les petites agitations et les petites blessures d'un amour-propre en souffrance.

Le respect de cette chère mémoire m'a d'ailleurs paru, pendant de longues années, commander le silence. J'ai presque laissé venir la postérité pour elle, en attendant pour moi la double maturité qu'apportent l'âge et la solitude, tandis que j'achevois d'apprendre avec leur aide à connoître mon père et à l'aimer tout de bon.

Aujourd'hui, je sais qu'il a vécu pour moi,

et, depuis notre séparation, je me suis mise à vivre pour lui. Grâce à Dieu et aux tendres enseignements paternels, j'ai une foi assez sûre dans un avenir où nous serons de nouveau réunis, pour me dire qu'il n'est pas trop tard.

Mais je n'oublie pas que la jeunesse est passée, que l'heure presse sans doute, et le désir ardent de laisser tomber au fond de quelques âmes affectueuses, qui se plairont encore à la recueillir, la dernière impression vivante de ce charme souverain qui caractérisoit mon père en le faisant « inévitablement aimer, » selon l'heureuse expression de l'un de ses plus célèbres biographes, se ravive avec son intensité première; — et c'est par un sentiment qui ressemble à l'obéissance que j'entreprends ce simple et fidèle récit.

Charles Nodier, qui avoit le bonheur de vivre entouré d'amis éminents, a eu la fortune plus grande d'en être regretté; parmi ceux-là, plusieurs ont consacré à sa mémoire des études d'une éloquence émue, que je ne relis jamais sans l'attendrissement le plus reconnoissant.

En dehors des hautes questions littéraires que je ne peux ni ne dois soulever, je les copierai souvent, et je ne saurois mieux faire.

J'adresse aux arrière-petits-enfants de Charles Nodier ces pages qui n'ont guère la prétention de composer un livre.

Un jour va venir où on apprendra à leur jeune intelligence que leur aïeul fut illustre, afin qu'ils en soient fiers; mon devoir est plus doux, et il est peut-être aussi grand; — je veux dire à leur jeune cœur combien il étoit bon, afin qu'ils l'aiment.

Le souvenir des morts, c'est la vision consolante qui montroit au saint patriarche l'échelle où montent et descendent les espérances immortelles, et qui relie la terre au ciel.

PREMIÈRE PARTIE

I

BESANÇON

Jean-Emmanuel-Charles Nodier est né à Besançon, le 29 du mois d'avril 1780.

Son père, ancien professeur de l'Oratoire, conservoit au plus haut degré sous la robe austère du magistrat, l'amour des bonnes lettres et le goût cultivé de toutes les choses de l'esprit. C'étoit, ainsi que l'a écrit M. Francis Wey, « un homme intègre, prenant au sérieux des théories auxquelles du temps de Périclès on contrevenoit déjà dans la pratique; rigide au reste comme un Romain dans l'accomplissement de ses devoirs, mais sensible et doux dans la pratique de la vie intérieure. »

« Imbu des idées de l'auteur d'Émile, le père de Nodier prétendoit que Charles fût un homme avant que d'être un enfant; il lui inspira des goûts sérieux et en fit un jeune homme à la mode, à un moment où Nodier n'étoit pas même encore jeune. De là son goût pour les gens plus âgés que lui, la précocité de son imagination et l'ancienneté de ses premiers souvenirs. »

Avec ces dispositions, il n'est pas douteux que la venue d'un fils qui apportoit un tendre aliment aux affections de son cœur, n'ait été saluée en même temps par la nostalgie de son existence obscure, comme la précieuse arrivée d'un élève chéri.

Tout devoit d'ailleurs contribuer à aider M. Nodier dans cette tâche si ardemment entreprise. Un autre enfant destiné à devenir l'inséparable compagnon de la jeunesse de Charles, et le fidèle ami de sa vie entière; l'écrivain érudit qui, à l'heure où j'essaye de raconter un passé dont il fut le témoin, est encore l'une des plus hautes intelligences de ce temps, et de tous les temps, Ch. Weiss étoit le proche voisin de la maison où venoit de naître mon père[1].

C'est lui qu'il faut entendre se souvenir de leur première rencontre, et lui seul pourroit dire l'étrange conversation qui dut avoir lieu entre ces deux bambins de sept ans dont l'un a été Ch. Weiss, et dont l'autre, qui fut Charles Nodier, s'en revenoit de l'école avec les Essais de Montaigne sous son bras.

Des relations d'un ordre affectueux ne tardèrent pas à s'établir entre ces âmes si remarquablement douées, et dans cette belle confraternité de sentiments et d'études s'écoulèrent dix années remplies d'incidents puérilement heureux, qui souvent rappelés plus tard par la prodigieuse mémoire des deux anciens condisciples, ne manquoient jamais de les faire rire aux larmes.

Les larmes étoient quelquefois plus tenaces que le rire.

« En quittant chaque fois Besançon, dit M. Sainte-Beuve dans la notice qui sert de préface aux *Contes* de Charles Nodier, publiés

---

1. Depuis que ces lignes ont été écrites, la Franche-Comté a perdu Charles Weiss.

en 1841, Nodier y laissoit un ami qu'il revoyoit toujours ensuite avec bonheur, qu'il émerveilloit de ses nouveaux récits, au cœur de qui il gravoit, comme sur l'écorce du hêtre, les chiffres du moment, et que quarante années écoulées depuis lors n'ont pas arraché du même lieu. Weiss, cet ami d'enfance, bibliographe comme Nodier, et, qui plus est, homme d'imagination comme lui, l'un des derniers de cette franche et docte race provinciale à la façon du seizième siècle, héritier direct des Grosley et des Boisot, l'excellent Weiss est resté dans sa ville natale comme un exemplaire déposé de la vie première et de l'âme de son ami, un exemplaire sans les arabesques et les dorures; mais avec les corrections à la main, avec les marges entières précieuses, et ce qu'on appelle en bibliographie les « témoins. » Qui donc n'a pas ainsi quelqu'un de ces amis purs et fidèles qui est resté au toit, quand nous l'avons déserté, le pigeon casanier qui garde la tourelle? Mais l'autre souvent ne revient pas. C'est le tome premier de nous-mêmes, et celui presque toujours qui nous représente le mieux.

« Pour savoir le Nodier d'alors, c'est bien moins le Nodier d'aujourd'hui, trop lassé de s'entendre, qu'il eût fallu interroger, que le témoin mémoratif et glorieux d'un tel ami, lorsque dans la belle promenade de Chamars, si pleine de souvenirs (avant que le génie militaire eût gâté Chamars), il s'épanchait en abondants et naïfs récits et faisait revivre sous les grands feuillages d'automne, les confidences des printemps d'autrefois, désespoirs ardents, philtres mortels, consolations promptes, complots, terreurs crédules, fuites errantes, une fenêtre escaladée, les années légères. »

Quel croquis charmant leurs souvenirs réunis à ceux de la spirituelle sœur de Charles, crayonnoient de la vieille servante Denise et de son bizarre costume auquel il eût été aussi malaisé d'assigner une époque que de donner un âge à celle qui en étoit revêtue : la Fée aux miettes de l'enfance de mon père. Comme on la savoit par cœur cette duègne dévouée qui régentoit toute la maison, et qui répondoit avec son inimitable accent aux observations de son maître sexagénaire : « Vous ne serez pas toujours jeune ! »

Bien qu'il n'en restât plus vestige, elle avoit la prétention de l'avoir été pour son compte, alors qu'elle étoit au service de M. d'Amboise, le gouverneur de Château-Thierry. Quand elle entamoit ce chapitre qu'elle entamoit volontiers, elle mêloit aux incidents de sa propre existence le souvenir d'événements et d'usages tellement étranges ou surannés, que mon grand-père, chercheur infatigable de sa nature, avoit été curieux de recueillir quelques renseignements sur les destinées ultérieures de ce seigneur étonnant qui avoit gouverné Château-Thierry, et qui avoit été gouverné par Denise. Les recherches faites dans les archives de la patrie de La Fontaine avoient effectivement amené la découverte d'un gouverneur de la famille d'Amboise. Il n'y en avoit jamais eu qu'un de ce nom-là, et celui-là étoit mort en 1557, — vers la fin du règne d'Henri II. Ce détail qui élevoit Denise aux proportions d'un personnage légendaire, ajoutoit tout naturellement à l'intérêt qu'inspiroit son histoire, et ne devoit pas nuire pour sa petite part au développement des tendances de Charles Nodier vers le fantastique.

C'étoit le temps où quatre-vingt-onze fermentoit. Le bouillonnement des idées philosophiques de l'époque, et l'éruption déjà prévue et menaçante du volcan politique poussoit de bonne heure à une adolescence de serre chaude les âmes vigoureusement précoces qui devoient supporter plus tard le poids de tant de choses ruinées ; l'enfance étant considérée comme un luxe nuisible, tout tendoit à la supprimer.

A dix ans, Charles Nodier avoit l'exaltation romanesque d'un homme, — d'un homme d'autrefois, bien entendu — et il y joignoit, à l'en croire, la naïve importance d'un écolier pédant.

Cette double et malencontreuse disposition lui valut alors une rude leçon, à la maligne influence de laquelle il attribuoit l'excessive et réelle timidité qu'il n'a jamais perdue, et qui étoit, au reste, un des plus grands charmes de ce grand esprit.

A Besançon, en quatre-vingt-onze, la belle entre toutes les belles s'appeloit madame la baronne d'A***. On admiroit encore la beauté ; on disoit encore un peu : madame ; et il n'étoit pas tout à fait défendu d'être baronne.

Seulement, il falloit en profiter vite, parce qu'on n'avoit plus que le temps.

Le jeune Charles n'avoit pu s'empêcher de suivre dans leurs extases contemplatives les rhétoriciens de son collége qui se réservoient « *intrà muros* » le culte exclusif de l'éblouissante étoile, et il s'étoit mis en silence à contempler aussi.

Personne d'ailleurs ne pouvoit être mieux placé pour cela, madame d'A*** et sa tante faisant régulièrement partie du petit nombre d'amis qui s'asseyoient chaque soir à la table de boston du président Nodier.

Plus on a l'habitude d'être adorée, moins on va soupçonner d'adoration un écolier de dix ans que ses professeurs s'accordent à trouver fort en version.

Madame la baronne d'A*** qui ne devinoit même pas les succès qu'elle obtenoit en rhétorique, ne se seroit pas avisée de la moindre coquetterie à son égard ; mais elle eût encore bien moins songé à se défendre d'en avoir.

Elle étoit douce et bonne, et ne refusoit pas du

tout de choisir pour dévidoir les mains tremblantes de son muet adorateur. Elle rioit franchement de sa maladresse et il paroît qu'elle n'avoit pas tort.

Maladroit! comment ne l'eût-il pas été? Son cœur étoit le seul outil dangereux dont l'exagération de la prudence paternelle lui eût laissé la libre disposition; — on peut voir que c'étoit déjà trop.

A l'âge de douze ans, il n'avoit jamais touché un couteau, et beaucoup plus tard encore, il eût été absolument incapable de couper son pain. Ce qui faisoit dire avec une certaine nuance de raillerie à une aimable personne dans un temps plus récent : « Ce besoin de soins et de service assidu devoit ajouter un grave embarras aux difficultés de votre existence, savez-vous, pendant ces années errantes et poursuivies que vous contez si bien? »

Et mon père de répondre :

« Oh! mon Dieu, non, madame, j'avois si peu de pain à couper! »

La gaucherie dans le dévouement est un malheur, ce n'est pas un défaut pour les bienveillants ; madame d'A*** étoit excellemment bienveillante.

Charles Nodier ne l'ignoroit pas, et un matin après toutes les méditations, les insomnies et les angoisses que peuvent contenir un cerveau de dix ans aux prises avec une préoccupation insensée, il résolut de mettre la clémence de son idole à une épreuve qu'elle n'avoit certainement pas rêvée.

Sur le plus beau papier de son père, et de sa plume la plus irréprochable, il écrivit à l'auteur involontaire de tants de dégâts, pour l'informer de la triste situation de son cœur. Une fois lancés, les timides ne vont pas par quatre chemins. Dans cette lettre respectueuse autant que passionnée, l'élève de cinquième demandoit tout simplement un rendez-vous.

L'épouvantable détresse dans laquelle ce Chérubin barbouillé de confitures demeura plongé lorsqu'il eut fait parvenir son épître à destination, peu de gens peuvent la connoître par expérience, mais tout le monde doit la comprendre.

Madame d'A*** la comprit aussi probablement, car la réponse ne tarda guère. Elle étoit conçue en termes un peu brefs, un peu froids peut-être ; cependant l'entretien sollicité étoit accordé, elle-même en fixoit le lieu et le moment. Elle consentoit à venir retrouver son audacieux correspondant dans une des allées sombres du sombre Chamars, pour l'entendre exprimer des sentiments, dont l'aveu ne sembloit pas l'avoir offensée ; il eût fallu être bien exigeant pour attendre davantage d'une sympathie si fraîchement éclose.

Le pauvre Charles se sentoit bien trop heureux pour espérer au delà de ce qu'on lui donnoit. Avec moins de candeur, il auroit même pu penser qu'on lui donnoit beaucoup.

Les heures réputées éternelles ont un terme comme les autres ; le soir tant appelé finit par se laisser attendrir, et le jeune triomphateur que ses distractions amoureuses avoient exposé pendant toute la journée à des avalanches de pensums, se dirigea, fier et modeste à la fois, vers l'Éden à jamais béni qu'on avoit daigné lui indiquer.

Que de paroles émues se pressoient déjà sur ses lèvres, et voloient au-devant des pas de la bien-aimée ! Quel éther de félicité, et quel abîme de reconnoissance! Il marchoit devant lui sans avoir conscience de l'action matérielle qu'il accomplissoit, mais malgré la nuit tombée, il n'étoit pas difficile de trouver son chemin le long de la promenade déserte. Il étoit moins difficile encore de s'y rencontrer. A cette heure d'étoiles, ce ne pouvoit être qu'elle, et ce ne pouvoit être que lui.

Enfin il arrive! il arrive hors d'haleine, palpitant, suffoqué par le bonheur et aussi un peu par l'orgueil, hélas! Il avoit lu quelque part qu'en pareille situation il étoit d'usage de tomber à genoux; il se garde bien d'y manquer en voyant venir à lui cette ombre enveloppée de dentelles blanches, dont son cœur connoît trop la forme élégante, et qu'il devine à travers l'épaisseur des arbres et de l'obscurité.

Deux mains adorables, mais énergiques et irritées, le relèvent vivement, enchaînent ses bras par un mouvement rapide que son trouble ne peut s'expliquer, et lui infligent en silence la plus humiliante des corrections maternelles.

Quel dénoûment et quel réveil!

« Je ne lui en ai jamais voulu, disoit mon père, quoique sa sévérité ait singulièrement modifié les conditions probables de mon avenir. A dater de ce soir-là, je suis devenu craintif, défiant de moi-même, et il n'y a rien de pis pour faire son chemin dans ce monde. Tel que vous me voyez, toutes les fois que je m'approche d'une femme, je tremble d'être fouetté. »

Quelques mois plus tard l'héroïne de ce roman printanier qu'on peut mettre sans danger entre les mains de la jeunesse, quittoit Besançon pour suivre sa famille émigrée, et je ne pense pas que les hasards de la vie l'aient amenée à rencontrer depuis celui qu'elle avoit blessé comme beaucoup d'autres et qu'elle avoit guéri comme personne.

M. Paul Féval a consacré quelques-unes de ses plus jolies pages au récit de cette anecdote que Charles Nodier racontoit volontiers, et que ses amis ont souvent racontée d'après lui.

La cure avoit été radicale, on le suppose de reste, et ce ne fut pas dans le but d'établir une diversion à des chagrins dont j'aurois, d'ailleurs, peine à croire qu'on eût jugé à propos de l'informer, que mon grand-père, à peu près dans le même temps, envoyoit son fils à Strasbourg. Charles Nodier explique les motifs qui déterminèrent ce voyage dans son étude sur Euloge Schneider.

« Mon père, passionné pour les études classiques, s'étoit promis de faire de moi un espèce de savant. Ce n'est pas la seule de ses espérances que j'aie trompée; il m'avoit appris ce que je sais de latin par une méthode qui lui étoit propre et dont les fruits m'ont échappé à mesure que j'ai vieilli. A dix ans, je lisois plus couramment qu'aujourd'hui des auteurs assez difficiles. Enchanté de mes progrès sur lesquels s'aveugloit sa tendresse, quoiqu'il fût plus que personne à portée de les apprécier à leur juste valeur, il ne pensa plus qu'à me faire commencer mes études grecques; mais les occupations multipliées que lui donnoient ses importantes fonctions, ne lui permettoient pas de me diriger.

« Parmi les hommes qui correspondoient avec lui sur des questions de philologie et de littérature ancienne, se trouvoit un certain Euloge Schneider, d'abord capucin à Cologne, puis grand-vicaire de l'Évêque constitutionnel de Strasbourg, et très-savant éditeur d'un Anacréon allemand. Mon père me recommanda aux soins de M. l'abbé Schneider qui les lui avoit offerts, et j'allai à Strasbourg apprendre du grec sous les auspices d'un grand vicaire qui avoit traduit et commenté Anacréon. »

On a beaucoup douté et beaucoup plaisanté de la puissante faculté qu'avoit mon père de « de souvenir de loin » et quand l'occasion s'en présente, on fait volontiers honneur à son imagination, aux dépens de sa sincérité, de l'agencement plus ou moins dramatique des scènes dont il a été spectateur ou même acteur avant l'âge où on a acquis, à ce qu'il semble, le droit de sentir, de ne pas oublier ce qu'on a senti, et de faire que sur la foi d'une parole loyale, d'autres en viennent à partager ces sensations. Quoique Charles Nodier fût assez modeste pour être sensible à la critique, pourvu qu'elle émanât d'un esprit de bonne intention, je ne l'ai jamais vu se préoccuper sérieusement que de celle-là

Aussi, fait-il dire à son interlocutrice dans *Lucrèce et Jeannette*:

« Je vous arrête sur le fait et en flagrant délit de menterie. Vous promettez des histoires réelles et au premier élan vous tombez dans le fantastique.

« On penseroit, à vous entendre, que la nature a tenu partout quelque phénomène en réserve pour fournir un texte à vos hyperboles. Que dira le critique ingénieux et malin qui suspend sur toutes vos périodes son point d'interrogation défiant et ricaneur? Croyez-vous que ce terrible douteur qui hésite à croire que vous ayez eu douze ans une fois en votre vie, que le hasard vous ait donné pour maître d'école un capucin de Cologne, et que la foule vous ait poussé, un jour où vous n'aviez rien de mieux à faire, sur une place de Strasbourg, dans laquelle il ne se trouvoit guère que douze ou quinze mille personnes, vous passe légèrement une Lucrèce de coulisses? Oh! c'est un chapitre sur lequel vous ne nous en ferez pas accroire! nous souffrons les invraisemblances des historiens, mais nous sommes intraitables avec les conteurs. »

Ceux des souvenirs de Charles Nodier auxquels il fait allusion ici, et qui ont rencontré tant d'incrédules, j'aurois cependant pu les écrire avant lui si j'avois su écrire, car la moindre de leurs circonstances m'étoit devenue familière à force de les avoir entendu rappeler par mon père et par ceux de ses contemporains qui en avoient été comme lui les témoins. Ma version n'eût certainement pas manqué d'exactitude : peut-être eût-elle manqué de quelque autre chose.

Une période d'épouvantements, baptisée d'un épouvantable nom : la Terreur, commençoit à peser sur la France. Mon père étoit alors dans sa douzième année, et c'est au récit qu'il fait lui-même d'un épisode marqué à cette date dans sa nouvelle de *Séraphine* que j'emprunte le portrait si filialement tracé de son vieil ami, M. Girod de Chantrans, l'une des influences bienfaisantes qui durent le plus et le mieux contribuer à donner leur valeur véritable au cœur et à l'esprit qu'on avoit confiés à la garde de son affection.

« Il y avoit dans ma ville natale un homme d'une

quarantaine d'années qui s'appeloit M. de C***, et qu'au temps dont je parle on appeloit plus communément le citoyen Justin du nom de son patron, parce que la révolution lui avoit ôté le nom de son père. C'étoit un ancien officier du génie qui avoit passé sa vie en études scientifiques, et qui dépensoit sa fortune en bonnes œuvres. Simple et austère dans ses mœurs, doux et affectueux dans ses relations, inflexible dans ses principes, mais tolérant par caractère, bienveillant pour tout le monde; capable de tout ce qui est bon, digne de tout ce qui est grand, et modeste jusqu'à la timidité au milieu des trésors de savoir qu'avoit amassés sa patience, ou deviné son génie; discutant peu, ne pérorant pas, ne contestant jamais; toujours prêt à éclairer l'ignorance, à ménager l'erreur, à respecter la conviction, à compatir à la folie, il vous auroit rappelé Platon, Fénelon ou Malesherbes; mais je ne le compare à personne : les comparaisons lui feroient tort. Le vulgaire soupçonnoit qu'il étoit fort versé dans la médecine, parce qu'on le voyoit le premier et le dernier au chevet des pauvres malades, et qu'il étoit à son aise parce qu'il fournissoit les remèdes; mais on le croyoit aussi un peu bizarre, parce qu'il étoit avec moi le seul du pays qui se promenât dans la campagne, armé d'un filet de gaze, et qui en fauchât légèrement les cimes des hautes herbes sans les endommager, pour leur ravir quelques mouches aux écailles dorées, dont personne ne pouvoit s'expliquer l'usage.

« Cette analogie de goûts rapprocha bientôt nos âges si éloignés.

« Le hasard vouloit qu'il eût été l'ami de mon père, et je ne tardai pas à trouver en lui un autre père dont le mien fut un moment jaloux; mais ils s'entendirent mieux pour mon bonheur que les deux mères du jugement de Salomon. Ils se partagèrent ma vie pour l'embellir tous les deux.

« Il le falloit. Il arriva une terrible loi, de je ne sais plus quel jour de floréal, qui exiloit les nobles des villes de guerre, et le plus sage des sages avoit le tort irréparable d'être noble. Depuis que cette funeste nouvelle s'étoit répandue, je ne vivois plus; je n'embrassois plus mon pauvre père sans le noyer de mes larmes, parce que mon ami s'en alloit.

« Console-toi, me dit-il un jour; il ne va pas
« loin. J'ai obtenu qu'il ne se retirât qu'à trois
« lieues, j'ai consenti à te laisser partir avec lui,
« et avec tes jambes de cerf, tu pourras venir
« m'embrasser sans pleurer une ou deux fois la
« semaine. »

« Je crus que je mourrois de joie car, il me sembloit comme cela ne les quitter ni l'un ni l'autre. Nous partimes donc; le peuple murmuroit sur notre passage : Voilà encore des nobles qui s'en vont ! et c'est l'unique fois de ma vie que j'aie pris plaisir à entendre dire que j'étois noble.

« Nous allâmes habiter un joli village éparpillé sur les bords d'une petite rivière qu'on appelle le Biez, suivant l'usage du pays, et qui étoit garnie de côté et d'autre d'un rang pressé de jeunes peupliers. Ils doivent avoir bien grandi ! Notre maison étoit, dans sa simplicité, la plus magnifique de la commune, et l'appartement que nous occupions au premier et dernier étage auroit fait envie à dix rois que j'ai rencontrés depuis dans es plus méchantes auberges de l'Europe. Il se composoit de deux chambres enduites d'un plâtre anc et poli, dont la propreté charmoit la vue.

Celle du citoyen Justin, qui étoit la plus grande comme de raison, ne manquoit pas d'un certain luxe d'ameublement, quoique le principal s'y réduisît à une couchette de paille (il n'avoit jamais d'autre lit, et je me suis fort bien trouvé dès lors d'avoir contracté près de lui cette habitude), à deux fortes chaises de bois de noyer et à deux grandes tables de la même matière et du même travail, cirées comme des parquets et luisantes comme des miroirs. La première qui avoit au moins cinq pieds de diamètre, occupoit de sa vaste circonférence le milieu du superbe salon dont je commence la description avec un sentiment si vif et si présent des localités, que j'en recounoîtrois tous les détails à tâtons si j'y étois transporté de nuit par la baguette d'une bonne fée, quoiqu'il y ait aujourd'hui, 12 octobre 1831, trente-sept ans jour pour jour, que j'y ai laissé, à peu de chose près, la petite part de bonheur sans mélange qui devoit m'échoir sur la terre. »

Une femme d'une âme charmante et d'une souveraine intelligence, la gracieuse étrangère dont la mort regrettable a fermé le dernier salon vraiment françois, madame la comtesse Adolphe de Circourt, devenue par son mariage, petite-nièce de M. de Chantrans, a voulu fixer ce pieux souvenir, en rapportant à Charles Nodier, de l'une de ses excursions en Franche-Comté, une aquarelle due à son pinceau d'artiste, et représentant avec la fidélité dont la plume de l'écrivain lui avoit donné l'exemple, la paisible maison de Novilars. Mon père ne parloit qu'avec la gratitude la plus attendrie de ce témoignage délicat d'une inappréciable affection.

« M. de Chantrans, dit l'éminent biographe de Charles Nodier, dans cette notice expansive et amicale que je prends plaisir à citer, forcé de quitter Besançon par suite du décret qui interdisoit aux ci-devant nobles le séjour dans les places de guerre, alla habiter Novilars, château à deux lieues de là : il emmena le jeune Nodier avec lui. C'étoit un savant, un sage, une espèce de Linnée bisontin. Il donna à l'enfant des leçons de mathématique et d'histoire naturelle, mais l'élève ne mordit qu'à cette dernière. »

L'inaptitude absolue de mon père pour les sciences exactes, est en effet une chose digne de remarque, quand on songe à la multiplicité de ses connoissances. Ce n'est certainement pas lui qui seroit parvenu, comme on le raconte de Pascal, à recomposer de son propre fonds jusqu'à la trente-deuxième page du premier livre d'Euclide. Il est vrai qu'il ne s'en seroit guère soucié. Rien ne le disposoit à l'incrédulité comme les faits réputés sans réplique :

« Je veux bien que deux et deux fassent quatre, disoit-il, mais enfin qu'est-ce qui me le prouve ? »

Quoiqu'il fût inné chez lui, ce penchant au paradoxe qui a donné à son esprit et même à son talent un caractère tout particulier d'attrayante personnalité ne s'est développé qu'avec l'âge. C'est lorsque la maturité de la réflexion et la fatigue de la vie l'ont amené à accepter l'opinion de tout le monde, qu'il n'a presque plus été de l'avis de personne.

Le progrès et tout ce qu'il comporte de mots et d'idées depuis l'enseignement mutuel, l'éclairage au gaz et les chemins de fer jusqu'au plus inoffensif des néologismes, le trouvoit armé en guerre et toujours prêt à l'attaque.

M. Francis Wey qui a vécu dans son intimité pendant de longues années, en fait la remarque en termes aussi vrais qu'excellents :

« Charles Nodier, qui toute sa vie devança toutes les idées littéraires et fut le précurseur de toutes les écoles, fut en revanche en arrière de toutes les spéculations politiques, fut l'adversaire ironique et boudeur de nos idées « de progrès, » mot qui excitoit sa verve railleuse. Il assista à la naissance de l'adjectif « progressif » et du verbe « progresser » avec la sainte colère d'un philologue, et l'indignation d'un poëte. »

Il est impossible de dire plus juste et de mieux dire.

On me pardonnera donc, en faveur de cette courte citation, qui dessine d'une manière achevée un des profils caractéristiques de cette figure remarquable, une digression trop longue et qui anticipe si fort sur l'époque à laquelle se rattache mon récit.

Charles Nodier avoit alors douze ans, et il accompagnoit, par une condescendance spéciale de leur part, à Strasbourg qu'il venoit visiter pour la seconde fois, les commissaires extraordinaires de la *Société populaire* de Besançon, envoyés à la défense de l'adjudant-général Charles Perrin, condamné à mort par contumace. Une précieuse particularité devoit fixer dans son esprit en traits ineffaçables le souvenir de ce voyage en Alsace.

C'est dans ce temps et c'est là qu'il connut Pichegru, et qu'il lui voua cette espèce de culte que jamais l'ombre du doute n'a pu ternir.

Quand il s'agissoit de défendre la mémoire attaquée de celui que, tout enfant, il avoit appelé « mon général, » il trouvoit dans la puissance de sa conviction et de son dévouement des accents d'une éloquence irrésistible. Il étoit vraiment alors possédé d'une sainte colère, et ceux même que cette parole admirable n'eût pas réussi à ébranler, se taisoient devant elle, frappés par le respect profond que doit inspirer à tout homme de bien un sentiment resté fidèle jusqu'au delà du tombeau.

« Il se réfugia en Angleterre, j'y consens, écrit Charles Nodier dans sa *Défense de Pichegru;* il faut pourtant bien se réfugier quelque part. Il y a vu les Bourbons, cela est vrai; on voit ses compatriotes en pays d'exil; n'avoit-il pas vu Billaud-Varennes à la Guyane? Billaud-Varennes, ce tigre des Jacobins, qui ne s'étoit apprivoisé aux idées humaines que parmi les bêtes sauvages. Il avoit vu Billaud-Varennes et il ne conspiroit pas le rétablissement de la Terreur. Le général ou le maréchal Maison, — je ne suis pas sûr des titres, — a vu l'infortuné duc de Reichstadt, à Vienne, et il ne conspiroit pas le rétablissement de l'Empire. Scipion a conversé avec Annibal, et il ne lui a pas vendu Rome. »

~~~~~~

Riche de tant de souvenirs déjà lourds à porter pour le frêle cerveau d'un enfant, heureux de quelques jeunes amitiés qui s'étoient formées sous le patronage d'une amitié illustre, Charles Nodier revint à Besançon avec l'intention de complaire aux désirs paternels en joignant l'étude du droit à ses autres études.

Tout porte à croire que sa persévérance s'attacha principalement à l'intention.

En revanche, il se livra avec amour à l'entomologie, et acquit des connoissances si réelles, que deux ans plus tard il écrivoit une dissertation sur l'organe de l'ouïe chez les insectes, découverte qu'il n'avoit certainement pas faite en leur récitant ses plaidoyers.

Puis il devint élève de l'École centrale à Besançon, où il eut pour professeur son parent Joseph Droz, comme il le dit lui-même dans ses *Souvenirs de Jeunesse* :

« Toute ma science se réduisoit à quelques bribes de latin et à la connoissance fort mal approfondie de quelques spécialités d'histoire naturelle, parmi lesquelles la minéralogie tenoit une toute petite place.

« Mes camarades, qui auroient distingué à la cassure, à l'odeur exhalée par friction, au contact de l'ongle, au happement de la langue toutes les substances inorganiques alors reconnues en géologie, s'étoient aperçus de bonne heure de mon inaptitude; mais ils ne me contestoient pas un assez joli mérite de rédaction, que je rapportois fraîchement d'une école de rhétorique dirigée par le bon et judicieux Droz; et il est vrai que je traduisois lisiblement leurs pages un peu confuses, quand je parvenois à y comprendre quelque chose. »

A cette époque Charles Nodier avoit vingt ans. Il étoit bibliothécaire adjoint de la bibliothèque de Besançon, situation qui ne composoit guère un présent, et qui surtout ne pouvoit pas être considérée comme un avenir. Il obtint de son père la permission de passer quelques mois à Paris pour y tenter cette docile fortune qui vient s'offrir d'elle-même, comme chacun sait, aux nouveaux débarqués, et, le cœur tout grand ouvert, la poche à peu près vide, il partit un beau matin, muni d'un congé dont il eût été imprudent d'abuser, et de nombreuses lettres de recommandation dont il n'étoit pas certain que l'occasion se présenteroit d'user.

II

PARIS

Le citoyen Pagnest, courrier de la malle de Besançon à Paris, fut chargé d'amener pour la première fois Charles Nodier dans cette ville au dangereux mirage, qui fascine les jeunes imaginations par de si éblouissantes chimères, jusqu'à ce qu'elle les abandonne, égarées et désolées, à la solitude de ses foules et au vide de son bruit.

Ce qui n'empêchera jamais personne d'y venir et d'y revenir.

Le guide de l'enthousiaste provincial devint aussi son hôte. Sa femme dirigeoit l'hôtel de Hambourg, rue de Grenelle-Saint-Honoré, et c'est là que mon père descendit.

Une célébrité inattendue et méritée étoit réservée à ce nom obscur de Pagnest. Le fils du courrier de la malle signoit quelques années plus tard l'une des toiles capitales de l'École française : le portrait de M. de Nanteuil, un chef-d'œuvre moderne qui soutient dignement son rang au milieu des chefs-d'œuvre anciens.

Seulement dans cette circonstance, comme dans beaucoup d'autres, la gloire se fit payer bien cher. Le jeune maître mourut à vingt-six ans, et le souvenir qui m'est resté de sa mère vénérable, chez laquelle mon père me conduisoit de temps en temps dans mon enfance, me la montre vêtue de deuil et s'exprimant avec cette sérénité tendre qui ne s'écoute déjà plus parler sur la terre.

On devinoit qu'elle avoit été de son vivant la meilleure des femmes ; mais son âme habitoit là où étoit son enfant.

Lorsque Charles Nodier arriva dans sa maison, elle avoit encore toute l'énergie d'une heureuse vieillesse à peine commencée, et elle la mit bientôt pour lui au service d'un dévouement qui ne s'est jamais démenti.

C'est à l'hôtel de Hambourg que mon père écrivit son premier roman : *les Proscrits*. C'est là aussi qu'il écrivit la *Napoléone*, et c'est là qu'on vint le chercher pour l'arrêter parce qu'il l'avoit écrite.

Les lettres que mon grand-père adressoit à son fils au temps de leur séparation, plusieurs fois renouvelée pendant les trois premières années du siècle, témoignent souvent de la confiance que lui inspiroit cette sage hôtesse.

J'en transcrirai quelques-unes, car elles font connoître les préoccupations inquiètes qui accompagnoient l'enfant absent, et elles ont ce je ne sais quoi d'imposant que la mort imprime en passant, aux pensées et aux sentiments de l'homme : l'histoire d'un cœur devenu relique.

Besançon, 20 ventôse, an IX.

« *In tenui Labor*. Cette épigraphe, mon cher Charles, eût merveilleusement convenu à l'ouvrage que tu nous as fait parvenir. Il a dû te coûter beaucoup de travail et de recherches. Les personnes en état de les apprécier, te sauront plus de gré de ta petite bibliographie des insectes que de plusieurs volumes in-douze de pur amusement. Tous tes paquets ont été remis à leurs adresses du jour de leur réception. Je ne sais point encore quel jugement le citoyen Chantrans aura porté de ton petit volume, mais je ne doute pas qu'il ne te soit favorable, et qu'il ne fasse beaucoup valoir ton travail dans la première assemblée de la Société d'Agriculture. Pour moi, je suis extrêmement satisfait de ce que tu as utilement employé le temps que tu as dérobé à la curiosité et au plaisir. Ce petit monument servira peut-être à te rappeler au souvenir des professeurs et des hommes de lettres avec lesquels tu as entretenu quelque liaison, et dont le suffrage te sera infiniment avantageux quand il se présentera une place qui pourra te convenir.

« Le bon M. Pellier t'envoie une lettre que je joins à celle-ci. Tâche de remplir sa commission qu'il paroît avoir fort à cœur, parce qu'à son âge il n'est plus d'autre plaisir pour un célibataire que la lecture. La nature a réservé d'autres jouissances à ceux qui ne le sont pas, et je vais l'éprouver pleinement, car il est décidé que le 29, jour de l'arrivée du citoyen Pagnest,

nous nous rendrons tous à Château-Farine chez
M. Pellier pour hâter le plaisir de te voir et de
t'embrasser. Tu ne manqueras sûrement pas à
la parole que tu nous as donnée de profiter du
retour de Pagnest pour te réunir à une famille
qui te chérit et à qui une absence de trois grands
mois a dû paroître fort longue. Qu'est-ce qui
pourroit désormais te retenir à Paris? tu le con--
nois comme Besançon ; ton ouvrage est fini ; tes
protecteurs sont disposés à agir en ta faveur
quand ils verront jour à pouvoir t'être utiles ; il
ne te reste plus qu'à les inviter à se souvenir de
toi, à faire ton petit paquet et à t'emballer.

« Je compte donc sur ton retour avec Pagnest, comme sur la chose la plus assurée.
M. Coste, qui avoit témoigné quelque mécontentement de ta longue absence, a très-bien reçu ta
mère et ta sœur lorsqu'elles lui ont porté ton
ouvrage et l'ont assuré que ton retour n'étoit
différé que de quelques jours. En attendant
mieux, tu reprendras donc ton ancienne place,
et tu en jouiras, jusqu'à ce que la fortune t'appelle à un emploi plus lucratif. Tu as eu le temps
de voir tout ce qui pouvoit satisfaire ton goût

pour les sciences et les arts; tu as observé tous les moyens par lesquels on essayoit dans la grande ville à se frayer un chemin à la célébrité et à la fortune; tu méditeras sur ces observations et tu choisiras, dans le calme de notre petite ville, les voies les plus honnêtes et les plus sûres pour te faire un sort indépendant du caprice et de la méchanceté des hommes.

« Ta famille et tes amis t'attendent avec le plus vif empressement. Nous t'embrassons de tous nos cœurs: assure madame Pagnest de mon respect. Nous réglerons nos comptes avec son mari, dès le lendemain de votre retour. N'oublie pas ton journal et quelques nouveautés en littérature pour ton bon ami. Bonsoir, mon cher Charles. »

Après avoir lu cette lettre, ma première pensée a été de courir à la date de la suivante. J'avois peur que le voyageur eût manqué au rendez-vous, et que tous ces bons cœurs qui se réjouissoient de venir l'attendre « à Château-Farine » n'eussent été déçus.

Mais il avoit été exact, et la correspondance

entre le père et le fils ne se renoue plus avant le commencement de l'an X, époque d'un second séjour à Paris. Dans ces lettres qui embrassent la moitié d'une année, tout indique de la part de M. Nodier l'extrême impatience de voir cesser une séparation sans résultat, et de celle de mon père un immense besoin de solitude et de repos.

La vie ne lui avoit pas toujours été douce pendant ces six mois de travail presque inutile et de tentatives absolument infructueuses. — La tristesse qui déborde dans son livre des *Proscrits*, c'était peut-être la sienne.

« Que fais-tu, mon ami Charles, lui écrit mon grand-père dans une lettre datée du 20 pluviôse, composes-tu des chansons ou des églogues? Quelques passages de ta dernière lettre à ta sœur m'ont fait croire que tu donnois actuellement dans la bergerie, et qu'au milieu de la ville de bruit, de boue et de fumée, tu te plaisois à parcourir en idée les bords riants d'un limpide ruisseau qui baigne une prairie émaillée de fleurs près d'un village paisible. Ce genre pastoral ne vaut pas mieux que l'autre, et tous les deux conduisent plus sûrement à l'hôpital qu'à la fortune et à la gloire.

« Crois-moi, mon ami, crois enfin un père tendre et qui fait désormais consister son bonheur à assurer le tien ; un plus long séjour à Paris ne peut que te porter préjudice. Le mieux pour toi est de revenir bien vite jouir des embrassements de tes parents, et de te fixer enfin à une carrière de ton choix, et qui puisse t'assurer des ressources que la médiocrité de ma fortune ne me permettra pas de te laisser.

« Éclairé par une longue expérience que l'on ne peut avoir à ton âge, je prévis bien lorsque tu t'arrachas de mes bras pour retourner à Paris que tu n'y serois pas heureux, que tes projets s'en iroient en fumée, que tu courrois en vain après une place que tu n'obtiendrois pas sur une foule de concurrents intrigants et peu délicats sur les moyens de parvenir ; qu'après bien des démarches et bien des sacrifices peut-être pour te faire des amis d'un jour, tu finirois par reconnoître que tu n'en as pas et que tu n'en peux avoir de plus vrai, de plus tendre que ton père. Le moment est-il enfin arrivé de te rendre à mes avis et de te laisser diriger par ma tendresse ? J'apprends par des personnes qui s'intéressent véritablement à toi que tu n'es pas heureux. Mande-moi où tu en es. Informe-moi sans crainte de tes vues, de tes projets, de tes peines, de tes ressources sur lesquelles je compte peu, et auxquelles tu crois peut-être trop légèrement.

« Surtout hâte-toi de laisser là le Vaudeville, le Lycée, l'Athénée, les littérateurs, chansonniers, journalistes, dramatiques et autres, qui ne sont bons à rien qu'à faire regretter le temps que l'on donne aujourd'hui à leurs productions.

« J'attends de tes nouvelles sous le plus bref délai. Tâche de me les apporter toi-même. Ta mère et ta sœur t'embrassent tendrement.

« Je t'embrasse de même, et suis ton bon père et ton vrai ami. »

Cet appel si pressant ne fut pourtant pas le dernier. Charles Nodier ne retourna dans sa ville natale qu'à la fin de brumaire.

Il laissoit dès lors à Paris quelques amitiés pleines d'attrait, qui eurent l'inconvénient de lui donner l'envie d'y revenir trop vite, et malgré les recommandations paternelles, c'étoit parmi « les littérateurs, chansonniers, journalistes, dramatiques et autres, » qu'il les avoit rencontrées.

Ses relations affectueuses avec Étienne, Martainville, Désaugiers, le baron d'Allarde, Georges Duval, Riboutté, et plusieurs que j'oublie, datent de cette époque.

Nous les retrouverons dans le cours du récit.

———

Pendant cette ère curieuse, « où Rome remplaçoit Sparte, » au milieu de beaucoup d'autres conceptions bizarres, les *Philadelphes* apparurent. On ne quittoit plus « notre aimable Athènes, » on la recommençoit. Cette société qui comptoit, si je ne me trompe, plus de statuts que de membres se composoit d'hommes, jeunes pour la plupart, et aussi de jeunes femmes, recrutés en grande majorité dans les ateliers de peinture et dans les mansardes exaltées des poëtes.

Les vingt ans de Charles Nodier en faisoient partie, bien entendu.

Il accomplissoit à la lettre les règlements d'une ingénuité homérique, adoptés par l'association. L'obligation délicate de porter au sein de ces assemblées le costume des prétendants de Pénélope étoit du nombre.

Cette répétition habillée de république platonicienne ne déplaisoit pas au futur auteur des *Tablettes de Jean Sbogar*, bien que la nuance morlaque n'existât pas dans le modèle. Des biographes d'imagination ont cherché à découvrir au fond de cette innocente aberration, une tentative de société secrète et d'intention politique. Tout jugement des questions à l'ordre du jour étoit exclu des réunions des Philadelphes. Mon père ajoutoit quand il en parloit : Le sens commun aussi.

Quoi qu'il en soit, cette rêverie renouvelée des Grecs fut de courte durée, et les songeurs désorientés qui alloient plus tard se jeter à corps perdu dans les brumes calédoniennes avec les fils de Fingal, se virent obligés pour le moment de renoncer à la succession de Périclès.

A son retour à Besançon, Charles Nodier, fervent comme un néophyte, essaya d'y édifier une succursale à la pensée grecque. Ses fidèles amis Charles Weiss et le colonel Pertuisier répondirent à son appel avec autant d'abandon et de dévouement que s'ils eussent risqué quelque chose en lui donnant cette nouvelle preuve de leur affection, mais le nombre cinq qui n'étoit peut-être pas chéri des Dieux, ne fut pas dépassé dans le chiffre total des associés franc-comtois.

~~~~~~

Les distractions inoffensives d'une vie laborieuse et difficile alloient bientôt faire place aux inévitables revanches de l'adversité.

Charles Nodier revenu de nouveau à Paris, qu'il « connoissoit comme Besançon » mais auquel il donnoit assurément la préférence, y écrivoit d'un seul jet et sans une rature, les strophes puissantes d'une ode plus remarquable par l'élan de son inspiration que par son à-propos politique. Tout le monde connoît ou a connu la *Napoléone*, à l'exception cependant de ce rédacteur de la *Renommée*, qui imprimoit dans son journal le 17 octobre 1819 les lignes curieuses que voici :

Il s'agit des lectures affectionnées par l'Empereur à Sainte-Hélène ;

« Des romans nouveaux, celui qui lui a fait le plus de plaisir est Jean Sbogar. Il l'a lu avec une extrême avidité en une nuit. Les aventures extraordinaires, les sentiments exaltés sont toujours de son goût. Il s'est rappelé d'ailleurs qu'à une autre époque l'auteur de Jean Sbogar avoit composé en son honneur, volontairement et gratis, une ode pleine d'enthousiasme ; ce souvenir a probablement influé sur l'opinion favorable que Napoléon manifeste pour le talent de M. Charles Nodier. »

Il est fâcheux que cette appréciation inattendue de la *Napoléone*, à laquelle la date de sa publication enlève quelque chose de sa bienveillance, n'ait pas paru seize ans auparavant. Elle auroit pu jeter un grand trouble dans les idées de la police de l'Empire, et singulièrement modifier ses résolutions et ses actes à l'égard du poëte. Le jugement tout particulier qu'en devoit porter un jour cette espèce de postérité ne tombant pas à vrai dire sous le sens, Charles Nodier fut arrêté le 1er nivôse an XII, rue des Frondeurs, hôtel de Berlin, où il se tenoit caché sous le nom de « Novilars » emprunté à la maison qui avoit abrité son adolescence, mais qui n'eut pas alors le pouvoir protecteur de le soustraire à d'inévitables dangers. Il est juste de confesser qu'il ne faisoit rien de son côté pour les écarter de son chemin.

Déjà, peu de mois auparavant, il expioit par d'assez longues heures de méditation forcée et verrouillée, le tort d'avoir voulu ajouter, sans autorisation de la censure, une scène de sa composition à un drame d'Alexandre Duval, son futur collègue à la bibliothèque de l'Arsenal, son futur confrère à l'Académie françoise. C'étoit le soir de la première représentation d'*Édouard en Ecosse*. Les allusions que le sujet comporte avoient été ardemment saisies, et applaudies à outrance par une fraction du public. Au moment où l'acteur chargé du rôle d'Édouard, répond au toast qu'on lui propose de porter, cette phrase devenue célèbre : « Je ne bois à la mort de personne, » un groupe d'une vingtaine de jeunes gens réunis au parterre, et reconnaissables à la cravate verte qui servoit de signe de ralliement aux royalistes d'alors, escalada les banquettes aux cris de : « Vive le Prétendant! »

La pièce fut interrompue, mais les perturbateurs, au nombre desquels se trouvoit Charles Nodier, ne tardèrent pas, malgré leur résistance, à être enveloppés comme dans un filet, et dirigés vers la Préfecture, où on les écroua sous la prévention de « tapage nocturne » sans égard pour la couleur caractéristique de leurs cravates. « Ce n'étoit pas gai, disoit mon père, mais la plupart de ces émeutiers-là étoient des gens de fort bonne compagnie, et d'ailleurs nous n'avions que ce que nous méritions. »

« En annonçant sous un titre qui en résume assez bien la matière, quelques feuillets de mon journal de jeune homme, écrit-il dans celui de ses souvenirs intitulé *les Suites d'un mandat d'arrêt*, je n'ai pas prétendu tirer un grand avantage individuel d'une position malheureusement fort générale au temps où j'ai vécu. Sauf quelques hommes d'exception, dont j'admire beaucoup plus l'adresse que le caractère et qui ont présidé par un singulier privilége aux proscriptions de tous les régimes, tout le monde a été proscrit en France, dans la large acception qu'on donne à ce mot.

« Il n'y a fils de bonne maison si obscur et si peu offensif qu'on le suppose, qui n'ait passé quelques jours sous les verrous du guichet, ou qui n'ait été couru pendant quelques semaines comme une bête fauve, par les limiers de la police et de la gendarmerie. Si quelque étrange révolution faisoit disparoître subitement jusqu'aux derniers vestiges de l'état civil du greffe de nos mairies, on pourroit s'en consoler; on le retrouveroit presque tout entier dans les écrous de nos prisons.

« C'est un fait tout naturel, et que je constate sans aigreur.

« Les gouvernements ont le droit de se défendre comme ils en ont le pouvoir, et le mieux qu'il soit permis d'attendre d'eux, c'est qu'ils usent de cette double faculté pour leur conservation avec un peu de mansuétude, jusqu'au moment toujours promis et toujours attendu en vain, où il surgira de nos orageux essais, une forme politique propre à concilier définitivement les suffrages universels. Je n'oserois pas répondre que ce fût pour aujourd'hui, ni pour demain, ni pour quelques lunes encore par delà, mais ce sera certainement pour l'ère utopique qui nous est promise depuis quarante-cinq ans par le « libéralisme » et par la « perfectibilité. »

Charles Nodier dit encore ailleurs : « Pour annoncer des mémoires sur l'intérieur et les ressorts d'un gouvernement absolu, il faut de toute nécessité avoir été général, ministre, diplomate, courtisan, courtisane ou valet de chambre. La révolution a mis en jeu plus d'intérêts, plus de passions et plus d'acteurs. Au fort d'une tempête qui entraîne le vaisseau de l'État, les plus grands prennent part à la manœuvre, les plus petits au conseil, et quand le bâtiment touche, on s'en aperçoit au moins aussi vite à fond de cale que dans la chambre du capitaine.

« Cette considération mettoit sans doute ma prudence d'écrivain à l'abri, mais qu'auroit fait de plus à mon récit l'individualité de l'historien? Il n'y avoit rien d'assez spécial dans l'emploi et les accidents de ma vie pour justifier cette forme spéciale. Autrement, il n'est personne qui ne puisse faire aussi sa biographie, et la lancer hardiment dans les cabinets littéraires.

« Si votre portier a cinquante ans, et qu'il veuille bien avoir pour vous la complaisance des Calenders borgnes, il vous récitera facilement des aventures dans lesquelles il a figuré comme acteur ou comme témoin, et qui feront pâlir celles de *Cleveland* et de l'*infortuné Napolitain*.

« Les anciens disaient très-bien « qu'il ne faut pas se plaindre de ses malheurs à Hécube. »

J'ai tenu à citer ces pages parce qu'elles me semblent mieux que d'autres résumer fidèlement l'impression restée à mon père de cette phase de sa jeunesse, étrange, douloureuse, quoique souvent pleine d'attrait dont sa mémoire n'avoit pas laissé s'égarer le moindre incident. Elles peuvent aussi donner la mesure de sa vanité de victime, et de l'importance exagérée qu'il attachoit à ses démêlés avec les gendarmes. Cette double prétention lui a cependant été sérieusement reprochée par quelques esprits subtils, jusqu'au jour où un esprit plus subtil encore, ayant découvert que Charles Nodier étoit beaucoup trop romancier de son état pour qu'il lui fût permis d'avoir une histoire à lui, il a été gaiement décrété par un sourire à peu près unanime, qu'il avoit dû rêver absolument ce qui n'étoit pas absolument arrivé à tout le monde, dans ce qu'il raconte de sa vie. Cela se disoit devant l'Académie française réunie en séance solennelle pour entendre de la bouche de son successeur prononcer l'Éloge de l'un de ses membres, selon la bienveillante coutume de cette courtoise assemblée, au sein de laquelle se perdroient plutôt les belles traditions littéraires que celles du savoir-vivre et du bon goût.

Péniblement émue, comme beaucoup d'autres au reste, du genre de succès tout à fait inattendu qu'on venoit d'infliger au nom de Charles Nodier, mort depuis un an à peine, j'eus l'idée de publier en manière de réponse moins risible que « l'Éloge » n'avoit pu le paroître, le certificat authentique de ses divers emprisonnements. Il me sembloit même être encouragée à cette justification aisée par le mécontentement de la presse, écho ordinaire de l'effet produit.

« M. Mérimée, dit un journal, a continué jusqu'au delà de la mort, jusque dans l'éloge obligé, le martyre du poëte. En racontant cette vie passionnée pour chaque trait d'enthousiasme, le nouvel académicien trouvoit un mot d'appréciation glacée ou sarcastique: L'admiration fanatique de Nodier pour Werther, ses inspirations chaleureuses, son amour des aventures romanesques, ses extrêmes mélancolies, tout appelle le sourire sur les lèvres de M. Mérimée.

« C'est le bon sens vulgaire jugeant l'imagination exaltée ; c'est l'esprit froid considérant le cœur consumé ; c'est, faut-il le dire, Sancho faisant ses réflexions sur les chevaleresques emportements de son noble maître. »

Ajoutée à cette équitable impression, la vérité pure et simple devoit être la bien accueillie. Mais il fallut quelques démarches pour obtenir des bureaux de la Préfecture de police l'une des pièces demandées, et lorsqu'enfin elle m'arriva, le discours étoit oublié. Je mis donc en réserve le document en question pour le faire connoître au besoin ; le voilà :

EXTRAIT DES REGISTRES DE SAINTE-PÉLAGIE.

Il résulte du 6ᵉ registre, folio 58, que :

« Naudier (sic) Charles, homme de lettres, âgé de vingt-trois ans, né à Besançon (Doubs), demeurant à Paris, rue des Frondeurs, hôtel Berlin, est entré dans ladite maison le 1ᵉʳ nivôse an XII, en vertu d'un ordre du conseiller d'État préfet de police Dubois, portant pour motif de détention : *En dépôt jusqu'à nouvel ordre.*

« Le 6 pluviôse, an XII de la République, transféré à la préfecture, ordre du conseiller d'État préfet. »

« Pour copie conforme, certifiée par le directeur,
« Paris, le 23 février 1845.
« *Signé* : GIRARD.

« Pour copie conforme :
« *Le Secrétaire général,*
« PINEL. »

Rien de moins sentimental comme on peut le voir. Les ennemis de l'hyperbole et des phrases ne sauroient exiger plus de « positivisme » puisque « positivisme » il y a, et c'est à leur intention que je transcris, d'après le texte original, ce modèle de style clair et concis. L'influence de la langue et des emphases werthériennes ne s'y fait pas sentir, et ne peut être accusée d'en avoir modifié une syllabe.

Charles Nodier dit quelque part : « De tous mes souvenirs il n'y en a point que j'oublie aussi vite que celui du mal qu'on m'a fait. — Mon ignorance presque complète des années que mon père a passées à se dérober à la prison ou à y être, fournit la preuve de cette rare disposition. C'est à Renou, dit Bras de fer, le chef vendéen, c'est à M. Victor Couchery, — cet homme accompli dans toutes les qualités qui constituent un homme supérieur et un honnête homme, — que j'ai entendu raconter pour la première fois « les Prisons de Paris. »

Quant à cette particularité assez digne d'intérêt, et surtout de mon intérêt, qu'ils avoient eu Charles Nodier pour camarade de chambrée, c'est aussi grâce à eux que mon enfance en a su quelque chose.

Je me souviens cependant qu'un jour, — je ne devois guère avoir plus de cinq ou six ans, — mon père m'avoit menée au jardin des Plantes.

Je courais devant lui, le long des allées, et nous avions fini par arriver, moi toujours courant, lui suivant sa pensée et moi, au sommet de la montagne du Labyrinthe.

Quand nous eûmes atteint l'affreux petit temple qui couronnoit alors, et qui continue peut-être à couronner l'éminence en question, mon père me dit en me montrant au-dessous, et assez près de nous, de hautes murailles d'un aspect sinistre, égayées par d'étroites ouvertures garnies de barreaux de fer : « Tiens, Marie, voilà la fenêtre d'une chambre dans laquelle j'ai été en prison.—Ta chambre? C'est une chambre? qu'est-ce que c'est donc que cette grande maison-là? — Cette grande maison-là, reprit mon père, c'est Sainte-Pélagie. »

Quelle étrange et capricieuse puissance que le souvenir! Je n'ai plus jamais revu Sainte-Pélagie, mon père est mort, et la petite fille qu'il conduisoit par la main à travers les méandres du jardin des Plantes, est devenue une vieille femme. Pourtant cette matinée de printemps où nous cherchions le moyen de nous égarer dans les détours naïfs du Labyrinthe, l'odeur pénétrante et un peu sauvage du cytise qu'on y sentoit et dont j'appris le nom ce jour-là ; mon regard suivant la direction indiquée par le doigt de mon père, et allant se croiser avec cette espèce de regard morne qui s'ouvroit au-dessous du toit de la prison ; l'inflexion aimée de la voix qui me parloit : tout cela m'est infiniment plus présent à l'heure où j'écris, que les heures d'hier qui n'ont pas laissé de traces, et qui ne me feroient jamais un passé, même s'il me restoit un avenir.

———

Charles Nodier a décrit d'une manière incomparable une impression analogue dans une étude qui se lie trop directement à mon récit par l'époque qu'elle retrace et par l'épisode qu'elle raconte, pour que je me permette de la négliger, et, à plus forte raison, de la remplacer. Je conviens bien volontiers que la première venue de ses pages fait mieux connoître mon père que ne pourroient y réussir quarante des miennes employées à vouloir le peindre.

Et puis, au train dont vont les choses, et en l'absence d'une loi qui fixe d'une manière positive les droits de la propriété littéraire, en en réglant aussi les devoirs, l'œuvre complète et glorieuse de ce grand écrivain se réduira pour la génération prochaine au *Chien de Brisquet*, — duquel je n'ai pas l'intention de médire, au moins! — et dans la prévision de ce vaste oubli, je ne saurois trop puiser à cette source qui fut si féconde et qu'on laisse tarir.

Pour nous qui l'aimions, ce sera toujours cela de sauvé.

Après avoir esquissé le portrait du jeune avocat qui a été depuis le comte Réal, portrait qui vaudroit bien la peine d'être cité tout entier, Charles Nodier continue ainsi :

« Il faut pour le considérer sous cet aspect, le seul oublié, le seul mémorable de sa longue vie, rétrograder avec moi de plus de quarante ans, et s'en rapporter à mes souvenirs, dont quelques esprits défiants ou mal servis par leur propre nature, ont souvent suspecté l'infaillibilité. La mémoire, qui est certainement une des facultés les plus communes de l'homme, et dont personne n'a plus le droit de tirer vanité que de la délicatesse d'une ouïe sensible, ou de la portée d'une vue pénétrante, n'a l'apparence d'un phénomène que pour ceux qui n'ont point de mémoire ; les autres comprennent à merveille comment les perceptions d'une enfance vive, déjà exercée par le collége à s'approprier les faits les plus indifférents de l'histoire morte, et avidement envieuse, ainsi que cela est propre à cet âge, des faits bien plus extraordinaires qui animent sous ses yeux le drame de l'histoire vivante, ont pu laisser de profondes traces dans la pensée même du vieillard. Quant à moi, je n'ai point d'autres souvenirs, et le dégoût du présent qui s'est accru avec mes années, a dû fortifier en moi l'habitude instinctive de vivre dans le passé. Cette époque seule se reproduit à mon imagination sous des traits brillants et pittoresques, parce que les organes que je possedois alors étoient doués d'une aptitude et d'une naïveté qu'ils ont perdues, mais dont les impressions se renouvellent encore quelquefois en réminiscences fugitives. Et comment se seroient-elles entièrement anéanties ces premières émotions de l'enfant, puisque je n'ai jamais entretenu mon esprit d'autre chose, depuis les jours de désabusement où j'ai reconnu que, hors la vie de l'enfant, il n'y avoit rien dans notre vie qui valût la peine de vivre.

« C'est que pour lui tous les faits sont des spectacles et toutes les illusions des réalités ; c'est que l'expérience n'a pas encore soufflé devant son prisme un nuage terne et grossier ; c'est qu'il n'a jamais soulevé le rideau de la comédie, et démêlé l'artifice des misérables machines qui l'éblouissent de fausses merveilles.

« Mon erreur s'est évanouie comme s'évanouit la sienne, lorsque j'ai vu de près les peuples, et les rois et le monde ; mais je me suis hâté de la ressaisir aussitôt que j'ai pu connoître qu'elle valoit mieux que la vérité.

« J'ai nourri, j'ai caressé le prestige qui m'avoit du moins agréablement trompé, et je me suis conservé enfant par dédain d'être homme. Voilà le secret de ma mémoire et de mes livres.

« Au reste, aucun des fragments que j'ai détachés tour à tour du long journal de ma vie, n'a subi une épreuve plus difficile que celle-ci ; aucun n'a vu son exactitude reconnue par un témoin plus digne de foi.

« M. Réal s'étoit cru obligé d'exercer autrefois contre ma jeunesse, des rigueurs, légitimes peut-être, mais qui n'étoient pas légales, et dont l'exagération inouïe ne pouvoit certainement s'expliquer par mon importance politique. Le sentiment de mauvaise humeur qu'elles m'avoient inspiré à vingt reprises différentes, s'étoit entièrement effacé depuis trente ans, car de tous mes souvenirs il n'y en a point que j'oublie aussi vite que celui du mal qu'on m'a fait. Cependant j'avois rabattu quelque chose de mon enthousiasme d'enfant pour M. Réal, et de peur de me trouver capable de le haïr encore en pensant à lui, j'avois pris le parti philosophique de n'y plus penser du tout, quand une des rencontres dont j'ai parlé en commençant, nous réunit à la même table et dans la même conversation. Comme le démon de la rancune ne perd jamais ses droits sur nos âmes imparfaites, je m'avisai de me venger d'une manière assez piquante, en lui prouvant que l'écolier inoffensif envers lequel il avoit déployé tant de mesures acerbes, étoit alors même un des plus fervents admirateurs de son talent. Ce que je vais écrire, je le racontai avec des détails de localité plus spéciaux, plus minutieux, plus insaisissables, qui ne pouvoient avoir d'intérêt que pour lui; faisant revivre dans une nomenclature fidèle, les juges, les accusés, les témoins; reprenant le fil des débats avec leurs incidents, leurs incises, leurs interruptions, leurs péripéties; rattachant les détails aux faits, les physionomies aux personnes, les inflexions aux paroles, et pour couronner mon récit, abordant ses plaidoyers par l'exorde, en ferme disposition de les pousser jusqu'à la péroraison, si sa surprise m'en avoit laissé le temps.

« — Par quelle fatalité, dit-il en me prenant les mains, ne vous ai-je pas revu quand je fus adjoint au ministère, car aux jours dont vous parlez vous étiez sans doute auprès de moi?

« — Parce qu'aussitôt que vous fûtes adjoint au ministère, lui répondis-je en riant, vous me fîtes mettre au cachot. »

Cette triste période de sa jeunesse que Charles Nodier rappeloit au comte Réal, à la table de madame Jacques Coste, se représente à l'esprit, après tant d'années écoulées, avec une naïveté désolée, peut-être plus saisissante encore, dans les deux dernières lettres qui me sont restées de mon grand-père.

L'une porte la date du 21 nivôse, l'autre du 16 pluviôse an XII. Toutes deux furent remises au prisonnier par l'intermédiaire d'un ami.

« J'ai reçu hier, mon ami Charles, ta lettre du 21. Tu n'y as rien oublié pour me tranquilliser sur ton état et ton sort. Tu connois ma tendresse pour toi, et la tienne t'a suggéré tout ce que tu as cru de plus propre à calmer la douleur qui m'accable. J'embrasse avidement l'heureux espoir que tu me présentes, je cherche à me pénétrer de la vérité de tes réflexions.

« Ta lettre à laquelle je réponds avoit été précédée d'un jour par celle d'un de nos amis qui m'écrit le 22 qu'il t'a vu la veille, et qui, par le récit qu'il me faisoit, avoit déjà versé quelque consolation dans mon âme. Les nouvelles assurances que tu m'as données de ta prochaine liberté m'auroient encore mieux tranquillisé, si, rapprochant les lettres que tu m'as écrites depuis ta malheureuse arrestation, je ne voyois pas dans toutes que tu ne cherchois qu'à me bercer d'un espoir consolant dans le temps même où il étoit loin de ton cœur. Tu as réussi à me retenir ici. Si j'avois su ce que tu souffrois ! si j'avois su que mon pauvre Charles abandonné languissoit dans la misère d'une prison ! non, rien n'eût pu m'enchaîner. J'aurois couru, j'aurois volé près de toi.

« Mon Charles, mon ami, mon seul ami, mon unique bien, ne me trompe pas, je t'en conjure. Si ma présence peut t'être utile, si les larmes d'un père peuvent trouver des âmes sensibles et abréger ta captivité, ne me le dissimule pas.

« Écris-moi, écris-moi vite. Je ne suis pas tranquille, je suis bien loin de l'être ! J'ai besoin de te voir, de t'embrasser, de te serrer contre mon cœur. Ne crains rien cependant pour ma santé ; elle est bonne, elle est inaltérable. Ta mère et ta sœur t'embrassent tendrement.

« Aie confiance, mon ami, ne t'inquiète pas : mais écris-moi vite, le plus tôt que tu pourras. Je t'aime plus que la vie. »

16 pluviôse.

« Tu ne doutes pas, mon cher ami, de l'impatience que nous avons de te revoir, et tu dois être persuadé que nous souffrons infiniment de ton retard. Les raisons que tu nous donnes pour l'expliquer sont assurément fort séduisantes, mais sont-elles bien vraies? Que ce doute ne t'offense pas : tu nous as dernièrement appris que dans la crainte de nous alarmer, tu nous avois déguisé beaucoup de fâcheuses vérités, et nous appréhendons encore que les motifs dont tu colores la prolongation de ton séjour à Paris, ne soient que des prétextes imaginés par ta tendresse pour faire illusion à la nôtre, et nous cacher peut-être une maladie, suite assez naturelle de ce que tu as souffert dans le temps de ta captivité.

« Est-il donc bien vraisemblable que l'on t'ait donné du temps pour réclamer contre la condition attachée à ta mise en liberté? La surveillance des magistrats a-t-elle rien d'humiliant pour les citoyens : tous en général n'y sont-ils pas assujettis? Et tant d'hommes de marque en surveillance à Besançon qui te sont parfaitement connus, se croient-ils entachés d'être plus spécialement sous l'inspection des officiers de police? Pourquoi encore l'ami Landryot qui devoit revenir le premier ou le deuxième jour de ce mois n'arrive-t-il pas? Pourquoi ne donne-t-il point de ses nouvelles? Pourquoi ta dernière lettre est-elle d'une écriture si rapide et si incorrecte? Tu nous flattes, et je m'alarme.

« Il ne me paroît nullement probable qu'après avoir obtenu d'être renvoyé dans les bras de parents qui te chérissent, tu puisses encore désirer autre chose et te promettre d'autres faveurs. Pour moi, je ne veux que le bien de te revoir, dans la sincère disposition de prendre un état, où tu puisses développer pour le bien de l'humanité et ton avantage particulier, ces heureuses dispositions, ces talents qui eussent été mieux employés jusqu'ici à te faire un nom parmi les hommes de loi. Leur vocation est d'être secourables aux pauvres et aux malheureux, et tu pourras désormais mieux dire que tout autre : *Non ignara mali, miseris succurrere disco.*

« Cette grande nouvelle dont tu veux, dis-tu, me ménager la surprise, n'excite ni mon empressement, ni mon ambition. Finir mes jours en paix dans les bras de mes enfants, les voir plus heureux dans mes derniers moments que je ne le fus dans tout le cours de ma vie, voilà, mon cher Charles, tout ce que mon cœur désire, et le seul vœu que je forme.

Le temps des illusions est passé pour moi, et j'aimerois mieux te voir aujourd'hui, que d'être sénateur demain. Cesse, je te prie, de te repaître de vaines espérances, qui ne se réaliseroient point ; car nous ne sommes nés coiffés ni l'un ni l'autre, et rien jusqu'à présent ne nous a réussi, parce qu'on n'obtient rien aujourd'hui que par la souplesse et l'intrigue, auxquelles nous sommes également incapables de nous ravaler. Reviens donc, mon cher Charles, et ne m'afflige pas par un plus long retard. Je t'attends avec impatience, et j'espère qu'une prompte réponse m'apprendra ton retour, ton retour très-prochain, ton retour désiré de tes parents, et de tes vrais amis qui t'embrassent tendrement et ne soupirent qu'après toi. »

Ici s'arrête ce que Charles Nodier avoit pu conserver de la correspondance paternelle. Leurs séparations multipliées n'étoient cependant pas arrivées à leur terme, et les inquiétudes de M. Nodier alloient continuer à se renouveler comme elles.

« Au bout de quelques mois de captivité, dit M. Francis Wey dans sa Notice sur la vie de Charles Nodier, il fut renvoyé à Besançon, et mis en surveillance. S'ennuyant en province, et tourmenté du besoin des aventures, il s'engoua bien vite de tous les prisonniers d'État, de tous les suspects que renfermoit alors sa ville natale. Républicains et royalistes, il confondit dans son amitié les victimes et les dupes; aussi fut-il accusé de conspirer. Une nuit, des agents forcèrent sa porte et lui enlevèrent ses papiers dans lesquels, cherchant les traces d'un complot, le Préfet Jean de Bry trouva le *Dictionnaire des Onomatopées*. Sa surprise fut grande; il considéroit Nodier comme un enfant désœuvré, ennemi de toute règle, de toute discipline; en découvrant un érudit sous l'enveloppe de ce jeune homme insoucieux et turbulent, il comprit toutes les espérances que donnoit ce mélange de passions débordées et d'études sérieuses, et il devint l'ami de Charles Nodier.

« Jean de Bry, le plénipotentiaire de Rastadt, qui, comme nous l'avons dit, étoit alors préfet du Doubs, protégea Nodier qui plus tard paya sa dette, en obtenant pour lui de M. de Martignac la prescription de l'exil de 1815. »

C'est probablement aux jours troublés qui précédèrent le temps de ses relations avec M. de Bry, que se rapporte le récit fait par mon père dans les pages qui ouvrent la préface de l'*Examen critique des Dictionnaires*.

« Mes premieres études, dit-il, ont été consacrées à l'investigation et à l'analyse philosophique des langues. J'avois rêvé de très-bonne heure des plans de perfectionnement dans la grammaire et d'unité dans le langage, dont je faisois dériver tout naturellement une grande amélioration dans la société, la paix perpétuelle de l'abbé de Saint-Pierre, et la confraternité universelle des peuples. Il ne falloit pour accomplir cette utopie d'enfant qu'un alphabet que j'avois fait, une grammaire que j'avois faite et une langue que je faisois. J'avois jeté les idées fondamentales de ma méthode dans un livre imprimé que la Commission d'instruction publique venoit de revêtir d'un suffrage éclatant, et je poursuivois hardiment mon immense carrière, parce qu'il n'y a point d'obstacle aux entreprises d'un homme de dix-huit ans, et point de limites à ses facultés. Ce n'est guère qu'à trente ans qu'on sait que « l'art est long, la vie « courte et l'apprentissage difficile. »

« Un mandat d'arrêt qui a pesé sur moi pendant quatre ans, et qui de huit est le seul que j'aie trouvé moyen de ne pas laisser mettre à exécution, servit merveilleusement le système d'illusions que je m'étois fait.

« La misère est rêveuse et la solitude créatrice.

« J'étois loin des matériaux de mon grand travail ; mais la pensée m'en poursuivoit dans les bois, dans les fondrières et j'ai failli cent fois être saisi par un gendarme à l'instant où je cherchois à saisir une étymologie.

« Quand le sommeil invincible, surtout à cet âge m'avoit surpris dans un sillon voilé d'épis, ou sous quelques broussailles touffues, il m'est arrivé cent fois de me réveiller comme Archimède, sur la solution d'un problème lexicologique, en criant : Je l'ai trouvée ! et de courir les pieds nus dans la campagne avec une folle joie; mais je n'avois pas laissé mes pantoufles au bain. Je n'en avois point.

« Il est vrai de dire après cela que mon malheur ou ce qu'on appelle ainsi dans l'opinion du vulgaire, car les années dont je parle sont au nombre des plus douces de ma vie, ne fut pas longtemps absolu. Une singulière facilité de caractère, un esprit de tolérance universelle qui étoit l'effet de mon organisation ou le fruit de mon expérience, une bienveillance familière et amicale dont mes pauvres persécuteurs n'étoient pas exceptés, et qui les a quelquefois attendris sur les maux qu'ils m'avoient faits; la bizarrerie romanesque enfin de cette vie nomade et vagabonde que mon caractère connu ne rendoit inquiétante pour personne, tout cela me donnoit beaucoup de protecteurs, au moins parmi les bûcherons et les mendiants, mes commensaux ordinaires, car il n'étoit pas plus question de moi à la Commission de la liberté individuelle qu'à l'Institut.

Mon sort intéressa les ecclésiastiques du pays,

protecteurs-nés de toutes les infortunes, et quand on apprit que je savois un peu de latin, et que je citois aussi juste dans la Bible que « les concor-« dances, » ce fut à qui pourroit m'héberger au presbytère. Pourrois-je oublier jamais vos bontés, bons curés d'Arbois, de Grozon, de Saint-Cyr, d'Aumont, de Colonne, de Pupilien, de Toulouse, de Villers-les-Bois, de la Ferté ? J'ai eu faim et vous m'avez donné à manger ; j'ai eu soif, et vous m'avez donné à boire, selon les préceptes de votre divin maître.

« Qu'il daigne vous rendre ce que vous avez fait pour moi, dans la dispensation de ses bienfaits éternels ! »

Ainsi se passèrent pour Charles Nodier ces années qu'on a coutume d'appeler les plus belles de la vie ; c'est en suivant cette double voie que se partageoient d'une façon bizarre les travaux les plus ardus et les sentiments les plus exaltés qu'il essaya de mettre à profit ce qu'il avoit appris et ce qu'il avoit souffert en ouvrant à Dôle un cours de philosophie et de belles-lettres.

III

DOLE

Après tant d'années rigoureuses, mon père avoit dû à la condescendance toute paternelle de M. Jean de Bry, l'autorisation nécessaire à l'exécution de son projet. Il restoit toutefois sous la surveillance de l'administration au point d'être obligé de se présenter tous les jours à la sous-préfecture, afin de faire constater qu'il n'abusoit pas de la permission.

Le sous-préfet d'alors se nommoit M. le baron de Roujoux.

Dès leur première entrevue, Charles Nodier remarqua en lui un homme de manières excellentes, à l'abord naturellement réservé, mais chez lequel tout indiquoit la bienveillance et la bonté. Ils causèrent longtemps, mon père sachant gré à son interlocuteur de donner la tournure d'une conversation à ce qu'il auroit pu lui faire subir sous la forme de l'interrogatoire. Au moment où il se levoit pour prendre congé, le surveillé qui n'oublioit pas les fâcheuses conditions de la visite, demanda au surveillant quelle seroit l'heure qu'il devroit dorénavant choisir pour faire dans ses bureaux son apparition quotidienne :

— Eh bien ! venez de préférence vers cinq heures, dit le sous-préfet du ton le plus froid accompagné du salut le plus poli.

Charles Nodier qui, pour le peu qu'il dînât, dînoit habituellement à cette heure-là, fit la réflexion que le moment n'avoit pas été choisi pour sa plus grande commodité : toutefois il revint le lendemain chez M. de Roujoux à l'instant précis qui lui avoit été assigné. On lui fit traverser la salle à manger où la table étoit dressée. Il y avoit deux couverts dont l'un étoit le sien.

Cette précieuse amitié bientôt conquise et toujours conservée depuis, transforma pour lui ce temps d'épreuves, et contribua puissamment au rassérénement de ses idées, car elle lui imposoit l'obligation de répondre en toute loyauté à cette cordiale et spirituelle hospitalité par laquelle il étoit mieux gardé que par les verrous de Sainte-Pélagie.

M. de Roujoux, dont je puis parler en toute connoissance de cause, puisqu'après avoir été l'ami dévoué de la jeunesse de mon père, il est devenu le fidèle ami de la mienne, étoit l'homme du monde par perfection, d'abord, et en outre le plus aimable et le meilleur des hommes. Son esprit droit, quelquefois âpre et un peu railleur, prenoit au besoin les allures philosophiques de la fin du dernier siècle, avec lesquelles la sensibilité féminine de son cœur contrastoit d'une manière singulière. Ses écrits nombreux, d'une grande pureté de style, et d'une érudition profonde portent ce cachet nettement découpé et rempli d'accent dont sa causerie même accusoit les tendances, tandis que ses vers harmonieux et doux ont la teinte délicate et attendrie qui caractérise les inspirations premières du maître illustre dont

M. de Roujoux, qui avoit ses propriétés dans les environs de Mâcon, se faisoit gloire avec raison d'être devenu en quelque sorte le compatriote.

Peu de jours avant celui où il succomboit à une cruelle maladie entre les bras de sa courageuse femme, assistée de ma mère, il m'avoit envoyé une rêverie charmante et d'un mélancolique à propos, *les Adieux d'un Breton à la vie*.

J'ai beaucoup aimé M. de Roujoux, et il m'a souvent donné la preuve qu'il me le rendoit. Que son souvenir immuable reçoive ici le témoignage de ma gratitude pleine de respect.

Les jours où Charles Nodier ne dînoit pas à la sous-préfecture, et où il se plaisoit à faire en esprit un peu d'école buissonnière, le plus modeste des repas lui étoit servi dans la plus modeste des chambres par un jeune garçon de treize à quatorze ans, attaché à l'*Hôtel national* en qualité de marmiton, et qui s'étoit pris d'une affection visible pour ce pensionnaire à peine plus âgé, et infiniment moins libre que lui. Il montoit cinquante fois dans une heure le rude escalier, sous le prétexte de remplacer une assiette sans tache, ou de remplir d'eau fraîche une carafe oubliée la veille. Le chef de cuisine, son exigeant supérieur, avoit beau le poursuivre de ses colères et le rappeler à des devoirs d'un meilleur rapport, l'enfant faisoit la sourde oreille, et s'exposoit sans sourciller aux gronderies les plus brutales, tant que le triste habitant de la petite chambre sur la cour lui sembloit avoir besoin de ses services, et tant qu'il n'avoit pas reçu de lui quelques paroles amicales, seule gratification que le zélé serviteur fût en droit d'attendre d'un maître dont le cœur étoit assurément mieux garni que la poche.

Un soir où le petit bonhomme sembloit s'appliquer à être encore plus soigneux que de coutume, mon père, sincèrement touché de la délicate sollicitude qui attestoit en lui une âme si bonne et si désintéressée, essaya de secouer les pensées déplaisantes qui s'obstinoient à bourdonner autour de son cerveau, et commença d'une façon d'abord assez distraite une conversation entre la poire et le fromage, en admettant toutefois que l'influence protectrice de son jeune officieux eût été assez étendue pour le favoriser des deux.

Après lui avoir adressé quelques questions, dont il n'écoutoit peut-être pas attentivement les réponses, et qui avoient pour sujet ses occupations journalières, la manière dont il étoit traité à la cuisine, le chiffre de ses gages, Charles Nodier lui demanda si son entrée à l'*Hôtel national* datoit de loin :

— Mais non, monsieur, avoit répondu l'interlocuteur en veste rose, il n'y a guère plus d'un an. Jusque-là, j'ai été en service au *Chapeau-Rouge*, à Dijon, si vous en avez entendu parler.

— Pour qui me prends-tu ? Si j'ai entendu parler du *Chapeau-Rouge?* du *Chapeau-Rouge* de Dijon ! Je crois, ma foi bien ! Tu es donc Dijonnois, toi ? — Oui, monsieur.

— Eh bien, de Dijonnois à Bisontin, il n'y a que la main, mon petit Jean.

— Pas Jean, monsieur : Juan.

— Tu dis ?

— Je dis, monsieur : Juan, pas Jean.

— Ah ! Tu t'appelles Juan ? Tenorio, apparemment, ajouta en riant mon père ?

— Non, monsieur, pas Tenorio, reprit naïvement le marmiton, en veine de rectifications : Guilmendoz, pour vous servir.

Mon père étoit de plus en plus joyeux.

— Bon! reprit-il, tu t'appelles Juan, tu t'appelles Guilmendoz, et avec tout ça tu es de Dijon! Tu m'enchantes. Je vais chercher ton étymologie.

— Ah oui! ça vous étonne, monsieur, et vous n'êtes pas le premier, parce qu'il paroît que ces noms-là ne se rencontrent pas souvent en Bourgogne. Ce n'est pourtant pas si extraordinaire que ça en a l'air. Je suis né à Dijon, mais mon père étoit de Lisbonne.

— Et peux-tu me dire, pauvre Juan, quel précieux avantage ton père, qui étoit de Lisbonne, a pu trouver à venir s'établir à Dijon?

— Il n'en a trouvé aucun, monsieur; la position où je suis vous l'indique de reste, dit tristement le marmiton, qui se mit à pleurer de tout son cœur.

Puis, saisi de confusion, il essuya vivement ses yeux rougis avec le coin de son tablier de cuisine.

Charles Nodier tout près de pleurer comme

lui, cherchoit cependant à le consoler de son mieux.

— Voyons, mon garçon, reprit-il, ne pleurons pour cela ni l'un ni l'autre.

Raconte-moi ton histoire. Elle ne me semble pas gaie, ton histoire, mais je t'assure qu'elle m'intéresse beaucoup. Donc, j'y reviens, même au risque de te faire de la peine. Quelle malheureuse inspiration a pu déterminer ton père à quitter son pays en courant la terrible chance de te laisser, comme il t'a laissé, dans un abandonnement si complet? le sais-tu?

Est-ce que ce ne sera pas déjà une espèce de soulagement pour toi de me le dire? J'ai éprouvé autant que personne ce que peut ajouter au chagrin l'obligation de le garder à soi tout seul.

— Ah! je le sais bien, monsieur Charles, s'écria le petit Juan, et c'est pour ça que je vous aime. C'est bien bon de votre part d'ailleurs de me demander de vous raconter mes douleurs, vous qui n'êtes pas trop content pour votre compte.

Heureusement il n'y en a guère long à dire ni à entendre. Dans ce temps-là, je n'aurois pas voulu questionner mon pauvre père, qui n'avoit pas grand plaisir à causer de ses affaires, surtout depuis qu'il n'avoit plus ma mère, vous comprenez. Il me sembloit que j'aurois augmenté son chagrin en ayant l'air de lui dire que nous aurions peut-être été moins mal autre part. Tout ce que je peux croire, c'est que mon père qui étoit d'une famille juive s'est brouillé avec elle en épousant une jeune fille catholique, et qu'on leur a fait tant et tant de misères là-bas à tous les deux, qu'un jour où il n'y avoit plus de courage et presque plus d'argent à la maison, ils ont pris le parti de s'expatrier.

On est moins honteux, n'est-ce pas, monsieur, de mourir de faim ailleurs que dans son pays ?

Ma mère qui n'étoit pas bien forte à ce qu'il paroît, n'a pas pu s'acclimater à la pauvreté qui lui étoit aussi nouvelle que la ville dans laquelle on l'avoit conduite et elle est morte; mon père a usé ce qui lui restoit d'énergie après ce rude coup pour continuer à gagner notre vie à lui et à moi, et il est mort. Les gens du *Chapeau-Rouge* qui l'employoient souvent, me voyant orphelin, m'ont pris par charité, et m'ont nourri. Je tournois la broche et j'épluchois les légumes. Comme j'étois cependant une charge pour eux, l'année dernière quand ils ont su qu'on avoit besoin d'un domestique à l'*Hôtel national*, ils m'y ont envoyé, et même ils ont payé mon voyage.

Charles Nodier avoit écouté en silence la lugubre odyssée de Juan Guilmendoz quand l'enfant se tut à son tour :

— Alors, lui demanda-t-il avec une tendre compassion, te voilà maintenant absolument seul dans ce monde?

— Oui, monsieur, allez, bien seul! Et quand je pense pourtant, ajouta-t-il les dents serrées, que j'ai à Lisbonne un oncle, Gregorio Guilmendoz, le banquier, qui a assez d'or pour en couvrir tout le Portugal, monsieur! Au moins, continua le marmiton sur une gamme plus réservée, c'est un proverbe dans le pays, à ce que disoit mon père. Les Guilmendoz, monsieur, on ne peut pas savoir ce qu'ils ont.

— Ils ont pour le moment, mon pauvre bonhomme, si ta légende est vraie, pensoit Charles Nodier en le regardant, un neveu fort mal équipé duquel ils me font l'effet de se soucier médiocrement. Voyons, dis-moi, reprit-il après un instant de réflexion, as-tu quelques données un peu précises sur l'existence de cet oncle? Ce seroit donc le frère de ton père?

— Son frère aîné, oui, monsieur, justement.

— Et alors c'est principalement aux rigueurs de celui-là que tu dois d'être né François et catholique?

— Quant à être François, oui, je suis François puisque je suis né à Dijon, mais je suis juif comme l'étoit mon père, monsieur.

— Ah bah! tu es juif? et ton oncle est informé de cette particularité?

— Mon oncle, monsieur? il ne sait seulement pas que j'existe!

— Eh bien, mon enfant, s'écria Charles Nodier en repoussant vivement son verre et son assiette, nous allons le lui apprendre. Seulement, vois-tu, continua-t-il avec moins d'élan, moi je suis confiant par privilége du malheur. Nous ne nous amusons pas généralement à nous défier les uns des autres; et puis, il est vrai de dire que je ne suis pas ton oncle. Je me contente donc très-bien de ton témoignage, et je ne doute pas que ton récit ne soit de la plus exacte vérité, mais si nous ne pouvons pas appuyer cette vérité-là sur quelque chose de moins vague, un acte quelconque, des lettres, des papiers...

— Des papiers, monsieur? interrompit Juan, j'en ai gros comme moi, des papiers, et mon père m'a bien recommandé de ne pas les perdre, encore!

— Ton père a très-bien parlé, mon garçon, dit Charles Nodier. Assure-toi qu'ils sont toujours à leur place, et garde-les effectivement comme la prunelle de tes yeux. Maintenant, donne-moi l'encrier que tu as mis sur la cheminée, et va à tes affaires. Pendant ce temps-là, j'écrirai, moi, à Gregorio Guilmendoz, banquier à Lisbonne, qui a assez d'or pour couvrir tout le Portugal. S'il t'envoyoit seulement de quoi acheter des culottes, ce seroit employer honorablement, utilement, et sans se gêner, une foible partie de sa fortune. Qu'en penses-tu? Je me propose de lui en suggérer l'idée. Descends auprès de notre hôte, demande-lui de ma part une plume neuve, et prie-le, en outre, de me la tailler, car pour mon compte j'en suis incapable. Je me charge du reste.

— Ah! monsieur Nodier, soupira Juan en secouant tristement la tête, je vous remercie de tout mon cœur, mais on voit bien que vous ne connoissez pas mon oncle.

— Après? tu ne le connois pas non plus, toi! et ce qui peut arriver de pis, c'est que nous ne fassions pas sa connoissance. Dans ce cas-là, tu ne seras ni plus ni moins avancé que tu ne l'es, n'est-ce pas? Quant à moi, je te prie de croire que j'ai déjà perdu dans ma vie tant d'heures et tant de feuilles de papier que je ne regarde pas à en augmenter le nombre.

D'ailleurs songe donc! si j'allois toucher le cœur de ce banquier, par hasard! Ce seroit un vrai succès littéraire, et la meilleure preuve de l'utilité de mon cours de rhétorique.

— Essayez, mon bon monsieur Charles, dit le sceptique marmiton avec un sourire où ne perçoit pas la moindre confiance; si vous réussissez, je vous jure bien que nous partagerons.

— Tu fais joliment bien de m'avertir. Alors, je vais demander deux paires de culottes.

Mon père ne parloit jamais de cette lettre écrite au banquier portugois sans une nuance d'orgueilleuse satisfaction. Il est permis de supposer qu'en effet elle devoit être assez heureusement tournée, car c'est, de tous ses ouvrages, celui qui a le mieux réussi. Elle a rapporté au pauvre domestique de l'*Hôtel national* le pardon de sa famille, sa réintégration sur le sol paternel, et enfin la propriété absolue de tous ces millions passés en proverbe à Lisbonne.

Quant aux culottes de mon père, on se doute bien qu'il n'en a jamais été question ; mais les espérances fabuleuses fondées sur la réalisation des promesses de Juan Guilmendoz sont demeurées pendant des années sans nombre le texte inépuisable de ses gaietés.

Il y a de bonnes actions qui rapportent moins.

Dôle étoit trop proche voisine de Besançon, et les points de contact entre les deux villes, quoique moins immédiats qu'aujourd'hui, étoient, dès cette époque, trop faciles et trop accoutumés, pour que la sollicitude toujours en éveil de M. Nodier n'eût pas trouvé à recommander son fils dans la résidence qui venoit de lui être accordée.

Une de ces lettres d'introduction le conduisit un soir chez M. Charve, juge au tribunal de Dôle. D'anciennes relations de magistrature, éteintes, mais non oubliées, avoient fait contracter à chacun des deux collègues une dette égale d'estime et d'attachement. L'heure alloit bientôt venir de régler leur comptes. Après avoir parcouru la requête paternelle, et souri d'un bienveillant et clair regard au timide salut de celui qui devenoit dès cet instant son protégé, M. Charve le prit par le bras, et traversa le salon pour rejoindre sa femme qui, assise à une table de jeu, attendoit en causant avec ses partenaires, le retour du maître de la maison, dont l'absence avoit interrompu la partie.

— Ma chère, lui dit-il, je te présente M. Charles Nodier, le fils d'un de mes bons amis.

Elle s'inclina légèrement, gracieusement, attacha un instant les yeux, — des yeux qu'il faut avoir vus pour en comprendre l'insoutenable moquerie,—sur cette grande taille un peu gauche qui se courboit devant elle; puis se penchant vers son mari qui étoit resté appuyé au dossier du fauteuil, elle murmura à son oreille :

— Dis donc, le fils de ton bon ami a l'air bien bête.

C'est ainsi qu'eut lieu l'entrée peu triomphale de mon père dans une famille où son cœur, à la recherche d'une Charlotte, alloit cependant ne pas manquer d'occupation, car il y avoit débuté, à l'en croire, par trois passions également malheureuses et presque simultanées pour madame Charve d'abord, et ensuite pour les deux aînées de ses filles, avant de se donner d'une façon plus absolue et plus réfléchie à celle qui est devenue la compagne dévouée et adorable de toute sa vie, la femme rare qui fut ma mère. Cela ne veut pas dire que les trois autres ne fussent pas bien faites pour être sérieusement aimées.

Deux des filles et un des fils de madame Charve appartenoient à un premier mariage. La plus âgée, déjà mariée et déjà mère, se nommoit Lucile. Elle est morte à vingt-huit ans, et je ne l'ai pas connue, mais son court passage sur la terre avoit laissé une trace lumineuse comme la disparition d'une étoile.

Son souvenir étoit un culte, et l'amour qu'on lui gardoit, une idolâtrie.

Charles Nodier, qui n'en parloit qu'avec l'ardeur agenouillée du plus pur enthousiasme, a tracé d'elle dans sa nouvelle d'*Amélie* un portrait dont la ressemblance a souvent fait pleurer ma mère.

« Il y avoit deux existences dans Amélie; il y avoit deux âmes; une âme de génie qui planoit au-dessus de toutes les idées de l'humanité, une âme de jeune fille qui compatissoit à toutes les foiblesses, à toutes les ignorances des créatures inférieures. Son exaltation étoit sublime, et sa simplicité charmante; elle avoit des tristesses solennelles comme une reine celeste exilée de son empire; elle avoit des joies d'enfant. Je l'ai surprise à s'amuser d'un papillon, d'une fleur, à se parer d'une plume ou d'un ruban, à causer et à rire comme une simple femme; et cependant ce n'étoit pas une femme. Ce que c'étoit, je ne le sais pas; une apparition sans doute; une de ces communications du monde imaginaire que l'on croit avoir eues, qu'on se représente sous une forme idéale, qu'on se souvient d'avoir perdues en peu de temps, et qui laissent une trace éternelle dans la pensée. »

Elle-même, probablement, avec cette disposition rêveuse qu'apportent sur la terre ceux qui sont destinés à mourir jeunes, idéalisoit tout autour d'elle, dans ses habitudes et dans sa vie. Peintre remarquable de l'école de Guérin et de David, elle a laissé d'elle, parmi beaucoup d'œuvres inachevées, mais qui portent le sceau d'un talent supérieur et poétique, un portrait en pied vêtu de crêpe noir et couronné de soucis, dont l'expression et le caractère devoient être une représentation également fidèle de son âme et de sa personne. L'effet de cette peinture étrange est préoccupant comme un mystère, et saisissant comme une révélation.

Fanny, la seconde des sœurs, belle, souriante, animée, éclairoit par un esprit étincelant duquel on ne peut mieux donner l'idée qu'en le comparant à un feu d'artifice dont on tireroit perpétuellement le bouquet, les sombres profondeurs des méditations de Lucile.

Quiconque a eu le bonheur d'approcher de madame de Tercy, même au temps déjà alangui de sa gracieuse maturité, sait que le bonheur plus grand d'en avoir été aimée ne me fait exagérer en rien l'éblouissante réalité.

Quant à ma mère, de laquelle il me sera heureusement donné de reparler souvent, M. Francis Wey l'a dépeinte avec une grande justesse d'observation dans les pages qu'il a consacrées à la mémoire de Charles Nodier, et je cède volontiers le pas pour cette fois à sa fidèle appréciation :

« C'étoit, dit l'écrivain, une de ces femmes trop rares en ce monde que l'on ne peut voir sans les aimer, que l'on ne peut aimer pour un temps, mais auxquelles on s'attache par des liens indestructibles. Mademoiselle Désirée Charve, qui déjà unissoit à un cœur droit et simple, un esprit pénétrant, un caractère noble et dévoué, toutes les séductions d'une âme confiante et d'une sensibilité vraie, daigna recevoir l'hommage du poëte. Cette femme toute jeune, toute belle et charmante, est devenue madame Nodier. »

C'est à elle en effet qu'il a appartenu (et à qui cela pouvoit-il mieux appartenir?) d'apaiser les tumultes, de régler les bouillonnements de l'âme qui s'écrioit bien peu de temps avant de la connoître :

« Je le déclare avec amertume, avec effroi ! Le pistolet de Werther et la hache du bourreau nous ont déjà décimés : cette génération se lève et vous demande des cloîtres. »

A elle aussi les tempêtes ont obéi !

Ce fut au commencement du printemps de l'année 1808 que Charles Nodier la demanda en mariage. Je ne pense pas que cette demande ait été tout d'abord accueillie avec empressement par les parents de mademoiselle Charve. La jeune fille n'avoit pas encore dix-sept ans, et ce grand professeur de rhétorique qui en avoit vingt-huit à peine ne se recommandoit pas par un passé très-rassurant.

Il étoit honnête, studieux et érudit; mais il étoit pauvre, et il ne falloit pas l'observer longtemps pour comprendre qu'il ne sauroit jamais devenir riche.

De plus, quelle terrible tête, bon Dieu! quelle exaltation, quelle violence!

Confier une enfant si jeune à un pareil brise-raison, c'étoit vouloir passer pour plus fou que lui!

Il me semble que j'entends parler ma grand'-mère. Et c'est qu'elle parloit fort bien, ma grand'-mère, car ce prétendant qui aspiroit au titre de prétendu, étoit effectivement un assez mauvais parti. Par bonheur, il avoit autre chose pour lui que tout ce qu'elle lui dénioit si justement; il étoit aimé. Le cher avocat qui plaidoit sa cause eut bientôt fait de renverser tous les obstacles, et l'époque du mariage fut fixée à l'année suivante.

Une inquiétude inattendue vint en avancer le moment.

Le père de Charles, atteint d'une hydropisie de poitrine qu'il reconnut dès le début ne laisser aucun espoir de guérison, témoigna le désir ardent d'assister encore par la pensée au bonheur de son fils, et cette consolation ne pouvoit lui être refusée.

La cérémonie eut lieu le 31 août 1808. Le

marié avoit pour témoins Charles Weiss, le plus ancien comme le meilleur de ses amis, et Léonard Dusillet, l'aimable historien des vieilles légendes franc-comtoises, qui fut depuis maire de Dôle.

La veille du mariage, un incident fâcheux s'étoit présenté.

La municipalité de Besançon ayant négligé d'adresser à celle de Dôle un acte absolument indispensable, ce fut un grand émoi.

On alla avertir Charles Nodier que, malgré toute la diligence apportée, il étoit impossible que la cérémonie ne fût pas reculée de la moitié d'une semaine, puisque, pour mener la contrariété à son état de perfection, la voiture qui faisoit, de deux jours l'un seulement, le service des dépêches entre Dôle et Besançon, venoit de se mettre en route au moment où on s'étoit avisé de l'empêchement. Mon père rentra chez lui, dit au successeur de Juan Guilmendoz de ne pas l'attendre le soir, et partit à pied pour Besançon. Il y a onze lieues. Le lendemain, à midi, il en avoit fait vingt-deux, et rapportoit la pièce exigée. Ses courses errantes dans les montagnes avoient eu au moins ce bon résultat, de faire de lui un marcheur infatigable.

Quelques jours plus tard, cette enfant de dix-sept ans qui avoit l'instinct et le besoin de tous les dévouements, s'établissoit au chevet de son beau-père mourant, souvent réconforté par sa jeune présence; ils prenoient tous deux le temps de s'aimer et de se le dire, puis le vieillard s'éteignoit en paix sur ce cœur si tendre et si fort, car il l'avoit jugé digne de le remplacer auprès du fils qu'il alloit quitter. Cette perte cruelle laissa mon père inconsolable. Le séjour de la maison, de la ville, témoins de leur mutuelle tendresse, lui faisoit la séparation plus poignante et le vide plus complet. La vue des rues de Besançon lui serroit le cœur.

Il se souvint alors d'une proposition que lui avoit adressée M. de Jouy peu de mois auparavant, à l'heure où son inopportunité suffisoit à la rendre inacceptable. Il s'agissoit d'aller s'établir à Amiens pour un temps indéterminé, afin d'y aider dans leur double travail littéraire, dans leur double et inoffensive ambition, un vieux gentilhomme anglois auquel l'idée étoit venue,

6

— idée sinistre! — d'éclaircir Horace par la ponctuation, et une plus vieille lady qui avoit entrepris d'écrire un roman françois.

La tâche étoit rude, et la terrible fée dont l'imagination impitoyable s'ingénioit à fournir des occupations à la princesse Gracieuse, eût certainement souri à celle-là.

Charles Nodier ne se faisoit pas la moindre illusion sur les difficultés et les dégoûts d'une situation si nouvelle pour lui. Il en prévoyoit peut-être avec exagération les ennuis plus intolérables pour l'indépendance de sa nature que pour toute autre. Mais il falloit vivre, et il se disoit qu'après avoir pendant la journée entière ponctué du latin avec le chevalier Croft, ou traduit en français le roman polyglotte de lady Hamilton, rien ne l'empêcheroit d'employer la nuit à écrire pour son compte, si toutefois, à ce métier-là, il ne désapprenoit pas d'écrire.

Sa jeune femme consultée lui dit : Partons!

Alors, accompagné de cette grande douleur et de cette grande affection qui alloient désormais le suivre partout où il jugeroit à propos de les conduire, résigné à l'une, fortifié par l'autre, il informa M. de Jouy de ses résolutions, et quitta, pour n'y plus revenir qu'en pèlerin et en étranger, la ville qui avoit été la bonne mère patrie de sa jeunesse, et qui ne devoit jamais cesser d'être l'objet de toutes ses préférences.

IV

AMIENS

— Deux points, madame Nodier, ou point et virgule? demandoit à ma mère le chevalier Croft, après lui avoir lu le passage d'Horace qui le préoccupoit.

— Point et virgule, chevalier, répondoit-elle imperturbablement, à moins cependant qu'il ne lui vînt à l'esprit de répondre : Deux points, d'une manière aussi imperturbable.

Le chevalier réfléchissoit un instant, relisoit le passage, puis il trempoit sa plume dans l'encre et ponctuoit soigneusement selon l'indication qui lui avoit été donnée.

— Comme c'est bizarre, disoit-il en s'adressant

à mon père, assis en face de lui et écrivant à la même table, je ne crois pas que cette « chère respectable » ait fait de bien fortes études latines; non, je ne le crois pas. Eh bien! monsieur, soyez certain d'une chose, c'est qu'elle ne se trompe jamais sur le sens d'une phrase, sur sa construction, sur la césure d'un vers; non, monsieur, jamais!

La chère respectable, ainsi qu'il l'appeloit probablement à cause de son grand âge, rioit alors de toutes ses dents blanches au nez du vieux savant, qui rioit d'autant plus volontiers avec elle que sa confiance n'en étoit pas le moins du monde ébranlée, et que la même scène se répétoit, invariable, entre Horace, ma mère et lui, tous les jours que le bon Dieu faisoit.

Dans le boudoir littéraire où s'élaboroit le roman françois, cette petite consultation avoit exactement sa contre-partie.

Lady Mary Hamilton, en quête d'un défaut, avoit dû se contenter du plus innocent des travers; elle quittoit son lit pour s'asseoir à son bureau. Sa première pensée étoit pour *la Famille Popoli*, sans préjudice, il faut le dire, de beaucoup d'autres familles auxquelles sa charité accordoit plus de droits encore à ses préoccupations. C'étoit principalement à l'heure matinale de sa toilette que l'inspiration descendoit la visiter.

Pendant ce temps-là, sa femme de chambre picarde alloit et venoit sans se gêner dans l'appartement, rangeant, pliant, ouvrant et fermant les armoires, sans se soucier aucunement que tant d'agitation pouvoit faire envoler la muse. Elle n'ignoroit pas que son secours devenoit souvent nécessaire à la composition de cette œuvre mystérieuse, dont il est permis de penser qu'elle ne se faisoit pas une bien juste idée, et qui s'accomplissoit pourtant avec elle pour témoin, et parfois même pour collaborateur.

Lady Mary écrivoit : lorsqu'elle se sentoit arrêtée par quelque cas embarrassant, elle se tournoit du côté de sa femme de chambre :

— On dit en françois : « une fauteuil, » n'est-il pas vrai, Julie?

— Oui, milady : « une fauteuil, » et la plume se remettoit à courir.

C'est que Julie dictoit le françois comme ma mère ponctuoit le latin, sans broncher. Seulement on peut juger par ces échantillons de la terrible besogne que l'une et l'autre préparoient au malheureux secrétaire.

L'affection très-filiale que sa jeune femme et lui ne tardèrent pas à ressentir pour ces dignes vieillards d'une si bonne compagnie, et si disposés à faire tout ce qui dépendoit d'eux afin de leur rendre la vie sereine, vint en aide à un courage qui avoit réellement fort à faire pour suffire à sa peine. Le souvenir des deux années de leur séjour à Amiens, ces deux années dont chaque jour ressembloit au jour de la veille, qui sembloit n'avoir dû leur apporter que de l'ennui, étoit resté une des pages les plus aimées et les plus souvent feuilletées du livre de leur vie conjugale.

Dans sa nouvelle d'*Amélie*, Charles Nodier a tracé *con amore* le portrait du chevalier Croft, tel que sa mémoire se plaisoit à nous le représenter dans les récits religieusement écoutés d'un passé que nous n'avions pas connu.

« C'étoit un homme singulier que sir Robert. Sorti d'une famille déjà chevaleresque et illustre du temps de Cambden, il avoit fait d'excellentes études à Oxford. Ses débuts littéraires annonçoient une âme ardente et passionnée que l'amour et l'enthousiasme pouvoient mener loin, et qui obéissoit sans le savoir à cette impulsion de renouvellement dont le monde ignoroit encore le nom. Personne n'a su me dire ce qui lui arriva, mais vers l'âge de vingt-cinq ans il parut s'adonner à une piété d'abord mystique et contemplative, qui ne tarda pas à devenir scolastique et militante, parce que l'impétuosité de son tempérament et de son esprit ne lui permettoit pas de s'accommoder des partis moyens. Le troisième et le dernier de ses irrésistibles penchants, le dévoua pour toujours à l'éclaircissement et à l'illustration des lettres classiques, dont il étoit plus nourri qu'aucun homme de son époque; mais celui-là se fondoit si naturellement avec les deux autres, qu'on auroit juré que les trois n'en faisoient qu'un, et qu'il y avoit dans ce phénomène, pour un théologien de sa force, un argument très-péremptoire contre les ergotismes de

Servet; en sorte que si l'on parvenoit à se représenter distinctement un type composé du fougueux Luther, du pointilleux Saumaise et d'un Werther sentimental et sophiste comme son modèle, on connoîtroit à peu près dans sa triple unité le chevalier Robert Grove.

« Sa nouvelle passion l'entraîna sur le continent à la recherche des manuscrits d'Allemagne, de France et d'Italie; un beau jour, il s'arrêta en Suisse, où il demeuroit à mon arrivée depuis près de vingt ans, et où il avoit réalisé en viager une fortune honnête, quoique assez médiocre pour un Anglois. Il aimoit à dire que ce fut la crainte du mal de mer, dont il faillit mourir à sa première traversée, qui lui fit prendre le parti de ne jamais repasser la Manche; mais on supposoit que des chagrins cachés pouvoient avoir influé sur cette résolution et que la rencontre d'une de ces amitiés complètes, dont la nature ne gratifie pas tous ceux qui en ont besoin, acheva de le décider. Il l'avoit trouvée à Berne, en Jacobus Th***, plus jeune que lui de quelques années, animé comme lui d'une sensibilité mélancolique et rêveuse, pénétré comme lui de l'instruction la plus vaste et la plus exercée, mais supérieur à sir Robert, même au jugement de celui-ci, par le tact imperturbable de sa critique. C'est cet ami que la mort lui avoit enlevé deux ans auparavant ; le chevalier étoit alors enchaîné dans son lit par une goutte opiniâtre qui ne l'a jamais quitté depuis ; mais il s'étoit fait transporter au chevet de l'agonisant pour recevoir ses derniers soupirs. A compter de ce moment, il sembloit avoir abandonné des travaux chéris, et le besoin seul d'occuper ses ennuis de quelque distraction utile aux sciences, venoit de le décider à reprendre leur cours.

« C'est pour le seconder dans ce louable dessein qu'il avoit appelé le premier venu, et le premier venu, c'étoit moi.

. . . .

« Mes conjectures ne m'avoient pas trompé sur sir Robert. Dans cette complication unique de caractères bizarrement contrastés, je trouvai seulement un homme de plus auquel je ne pensois pas ; un homme bon, facile, expansif, abondant dans ses idées avec la naïveté d'un enfant content de lui, heureux de croire en lui et d'inspirer la confiance aux autres; mais tolérant et même docile pour les opinions les plus opposées aux siennes quand elles ne se présentoient pas sous une apparence tracassière et hostile; exigeant d'ailleurs pour les formes de l'esprit comme il l'étoit en amitié; plus boudeur au moindre nuage qu'une petite fille dont on a brisé la poupée; revenu à la moindre marque de déférence et de tendresse, et faisant toujours les frais du raccommodement en accordant plus qu'on ne lui demandoit, hyperbolique de paroles et de sentiments, d'éloges et de reproches, dans ses affections, dans ses haines, dans ses mépris, dans ses admirations, et ne connoissant point de nuance d'expression entre les superlatifs extrêmes, parce qu'il étoit lui-même un superlatif, une hyperbole morale, le plus excellent homme que la bonté divine ait jamais produit.

« Je le vois encore d'ici dans sa petite chambre quand j'y entrai une heure après mon arrivée à Berne. Je le vois couché à demi dans un fauteuil large et profond, et qui se mouvoit sur quatre roulettes par un mécanisme ingénieux et commode qu'il avoit inventé; les pieds étendus sur un tabouret flexible qui se haussoit, s'abaissoit, s'éloignoit, se rapprochoit à volonté, et qu'il avoit inventé ; le coude appuyé sur une grande table pivotante à cinquante compartiments qu'il avoit inventée aussi, car le chevalier ne se servoit de rien qu'il n'eût inventé. Il avoit inventé sa boîte à thé et sa boîte à tabac. Il avoit inventé son lit et son somno. Il avoit inventé son écritoire et ses tablettes. Il avoit inventé le bateau de voyage avec lequel il échoua sur les bords de l'Escaut, en sortant de Valenciennes. Il avoit inventé la voiture de sûreté qui le versa au beau milieu de la plus belle route de France, dans l'avenue de Nevers. Je le vois, dis-je, frappant des mains à mon entrée et m'accueillant d'un regard aussi bienveillant, d'un sourire aussi doux que celui de mon père. Je vois sa noble figure, plus que sexagénaire, mais fraîche, épanouie, vermeille, adolescente d'imagination et de pensées, et son vaste front chauve, blanc et poli comme l'ivoire, autour duquel se rouloient en boucles des cheveux d'un blond doré qui auroient fait honneur à un bachelier ; car la nature avoit pris plaisir à laisser à son vieil âge des vestiges de jeunesse, comme elle en avoit laissé à son âme.

. . . .

« Ma chambre étoit située à la partie opposée de la bibliothèque, et c'étoit à travers le savant domaine de Jonathas, que je venois chercher à dix heures du matin ma besogne quotidienne.

« Alors sir Robert travailloit depuis quatre ou cinq heures, et ses notes, jetées sur des feuillets volants, dont par bonheur elles n'usurpoient jamais le verso, étoient ordinairement parvenues avant mon lever au centième chiffre de pagination. C'est ce travail énorme qu'il s'agissoit de réduire à sa plus simple expression pendant le reste de la journée, que le chevalier employoit de son côté à grossir de quelques centaines de vers son ingénieux et interminable poëme sur une fleur de violette trouvée dans du thé suisse, ou à rêver quelque invention utile qu'il n'avoit pas encore amenée à fin.

« Hélas! ce seroit bien malgré moi qu'une légère ombre de ridicule obscurciroit ces détails d'intérieur philosophique! Il n'est point de supériorité morale qui ne trahisse l'homme par quelque foiblesse, et si l'homme étoit parfait, il ne seroit plus question de le peindre : il suffiroit de le nommer.

« Ce qui faisoit sourire l'esprit dans les innocentes manies du chevalier, faisoit en même temps pleurer l'âme. On se disoit : « Voilà pourtant ce que nous sommes, quand nous sommes tout ce qu'il nous est permis d'être au-dessus de notre espèce. »

On ne s'étonnera pas d'après cela que rien de ce qu'a écrit Charles Nodier ne porte la date de ces années cependant si laborieuses. La seule trace que je retrouve d'un emploi plus personnel de son temps, c'est une lettre du président de la Société d'émulation d'Abbeville qui le remercie de l'envoi d'un « Rapport sur les prolégomènes du système universel et raisonné des langues. »

L'imagination s'étoit endormie, il y avoit bien de quoi, et elle menaçoit de s'éteindre absolument. Encore un peu et le fait alloit tuer la pensée.

Voici le résultat sommaire et attristant de ces deux années :

M. Pictet, inspecteur général de l'Université, propose à l'auteur des *Proscrits* et de la *Napoléone* une chaire de rhétorique au collége de Poligny; il est nommé membre de la Société d'émulation d'Amiens, et à travers ces distinctions honorifiques, il poursuit son pénible labeur de tous les jours : il éclaircit Horace avec le chevalier Croft, et la *Famille Popoli* avec lady Hamilton, le tout sans témoigner, sans ressentir peut-être la moindre lassitude.

La représentation du monde que donnoit parfois la petite ville, toute insuffisante qu'elle eût paru aux yeux de véritables mondains, faisoit cependant diversion à la régulière monotonie du « reversi » de lady Mary. La maison de M. Romain, président du tribunal, devint à peu près celle de Charles Nodier et de sa jeune femme, qui y avoit trouvé une amie pour son âge et pour son cœur.

Au commencement de la Restauration, le fils aîné de M. Romain, avant d'arriver à la préfecture qu'il a longtemps administrée, a été sous-préfet de Bar-le-Duc, et je me souviens que mon enfance affriandée ne salua pas par des transports d'enthousiasme le rapide avancement qui lui faisoit quitter un chef-lieu d'arrondissement si justement renommé pour ses confitures.

A l'une des réunions qui se représentoient souvent chez le président, et dont madame Romain, aidée de sa fille Caroline et de son fils, faisoit les honneurs avec la grâce la plus affable, la distraction habituelle de Charles Nodier lui fit commettre une inconvenance que les reproches, plus assidus que sérieux de ma mère, ne lui ont jamais permis d'oublier.

Un magistrat, nouvellement nommé au tribunal d'Amiens, faisoit ce jour-là son entrée dans le salon de M. Romain. Il s'étoit paré pour la circonstance, et on distinguoit à son rayonnement, au milieu d'une remarquable collection d'objets de bijouterie, une clef de montre colossale, selon la mode de l'époque. C'étoit une topaze brûlée sertie par un simple cercle d'or. La pierre pouvoit en effet se présenter toute seule. Mon père, qui étoit très-fin connoisseur, attachoit une assez sérieuse importance à son infaillibilité dans ces matières. Il en confesse l'innocente prétention dans la *Fée aux Miettes*.

« C'est un fait sur lequel je ne saurois me tromper, fait-il dire au narrateur, moi qui apprécie de l'œil les pierres précieuses au carat et au grain, et qui défie sur ce point le réactif du chimiste, l'émeri du lapidaire et la balance du joaillier. »

Ce n'étoit que trop vrai, comme on va le voir.

Tout en entrant dans le salon, Charles Nodier fut ébloui par cette magnifique breloque. Il avoit beau essayer de regarder d'un autre côté; malgré lui et malgré eux, ses yeux étoient sans cesse ramenés à la même place. Enfin il en vint à s'absorber tellement dans cette contemplation fascinante, il finit par perdre si complétement de vue ce qui n'étoit pas elle, qu'il se leva, se rapprocha, se mit à étudier les jeux de la lumière sur le surprenant bijou, jusqu'au moment où cette préoccupation singulière ayant pris tout à fait le dessus, il apporta à son examen obstiné la même aisance que si la pierre eût été exposée dans la vitrine du joaillier et soumise aux plus indiscrètes curiosités.

— Parbleu! s'écria-t-il tout à coup avec éclat, en croyant ne répondre qu'à sa pensée, mais en réalité de manière à ce que personne ne perdît une de ses paroles, je me le disois bien : elle est fausse ! Une topaze de cette taille-là, de cette eau-là, de cette épaisseur-là ! Va t'en voir s'ils viennent !

Tout le monde rit ; l'homme à la clef de montre rit comme les autres ; seulement ma mère, qui se connoissoit en rire pour le moins aussi bien que mon père en pierres précieuses, avoit cru remarquer que sa gaieté n'étoit pas de meilleur aloi que sa topaze.

Ainsi, contents de leur sort et nullement ambitieux d'en changer, Charles Nodier et sa femme eussent continué à vivre de cette vie cachée, sans désir et presque sans soupçon d'une autre, si un incident bien simple n'étoit venu déranger toute cette sérénité.

Un enfant alloit bientôt leur naître et, à la première nouvelle qui lui en avoit été donnée, madame Charve, inquiète, s'étoit empressée de rappeler sa fille. Il falloit donc ou se résoudre à une séparation à laquelle on ne pouvoit songer sans trembler, ou se décider à retourner en Franche-Comté ensemble.

L'indécision n'étoit pas dans le cœur, mais elle existoit avec toutes ses angoisses au fond de leurs esprits tourmentés et plus que jamais en défiance de l'avenir. Ce ne fut ni par elle ni par lui que la question devoit être tranchée. Celle des sœurs de madame Nodier qui est devenue depuis madame de Tercy, avoit reçu de lady Hamilton l'invitation de venir passer quelques jours en Picardie ; quelques heures lui suffirent pour apprécier la situation.

Elle étoit jeune, vive, ne doutoit de rien, et professoit dès cette époque une admiration sans bornes pour son beau-frère Charles. En voyant à quels travaux indignes d'elle s'usoit cette haute intelligence qu'elle tenoit à honneur d'avoir devinée avant personne, elle trépigna d'indignation, et le lendemain même de son arrivée, il étoit convenu qu'on se serviroit du prétexte, bien plausible d'ailleurs, de l'état de souffrance de sa sœur, pour annoncer à ses vénérables hôtes le départ nécessaire et l'abandon probablement sans retour d'une de ces douces affections, que la jeunesse sait retrouver au premier coude du chemin, mais sur lesquelles la vieillesse doit s'attendre à pleurer à jamais.

Le chevalier Croft comprit tout ce qu'on lui dit, et mieux encore tout ce qu'on ne lui dit pas, parce qu'il se le disoit lui-même depuis longtemps. Il bénit « la chère respectable, » qui lui témoignoit une si filiale déférence; embrassa paternellement celui qui, pendant plus de deux ans, s'étoit assez loyalement dévoué à la tâche imposée pour que tout vînt attester qu'il ne lui avoit pas dérobé une pensée; il s'attrista et ne murmura pas. Lady Mary, plus expansive dans ses amitiés, plus exigeante et plus sensible peut-être, interrogea sans doute Julie à l'heure de sa toilette pour s'assurer que le mot « ingratitude » étoit françois. Comme il est de toutes les langues, Julie dut répondre affirmativement, et répondit bien. Ensuite, l'aimable vieille femme pleura comme un enfant, et comme un enfant elle se consola quand on lui eut promis qu'elle seroit la marraine du fils dont la venue prochaine apportoit le trouble au milieu de leurs existences paisibles.

Plus tard, bien que le fils espéré fût une fille, lady Mary Hamilton ne daigna pas moins lui donner son nom, et féliciter sa jeune amie, un peu déçue dans son attente, à ce qu'elle m'a souvent raconté depuis.

J'ose croire cependant que ce premier et bien court moment fut le seul où la plus tendre et aussi la plus aveuglée des mères, eût consenti à me changer contre autre chose.

V

QUINTIGNY

A deux lieues de Lons-le-Saulnier, en marchant vers les hautes montagnes du Jura, on arrivoit par un chemin étroit et pierreux à un hameau situé de la façon la plus pittoresque.

Je parle de jours depuis longtemps passés, car maintenant le hameau est devenu un gros village; le chemin pierreux, probablement macadamisé, est praticable en toute saison et pour toute espèce de voitures, et il y a lieu de croire que les deux lieues d'autrefois, dévorées et doublées avec tant d'angoisses par mon pauvre père, une nuit où il s'étoit effrayé outre mesure d'une de mes indispositions d'enfant, devoient être beaucoup plus longues que les huit kilomètres d'aujourd'hui.

Ce qu'on n'a pas pu changer, du moins je l'espère, c'est la belle colline rocheuse, toute enguirlandée de buis, que j'ai si souvent gravie à une main bien-aimée, et qui s'appelle la Croix. C'est la Chaux, une autre colline qui regarde le vallon, grimpée sur les épaules de la première; c'est le ruisseau si clair, bordé d'herbes si vertes, où nous allions les soirs d'été pêcher des écrevisses; ce sont les prés où je conduisois nos vaches, et où il me déplaisoit profondément d'être escortée par la vieille bergère, quoiqu'elle s'efforçât de son mieux de me prouver qu'elle n'étoit pour rien dans la besogne, et que sans moi tout iroit de travers.

Le nom de ce hameau est Quintigny. L'une des soixante maisons qui le composoient alors étoit l'habitation d'été de mon grand-père maternel, et c'est là que je suis née le 26 avril 1811.

Cette date, bien faite à l'heure où nous sommes pour me rappeler quelques autres choses, me rappelle par parenthèse un des grands troubles d'esprit de mon enfance.

C'étoit un jour où mon père me tenoit sur ses genoux et où il me donnoit, avec une admirable patience, ma première leçon de calcul.

Il est singulier que la seule science qu'il ait essayé de m'enseigner soit celle de l'arithmétique, qu'il n'avoit jamais pu apprendre.

Il me faisoit donc compter, d'abord jusqu'à dix, puis jusqu'à vingt, puis jusqu'à trente en attendant le reste. Quand je fus arrivée au nombre vingt-six, il trouva plus facile de fixer le chiffre dans mon cerveau, fort peu mathématique, par une idée que par un numéro, et il me dit : « Tu sais bien, vingt-six! le vingt-six avril! C'est le jour de ta naissance. » Ce rapprochement me frappa en effet, et je poursuivis courageusement. Avec son aide, je parvins à vingt-neuf. « Eh bien! tu vois, reprit-il encore, vingt-neuf avril, c'est aussi le jour de la mienne. »

Là-dessus une pensée bizarre lui traverse l'esprit, et il interrompt « mes études » pour s'en amuser. « Explique-moi un peu ceci, par exemple, dit-il avec le plus grand sérieux. Nous disons donc que tu es née le vingt-six avril? — Oui, papa. — Moi qui suis né le vingt-neuf, trois jours après toi, je suis donc le plus jeune de nous deux? — Oui, papa. — Es-tu bien sûre alors que ce n'est pas toi qui es ma maman? »

C'est que je n'en étois pas sûre du tout.

Il regarda un instant ma mine embarrassée, se mit à rire, m'embrassa et me posa à terre.

C'est de toutes les leçons que m'a données mon père celle qui m'a le mieux profité. Elle est revenue souvent à ma pensée quand je l'ai aimé à la fois avec toutes les saintes affections du cœur : comme un maître, comme un frère, comme un fils et comme un camarade.

Dans cette nuit mémorable du 26 avril, on ne dormit guère chez ma grand-mère. Enfin, satisfaisante ou non, il y eut une nouvelle à porter à Charles Nodier, qui se promenoit de long en large dans sa chambre avec l'attitude d'une âme en peine, et fort en peine.

On lui annonce depuis le bas de l'escalier qu'il a une fille, en ajoutant que la jeune mère le demande; il saisit sa lampe, descend, le cœur palpitant, et, au moment où il va tourner le bouton de la porte qui le sépare encore de sa femme qui l'appelle et de son enfant qui vient de naître, il s'arrête consterné.

Il a vu courir sur la boiserie le *blaps mortis aga*, l'insecte qui présage la mort.

L'impression fut cruelle, et sa physionomie en avoit gardé l'empreinte quand il arriva au chevet de ma mère. Elle ne pouvoit pas s'y tromper.

— Qu'as-tu donc? lui demanda-t-elle avec inquiétude et en le regardant jusqu'au fond du cœur; est-ce comme cela qu'on nous reçoit, ma fille et moi?

Mon père étoit violemment ému et pour plus d'une cause; d'ailleurs il ne savoit pas mentir. Il pencha sa tête sur l'oreiller et raconta d'une voix tremblante la triste rencontre qu'il venoit de faire.

— Mais, mon pauvre Charles, reprit ma mère avec cet accent d'autorité tendre qui lui alloit si bien, de toutes les choses de la vie, celle qui présage le plus sûrement la mort, c'est la naissance. Ton *blaps* ne nous apprend rien.

— Allons, c'est vrai, dit mon père en l'embrassant et en se relevant presque rassuré ; c'est toi qui es sage, et c'est toi qui as raison.

Charles Nodier étoit réellement superstitieux, et son esprit se plaisoit peut-être à exagérer cette disposition. Il fournissoit à l'appui de sa foiblesse des motifs tellement convaincus et si puissamment convaincants, qu'on eût fini par se trouver tout à fait déraisonnable de ne pas la partager.

Je serois, à l'heure où me voilà, aussi éloignée de regarder une salière renversée avec indifférence que de me laisser surprendre à écrire l'orthographe de Voltaire.

La note suivante que j'ai retrouvée, écrite de sa main et mêlée à d'autres documents, fixe le souvenir d'un fait saisissant qui appartient au même ordre d'idées.

« Le 6 floréal 1803, j'ai dîné chez Legarque, aux Tuileries, avec douze personnes qui étoient toutes dans la force de l'âge, et qui sont mortes cinq dans la première année, cinq dans la seconde, la onzième et la douzième, moins de dix ans après, savoir :

Arsène d'Arcier, \
Balleydier,   } de mort naturelle prématurée. \
Michon,   /

Madame Lagut, de chagrin et de misère.
Le colonel Delélée, de la fièvre jaune.
Oudet, colonel, de vingt-quatre coups de lance.
Antier, colonel, d'un boulet de canon.

Ancey,   \
Goisset,   } à Charenton, en état de démence.

Mansard Descombes, dans un naufrage.
Benjamin Pion, suicide.
Monnoyer, mécanicien, guillotiné.

« Le repas fut très-gai. »

Il n'est d'ailleurs permis à aucun de nous d'oublier une circonstance qui impose, de notre part, silence à toute raillerie. La dernière fois que mon père se soit assis à une table qui n'étoit pas la sienne, l'arrivée d'un convive sur lequel on ne comptoit pas dérangea l'ordre du couvert. En entrant dans la salle à manger, Charles Nodier s'aperçut que nous étions treize. « Pour cette fois, me dit-il en riant, je n'ai pas d'inquiétude parce que, Dieu en soit loué ! je n'ai pas de doute. Je sais de qui il s'agit. »

Hélas ! hélas ! revenons à Quintigny.

« Tu te plais à parcourir en idée les bords riants d'un limpide ruisseau qui baigne une prairie émaillée de fleurs, près d'un village paisible, » écrivoit autrefois mon grand-père à l'étudiant, en le raillant de ses goûts champêtres ; et, en réalité, le ruisseau, la prairie et le village avoient répondu à l'appel.

Laissons-nous charmer par le récit que fait Charles Nodier de la vie qu'il menoit dans ce rustique paradis.

« Quand je coulois doucement ma vingt-cinquième année entre les romans et les papillons, l'amour et la poésie, dans un pauvre et joli village du Jura que je n'aurois jamais dû quitter, il y avoit peu de soirées que je n'allasse passer avec délices chez le patriarche de mon cher Quintigny, bon et vénérable nonagénaire qui s'appeloit Joseph Poisson. Dieu ait cette belle âme en sa digne garde ! Après l'avoir salué d'un serrement de main filial, je m'asseyois au coin de l'âtre, sur un petit bahut assez délabré qui faisoit face à sa grande chaise de paille ; j'ôtois mes sabots, selon le cérémonial du lieu, et je chauffois mes pieds au feu clair et brillant d'une bonne bourrée de genévrier qui pétilloit dans le sapin. Je lui disois les nouvelles du mois précédent qui m'étoient arrivées par une lettre de la ville, ou que j'avois recueillies en passant de la bouche de quelque mercier forain, et il me rendoit en échange, avec un charme d'élocution contre lequel je n'ai jamais essayé de lutter, les dernières nouvelles du sabbat, dont il étoit toujours instruit le premier, quoiqu'il ne fût certainement pas initié à ses mystères criminels.

« Par quelle mission particulière du ciel il étoit parvenu à les surprendre, c'est ce que je ne me suis pas encore suffisamment expliqué; mais il n'y manquoit pas la plus légère circonstance, et j'atteste, dans la sincérité de mon cœur, que je n'ai de ma vie élevé le moindre soupçon sur l'exactitude de ses récits. Joseph Poisson étoit convaincu, et sa conviction devenoit la mienne, parce que Joseph Poisson étoit incapable de mentir.

« Les veillées rustiques de l'excellent vieillard acquirent de la célébrité à cent cinquante pas à la ronde. Elles devinrent des soirées auxquelles les gens lettrés du hameau ne dédaignèrent pas de se faire présenter. J'y ai vu le maire, sa femme et leurs neuf jolies filles, le percepteur du canton, le médecin vétérinaire, qui étoit un profond philosophe, et même le desservant de la chapelle, qui étoit un digne prêtre. »

A la peinture faite ici par Charles Nodier de son existence « mondaine » au sommet de ce plateau du Jura, je veux joindre la description que donne M. Xavier Marmier du village de Quintigny, dans des vers d'une inspiration charmante, gracieuse récréation d'un esprit sérieux que personne ne conteste, et dictés par un sentiment de véritable affection, dont je suis heureuse de rappeler le fidèle souvenir.

QUINTIGNY

A CHARLES NODIER

J'ai voulu parcourir votre riant village
Et ces belles forêts qui vous ont abrité,
Nodier : c'étoit pour moi comme un pèlerinage,
J'allois voir le pays que vous avez chanté.

Voici votre demeure au pied de deux collines ;
Le vallon qui s'enfuit entre les peupliers ;
Là-bas les vieux châteaux qui tombent en ruines,
Et le chemin perdu sous les arbres fruitiers.

Voici l'humble chapelle avec son toit rustique,
Auprès de la maison de vos anciens seigneurs,
Et plus haut, sur le roc, la croix de pierre antique
Qui se montre de loin aux yeux des laboureurs.

C'est parmi ces beaux lieux, entre les verts ombrages,
Que vos jours de printemps venoient s'épanouir ;
Le ciel vous dévoiloit ses riantes images,
Et vous vous en alliez semant pour l'avenir.

C'est là que votre muse, au cœur mélancolique,
Revenoit murmurer ses vers mélodieux,
Et cueilloit l'ancolie et l'humble véronique.
Et puis, marchoit rêveuse, avec un front pieux.

C'est là que quelque fée, au magique sourire,
Revenoit, n'est-ce pas, soutenir votre espoir ;
Et Trilby réveilloit les sons de votre lyre,
Et les monts et les bois aimoient à vous revoir.

J'ai voulu visiter votre toit de poëte ;
Tous ceux qui l'ont connu ne peuvent l'oublier.
Le pauvre paysan qui près de nous s'arrête,
Nous dit avec orgueil : C'est là qu'étoit Nodier.

On conserve si bien votre chambre tranquille,
Avec ses rideaux blancs, ses fauteuils de satin,
Et votre image auprès du tableau de famille,
Et cet étroit balcon ouvert sur le jardin !

Là, contemplant vos traits si doux à reconnoître,
Pensif, je me disois alors au fond du cœur :
« Oh ! vivez bien longtemps, ô Nodier, notre maître,
Vivez pour vos travaux et pour notre bonheur.

« Vous dont notre Comté sera toujours si fière,
Au but qui vous sourit laissez-vous entraîner ;
Couvrez, couvrez de fleurs votre noble carrière,
Assez de mains un jour s'en iront les glaner.

« Et puis revenez donc, rassasié de gloire,
Venez vous reposer dans votre beau pays,
Voir tout ce qui devint cher à votre mémoire,
Rêver sous les lauriers que tressent vos amis. »

<small>Quintigny, 14 juillet 1834.</small>

Charles Nodier aussi, et le premier de tous sans doute, a chanté cette vallée qu'il aimoit, et qu'il a quittée sans s'en être lassé. Presque tous ses vers sont mes compatriotes et mes contemporains.

C'est à Quintigny qu'il a écrit *Retire-toi de mon soleil*, l'une des pièces les plus parfaites d'un recueil, mis à néant aujourd'hui, comme la majeure partie de ses ouvrages. Il la termine ainsi :

. . . .
Qu'il fut sage une fois ce fou de Diogène,
Lorsque de Darius le superbe vainqueur,
Étalant à ses yeux la pompe souveraine,
Lui fit de la richesse entrevoir la douceur !
« Cherche, sans te troubler, ce que tu peux attendre
    De la puissance d'Alexandre, »
Dit celui-ci : « Quels dons peuvent te rendre heureux ? »
Diogène hésitoit : « Réponds, forme des vœux,
Continua le roi ; d'un espoir chimérique
    Ne crains pas le fâcheux réveil !
Tu seras exaucé, j'en jure le Granique.
   « Eh bien ! répondit le cynique,
   Retire-toi de mon soleil. »

   Eh ! que faut-il de plus au sage :
L'aspect de la nature avec la liberté,
   C'est là son plus riche apanage.
Que si les immortels l'ont seulement doté
   De quelque modeste héritage,
Où s'écoulent ses jours avec tranquillité,
   Combien j'envierois son partage !
J'en approche peut-être en ma simplicité
Au savoir près... Mais quoi ! c'est un autre avantage !

Il devenoit de plus en plus difficile de se le dissimuler, le modeste héritage manquoit. Il falloit essayer de le remplacer. Aussi les vers qui, par leur rang d'âge, suivent presque immédiatement ceux que je viens de citer, ne parlent-ils déjà plus de cette fraîche oasis rencontrée à mi-chemin de la vie qu'avec le regret du voyageur reparti. Ils sont datés de Leopoldsruhe, et nous y allons.

Auparavant, il est bon de s'arrêter un instant en quittant le seuil de cette jeunesse troublée et militante, qui n'avoit cependant jamais eu d'autre aspiration, d'autre soif, que celles du repos et de la solitude.

La maison de Quintigny avec sa rampe extérieure et fleurie, sa cour rustique et le verger derrière, succédoit à la maison d'arrêt du département de l'Aube et à quelques autres, à des années de pensées amères et d'impuissants désespoirs, comme ces vers frémissants qu'un murmure de ruisseau accompagne, remplaçoient le fiévreux enthousiasme sous la dictée duquel Nodier écrivoit les *Proscrits* et la *Napoléone*.

La muse courroucée ou en pleurs s'étoit mise à

chanter à la veillée, elle avoit secoué de ses vêtements la trace des orages du passé, et quand dans sa grave modestie, elle se réduisoit à la prose, c'étoit pour traiter « les questions de littérature légale. »

Je copie la lettre affectueuse et charmante par laquelle il plaçoit cette sérieuse étude sous le patronage de son savant ami Charles Weiss.

A Monsieur Charles Weiss, bibliothécaire de la ville de Besançon.

1811.

« Ne t'effraie pas, mon ami, du titre un peu ambitieux de cette brochure.

« Je ne suis pas devenu juriste, et je ne me propose pas de t'entretenir d'autre chose que de ces doctes bagatelles qui ont amusé jusqu'ici notre vie.

« Un autre y coudra le fatras de Barthole, si la matière le permet; quant à moi, je me suis contenté d'indiquer certains des délits dont l'exemple se renouvelle le plus souvent dans l'histoire littéraire, et de broder ce fond de peu d'importance de quelques anecdotes curieuses, que ma mémoire avoit conservées par hasard.

« Tu sais que je n'ai pas d'autre guide aujourd'hui, et que la fortune m'a placé dans un état où je ne puis ni rassembler des livres, ni profiter de ceux des autres ; mais que, riche de la facilité de conserver quelques titres et quelques dates, je me tiens lieu à moi-même d'une mauvaise bibliographie ; pitoyable avantage à la vérité, s'il ne prouvoit pas en même temps une faculté de réminiscence qui me procure des sensations plus heureuses, et entre autres, le souvenir toujours plus cher de ta vieille et fidèle amitié.

« Je suis bien sûr d'avance que les pages que tu vas parcourir ne t'apprendront pas une seule circonstance utile, et il y en a deux bonnes raisons ; la première, c'est qu'il est très-difficile, à ce que disent les plus savants hommes de notre temps, de t'apprendre quelque chose ; la seconde, c'est que cet écrit est d'une érudition fort médiocre, et qu'il ne mériteroit certainement pas les honneurs de l'impression, s'ils n'étoient accordés qu'aux notions nouvelles et intéressantes, comme cela devroit être.

« Tu pourras y voir cependant çà et là certaines opinions qui ne sont pas si peu hasardées qu'elles passent sans contestation. Je m'en rapporte volontiers à ton jugement, et même à celui des autres, parce que je reconnois sans peine mon infériorité envers quiconque se mêle d'avoir une opinion en littérature; mais je n'ai pas hésité à les exprimer ici, parce que j'exprime avec plaisir tout ce que je pense.

« Une erreur en morale mène loin, mais c'est une bagatelle en matière de critique, et tellement que je ne doute pas de l'indulgence de ceux que la mienne auroit lésés. Dans tous les cas, il n'y a rien de plus loin de mon cœur que l'intention de blesser un talent, et même d'offenser une manie.

« Je discute assez mal à propos peut-être sur un point que j'entends assez mal, mais je ne dispute point, et je ne vois rien de pis que d'aller troubler le repos d'un honnête homme dont on voudroit être l'ami si on l'avoit rencontré une seule fois, à l'occasion d'une niaiserie philologique qui n'intéresse personne. C'est pour cela que la difficile profession de nos journalistes m'a toujours effrayé, et que je ne les ai jamais lus, sans être tenté de plaindre cette vocation nécessaire mais douloureuse, qui les force à immoler tous les jours des victimes humaines à la défense du goût.

« Je t'avoue entre nous, que j'aimerois mieux, à leur place, laisser passer un mauvais livre qui mourroit tout aussi bien, et peut-être plus vite, du vice qu'il a apporté en naissant, que d'aller bourreler son père d'un supplice inutile, son père qui lui auroit si doucement survécu sans s'en apercevoir.

« Ne va pas croire pourtant que j'use ici de précaution oratoire pour faire tomber de la main de César la sentence de Ligarius, car Ligarius ne me touche pas du tout. C'est un enfant dédaigné auquel je n'attache ton nom que pour me laver du reproche de n'avoir rien fait pour lui.

« Si un jour je consacre notre amitié par un testament dans le genre de celui d'Eudamidas, je tâcherai de te laisser une fille plus capable d'honorer son tuteur.

« Ce petit livre aura d'ailleurs tout le succès que je lui souhaite, s'il porte un peu au delà de ma vie un faible témoignage de ma profonde déférence pour ton goût, de mon admiration pour ton savoir, de mon estime pour ton caractère et de mon inviolable amitié. »

Que de traits tout personnels dans cette lettre si peu étudiée !

Le talent de Charles Nodier est ainsi fait que, sans le vouloir, le sentiment humain et ce « moi » qu'il redoutoit pourtant si fort, y reprennent toujours le dessus : un lambeau de phrase, quelquefois moins encore, suffisent pour découvrir à nu les fibres secrètes du vrai cœur qui dirige la main de l'écrivain.

Il ne m'appartient pas de juger le mérite littéraire de ce mot ou de cette phrase toujours naturels et sensibles ; un autre eût peut-être mieux dit, quoique j'en doute ; seulement, personne, sauf lui, n'auroit dit comme cela.

Pendant cette année 1811, les relations étoient fréquentes entre les villageois de notre maison de Quintigny et les citadins de Lons-le-Saulnier.

Ce fut là, et à cette époque même, que mon père vit pour la première fois Rouget de l'Isle.

Madame Rouget, sur laquelle rejaillissoit une partie de la célébrité lyrique et patriotique de son fils, habitoit la petite ville avec sa famille, et c'étoit dans son salon que se réunissoient de préférence la jeunesse élégante et vive aussi bien que les représentants plus posés et plus réfléchis d'une saison qui n'étoit plus le printemps.

L'un des deux frères de Rouget de l'Isle est devenu général, et il me semble avoir entendu dire qu'ils avoient une sœur; mais comme aucun d'eux n'avoit fait la *Marseillaise*, on s'en occupoit peu.

C'est un mot de ma terrible grand'mère qui m'a révélé leur existence, en même temps qu'un vice de conformation dont ils étoient affligés et assez évidemment du reste, pour que j'aie pu en juger plus tard, lorsque j'ai connu le plus populaire de tous chez mon oncle, M. de Tercy.

Madame Rouget qui, selon la détestable habitude des mères, se complaisoit au récit des traits saillants de l'enfance de son fils, faisoit volontiers allusion, sans que personne osât la suivre sur ce terrain délicat, à la fâcheuse imprudence par laquelle avoit été détruite à jamais la régularité apollonienne des épaules de son célèbre Benjamin.

Elle racontoit que, tout petit, possédé de l'esprit d'aventure, il essayoit un jour de grimper jusqu'à un grenier à foin, — ambition bien humble pour le futur auteur de l'*Hymne des Marseillais*, — quand par malheur son pied ayant glissé, il étoit tombé d'une hauteur effroyable sur le pavé de la cour.

La pauvre femme en frissonnoit encore.

Quelques paroles contenues en forme d'épilogue faisoient facilement comprendre quelles avoient été les fatales conséquences d'une aussi terrible chute.

Enfin un soir : « Mais mon Dieu ! ma chère, s'étoit écrié ma grand'mère, fatiguée outre mesure du retour trop fréquent de l'anecdote, ils ont donc dégringolé tous les quatre de cette maudite échelle ! »

J'ai nommé M. de Tercy, et c'est une figure trop lumineuse, une personnalité tout aimable qui a touché de trop près à la partie de l'existence de mon père dans laquelle nous allons entrer, pour que je refuse au sentiment de tendre attachement que je lui conserve, de m'arrêter un moment à le regarder au fond de ma mémoire.

M. de Tercy étoit aussi beau qu'il soit possible de l'être. Il eût risqué de l'être trop si l'épithète à tous chevaux qui sert aujourd'hui d'inévitable condiment aux sauces les plus diverses de la correspondance et de la conversation « sympathique, » en un mot, puisqu'il faut l'appeler par son nom, ne sembloit avoir été créée par les personnes « du meilleur monde » pour le caractériser au physique aussi bien qu'au moral.

Il avoit une de ces organisations très-fines et en même temps très-complexes qui élèvent à leur niveau tout ce qu'elles touchent et qui touchent à tout. Personne ne faisoit mieux les vers et personne ne tiroit mieux le pistolet.

Il avoit porté sans rire, et sans qu'on en rît, ce qui étoit plus malaisé, la tunique des Philadelphes, et s'il lui eût passé par la tête de casser des œufs pour faire une omelette, il s'y seroit pris avec une élégance si incomparable, ses mains nerveuses et blanches eussent été dans cet exercice comme dans tout autre, si spirituellement adroites, que le prince des *Mille et une Nuits*, justement renommé pour la confection des tartes à la crême, n'auroit pu qu'à grand'peine lui servir de marmiton.

A l'époque dont je parle et quoique son mariage avec mademoiselle Charve fût déjà en question, il venoit de partir pour l'Illyrie où il remplissoit les fonctions de secrétaire général de l'Intendance.

Deux ans plus tôt, sa gracieuse fiancée avoit contribué à arracher mon père à l'engourdissement doctoral d'Amiens; l'heure n'étoit pas éloignée où une amitié presque aussi fraternelle alloit secouer le sommeil rustique du bienheureux dormeur de Quintigny. Ce fut M. de Tercy qui demanda et obtint pour Charles Nodier la place de bibliothécaire à Laybach. La première nouvelle des démarches tentées par son futur beau-frère dans le double but de lui créer une position et de lui faire partager son exil, fort supportable du reste, lui parvint sur parchemin dans la forme assez peu dubitative que voici :

« Napoléon, Empereur des Français, roi d'Italie, protecteur de la Confédération du Rhin, médiateur de la Confédération Suisse, etc., etc.

« Nous, gouverneur des provinces Illyriennes,

« Sur la présentation de l'Intendant général;

« Avons arrêté et arrêtons :

ARTICLE PREMIER.

« M. Charles Nodier, homme de lettres, est nommé bibliothécaire de la ville de Laybach.

ARTICLE DEUX.

« L'intendant général est chargé de l'exécution du présent arrêté.

« Fait à Gorice, le 20 septembre 1812.

« *Signé* : BERTRAND.

« Pour copie conforme :

« *Le comte de l'Empire, maître des requêtes, intendant général,*

« *Signé* : CHABROL.

« Pou copie conforme,

« *Le secrétaire général de l'Intendance générale,*

« *Signé*: TERCY. »

VI

LAYBACH

Ce départ d'émigrants, plein de fatigues et de soucis à travers les difficultés inquiétantes d'un pays et d'une langue inconnus, compliqué de la chère présence d'une femme de vingt ans et de l'aimable embarras d'un enfant de dix-huit mois, n'avoit pas rebuté le courage de mon père.

Ma mère étoit d'ailleurs, il l'avoit appris déjà, le plus résolu des compagnons de route et le plus droit des conseillers.

Elle étoit toujours prête à le suivre, et il étoit toujours disposé à la consulter. On partit donc, et même on arriva.

Quand les souvenirs d'enfance de Charles Nodier ont rencontré tant d'incrédules, ce n'est pas sans une appréhension bien motivée que je m'aventure au plus invraisemblable des aveux. Tous les événements de notre séjour en Illyrie ne me sont pas présents, tant s'en faut, mais quelques-uns des incidents de la seconde des deux années que nous y avons passées, se sont scellés dans mon esprit avec une telle puissance que ma mémoire en a gardé l'empreinte exacte.

J'ai souvent confondu ma mère en lui racontant avec un luxe de détails que leur insignifiance lui avoit laissé oublier, quelque circonstance évanouie de ce temps regretté. Je savois bien ne pas pouvoir lui causer une satisfaction meilleure, car de cette phase de leur existence, difficile, laborieuse, pleine de troubles et de périls, mon père et elle ne parloient jamais sans ressentir l'émotion de gratitude charmée qu'on éprouve en découvrant au loin, sous un ciel d'orage, un coin d'horizon resté obstinément pur.

Le sentiment amer de l'exil n'existoit pas pour eux à Laybach. Les François y étoient en grand nombre, et en pays étranger, quand on est jeune surtout, le compatriote devient nécessairement un ami.

M. de Tercy dont l'acclimatation étoit complète, et l'eût été également partout ailleurs, dans l'île de Robinson Crusoé tout aussi bien que dans celle de Calypso, usoit de la longueur de chaîne que lui laissoit M. de Chabrol pour organiser aux yeux ébahis de cette population inculte, les distractions les plus civilisées. En sa qualité de gouverneur des provinces Illyriennes, le comte Bertrand, quoique moins luxueux et de goûts moins bruyants que ne le fut plus tard son successeur le duc d'Abrantès, ne pouvoit se dispenser des réceptions officielles, où on sacrifioit naturellement beaucoup plus à l'étiquette qu'au plaisir. Les grandes dames allemandes, plus rigides encore, dînoient au palais du gouvernement sans ôter leurs gants. Ma mère qui arrivoit de son village, s'émut d'abord beaucoup, en les voyant faire, de la nudité inconvenante de ses mains, mais elle s'aperçut bientôt que les Françoises ne tenoient aucun compte de l'exemple, et elle agit de même.

Le gouverneur, soit qu'il y attachât en effet

une réelle importance, soit que l'obligation d'en avoir l'air fît partie des exigences du métier, prenoit assez mal toute dérogation aux usages établis dans sa petite cour.

L'habit françois et la robe à queue avoient seuls droit de bienvenue, sinon d'entrée, dans les salons du gouvernement.

> Parbleu ! je viens du Louvre où Cléonte au levé,
> Madame, a bien paru ridicule achevé,

disoit M. de Tercy à ma mère en l'abordant, revêtu de ce déguisement insolite, qui convenoit cependant à merveille à ses traits superbes et aux belles façons de toute sa personne.

Or, un soir de gala, voilà qu'une robe arrondie et sans la moindre queue se présente. La sensation n'est pas favorable, mais en revanche elle est énorme. On regarde passer le malencontreux et irrespectueux vêtement qui se dirige sans rien perdre de son aristocratique assurance jusqu'au réduit privilégié et plus glacial encore que le reste, où les invités de madame la comtesse Bertrand sont admis à la saluer. Le gouverneur s'aperçoit tout de suite que ce qui manque à la robe n'a pas été ajouté à la révérence, et malgré le rang fort élevé de la coupable, il lui est impossible de se contraindre assez pour n'en pas faire l'observation.

« Monsieur le gouverneur, répond la grande dame allemande, en meilleur françois qu'on n'auroit pu s'y attendre, aussitôt que madame la comtesse Bertrand sera duchesse, mais seulement alors, je lui devrai effectivement la robe à queue, et je vous prie de croire que, ce jour-là, je ne me le ferai pas dire. »

Là-dessus, elle s'incline majestueusement comme une princesse qu'elle est, et va prendre sa place dans le cercle, sans penser davantage à la leçon qu'elle a reçue ni même à celle qu'elle a donnée.

Madame Bertrand n'étoit pas destinée à voir se réaliser la promesse de la princesse de L***.

Le duc d'Abrantès d'abord, puis le duc d'Otrante appelé à lui succéder dans le gouvernement des provinces Illyriennes, venoient bientôt prendre possession du palais qu'avoient habité tour à tour le duc de Raguse et le comte Bertrand. Dans son livre intitulé « *Souvenirs et Portraits,* »

Charles Nodier raconte ainsi le début de ses relations antérieures avec celui qui devoit devenir gouverneur de Laybach.

« Fouché avoit été élevé à l'Oratoire où mon père conservoit, quand la révolution éclata, la réputation d'un professeur distingué. Le duc d'Otrante n'oublia jamais ni l'Oratoire, ni les vieux amis qu'il s'y étoit faits et qu'il appeloit « ses carabins, » dans l'argot janséniste de la congrégation.

« Il est notoire qu'il en restoit toujours deux ou trois autour de lui, et le hasard vouloit qu'ils fussent tous élèves de mon père, quand mon huitième mandat d'arrêt venoit de s'exécuter après trente mois d'exil et de misère.

« Il n'y eut qu'une voix pour réclamer le fils proscrit du maître d'Oudet et de Babey. On me permettra bien de citer une fois le nom de ces hommes vénérables, et c'est le moindre tribut par lequel ma reconnoissance puisse s'acquitter envers leur mémoire. Ma rigoureuse détention fut échangée contre la « mise en surveillance » qui n'impliquoit pas alors l'infamie d'un crime antérieur, et qui ne m'assimiloit qu'aux émigrés et aux chouans, mes camarades d'opinion et d'infortune. Il y eut un jour à jamais heureux où les portes seules d'une ville de guerre se refermèrent sur moi. Je respirai. »

. . . .

« Le duc d'Otrante fit alors pour moi plus que je n'osois désir ". Il me rouvrit de son propre mouvement ce doux exil des champs, le seul bien que j'aie ambitionné en toute ma vie, le seul que j'ambitionne encore, peut-être parce que les impérieuses nécessités du travail me l'ont à jamais interdit.

« Après trois ans de laborieuse et charmante solitude, je pus quitter jusqu'à la France, cachot large et superbe sans doute, mais dont les frontières comprimoient encore mon indépendance inquiète. Le hasard voulut que j'allasse planter ma tente à l'endroit où mon protecteur devoit bientôt occuper un palais. Je m'arrêtai à Laybach. »

Le soir même du jour où pour la première fois Charles Nodier s'essayoit à une existence si peu en rapport avec celle qu'il avoit menée jusque-là, fut marqué par un incident fâcheux auquel l'exaltation habituelle de ses sentiments et le penchant de son esprit vers les craintes superstitieuses avoient donné les proportions d'un malheur sérieux et d'un lugubre pressentiment.

En voulant m'attirer à lui, il m'avoit démis le bras.

A une pareille entrée en matière, c'étoit bien le cas de se dire : « un Romain rentreroit » et il n'eut garde d'y manquer.

Le calme stoïque du chirurgien dalmate chargé de remettre ma personne en ordre, finit cependant par apaiser son chagrin qui avoit bien quelques velléités de remords; mais rien ne l'a empêché de continuer à trembler depuis pour le membre jadis compromis, qu'il s'obstinoit à croire d'une essence extrêmement fragile, et demandant à être traité avec d'infinies précautions.

Dès le lendemain, toutefois, Charles Nodier entroit au cœur de la vie qu'il avoit acceptée, quoique son respect pour les droits acquis, et l'incommensurable bonté de son cœur en eussent dangereusement modifié les conditions.

« Il remplaçoit, dit M. Wey, un bon vieil Allemand à qui l'on n'avoit pas daigné faire part de sa destitution. Voyant ce pauvre diable au désespoir, Nodier, réduit à des honoraires de dix-huit cents francs, faible ressource pour un ménage de trois personnes, céda à son prédécesseur la moitié de cette modeste rétribution. »

« Mon industrie alimentaire, continue mon père dans l'article que j'ai déjà cité, se réduisoit à la direction d'une bibliothèque et à la rédaction d'un journal publié dans les trois langues littéraires du pays : le françois, l'italien et l'allemand, auquel j'ajoutai plus tard, et pendant un mois seulement, une version dans la langue vulgaire, c'est-à-dire en slave vindique.

« Mes feuilletons sur la statistique nationale et particulièrement sur les idiomes et sur les productions, m'avoient procuré de nombreux rapports avec ces hommes studieux et zélés pour la science qui sont partout l'élite des peuples, et que l'Illyrie compte par centaines. Il a fallu rapporter cette circonstance tout à fait dénuée d'intérêt parce que c'est elle sans doute qui fit tomber mon nom sous les yeux du duc d'Otrante. Son infaillible mémoire lui retraça le reste. M. Babey, l'un de ces élèves chéris de mon père dont j'ai déjà parlé, n'avoit quitté l'ancien ministre ni dans son rigoureux exil, ni dans sa nouvelle élévation. Le fils inconnu d'un vieil ami étoit pour lui un protégé naturel. Je fus mandé au palais. »

Ici se place le portrait que Charles Nodier a esquissé de M. le duc d'Otrante, large, caractéristique, et aussi impartial que le sentiment de sa reconnoissance, cette seconde conscience impérieuse chez mon père à l'égal de la première, lui avoit permis de le juger et de le peindre. Ces pages remarquables sont trop connues pour que je les reproduise, j'emprunterai seulement à la même étude, le récit du départ d'Illyrie par l'occupation françoise.

« Mon journal tétraglotte étoit devenu, sous l'aveu tacite du gouverneur, un moyen de concession progressive et amicale entre l'occupation et le pays. Il avoit adouci quelques mécontentements, apaisé quelques haines, favorisé peut-être le développement de quelques affections. Je continuois à l'écrire de moi-même, et sous la seule inspiration de ces pensées d'accommodement et de bienveillance, à l'arrière-garde de notre lente et cérémonieuse retraite. J'étois à Trieste, et les autorités françoises avoient déjà quinze lieues d'avance sur moi. Elles alioient quitter Gorice. La flotte angloise étoit à l'ancre à une portée de canon de Trieste. Les troupes autrichiennes occupoient Matéria, et de moment en moment Santa-Croce, les deux points accessibles de la montagne, qui ne sont pas éloignés de plus de deux lieues.

« Un détachement hasardeux ou égaré s'étoit montré jusque dans les environs du Farnedo, le pittoresque et délicieux jardin de la belle capitale de l'Istrie. Pressé par la faim, il s'aventura de désespoir à tenter l'entrée de la ville pour y acheter du pain. Il l'auroit bien prise s'il l'avoit voulu, car il ne restoit à la citadelle que dix-huit soldats malades qu'on n'avoit pas pu transporter:

« Le passage lui fut accordé ; les boutiques des boulangers lui furent ouvertes ; il défila en mangeant, la crosse du fusil sous l'aisselle et le canon baissé ; spectacle attendrissant qui avoit son côté ridicule, et qui eut une tragique péripétie.

« Je n'étois pas le seul Français qui fût resté à Trieste. Un employé obscur s'y tenoit caché dans un grenier, chez une femme de son intimité.

« Il trouva fort héroïque de verser une fois dans le cours de sa noble carrière, le « sang impur » de l'étranger, et il abattit d'un coup de carabine, tiré du toit, un pauvre Allemand qui avoit la bouche pleine et qui tomba mort sans pousser un cri.

« De ce moment, les soldats irrités se répandirent dans les rues en se cherchant des ennemis qu'ils n'avoient point, s'en prirent aux premiers venus, et regagnèrent confusément la campagne après avoir massacré deux ou trois honnêtes bourgeois qui se trouvèrent sur leur chemin. Le lâche assassinat commis sur ces malheureux fut, comme on voit, chèrement payé, mais il pouvoit entraîner, quelques jours après, des représailles bien plus cruelles.

« La semaine n'étoit pas écoulée que je fus éveillé, à cinq heures du matin, par une estafette chargée de dépêches du gouverneur, et qui reprit la route de Gorice en emportant brusquement mon reçu, car le temps pressoit.

« C'étoit un ordre exprès d'interrompre sur-le-champ la publication de mon journal, et, en outre, copie conforme d'un double arrêté qui me destituoit de deux places assez lucratives, dont la bonté du duc d'Otrante m'avoit pourvu

le mois précédent. Ces rigueurs étoient expliquées avec soin dans un formidable « Considérant, » dont les trois paragraphes comprenoient autant de griefs capitaux qui auroient pu, en bonne justice, coûter la tête à trois hommes : « Connivence démontrée avec l'étranger, con-
« spiration continue et flagrante contre le gou-
« vernement de l'Empereur; correspondance
« suivie entre les agents intérieurs et extérieurs
« de l'ancienne maison de France, dont j'étois
« le trait d'union secret. » Il y avoit là quelque apparence fondée sur mes opinions de proscrit, dont jamais Fouché ne m'avoit dit un mot; mais j'étois incapable de capituler traîtreusement avec des devoirs que m'imposoit sa confiance, et que j'avois librement acceptés.

« Je sortis indigné pour demander des chevaux et pour aller me livrer à Gorice à toutes les chances d'une injuste accusation. Je croyois n'y arriver jamais assez tôt.

« Quand j'arrivai dans la rue, je la trouvai remplie de soldats.

« Les Autrichiens venoient d'entrer, et cette fois en nombre suffisant pour ne pas craindre un guet-apens. Les Anglois débarquoient sans obstacle, et cinq ou six *midshipmens*, le cigare à la bouche, se promenoient les bras croisés sur le port.

« Trieste sans défense tomboit à la discrétion de l'étranger, ou, pour parler plus nettement, retomboit de toute la puissance des choses sous la domination de son maître naturel.

« Je n'eus pas de peine à me procurer des moyens de départ : mes amis m'en offroient à l'envi, tout en me conjurant de rester; mais j'avois une blessure trop vive pour me rendre à leurs instances. A neuf heures du soir j'étois à Gorice. Je courus chez le gouverneur, qui démentit un moment son flegme imperturbable par un mouvement de joie.

« — Vous voilà, me dit-il, vous m'avez donné un peu d'inquiétude.

« — Je n'en serois pas digne, monseigneur, si je m'étois rendu coupable des actions dont votre arrêté m'accuse !

« — Ah! ah! me dit-il en me poussant du geste vers un angle du salon, mon arrêté d'hier, n'est-il pas vrai? Mais si des violences avoient accompagné l'invasion, si des vengeances l'avoient suivie, pensez-vous qu'il vous auroit été inutile? C'étoit, ce me semble, une belle patente de contre-révolutionnaire?

« — Que j'ai de grâces à vous rendre, m'écriai-je en me frappant le front, cette idée ne m'étoit pas venue! »

Quoique à partir de Gorice les dangers politiques de la rentrée en France devinssent moindres, la route étant sillonnée de soldats malades ou retardataires, et d'employés, misérables débris de l'occupation qui avoit cessé, auprès desquels une situation analogue à la leur devoit servir de recommandation et faire trouver assistance, ma mère jugea prudent de coudre dans sa robe les quelques pièces d'or qu'elle possédoit, triste ressource qui alloit devenir la base insuffisante d'une existence nouvelle, au lieu de les livrer, avec les caisses remplies de linge et de vêtements rapidement amoncelés, aux hasards de cette caravane de fugitifs.

Charles Nodier loua, à Gorice, un voiturin auquel on avoit depuis longtemps rendu justice en le mettant sous la remise. Son propriétaire affirma cependant qu'il seroit encore en état de le conduire jusqu'à Domodossola, où ce moyen de transport devoit être remplacé avec avantage par le service des Messageries qui y étoit régulièrement établi. Rare bonheur pour un programme, celui-là fut exécuté de point en point.

Après un voyage d'une longueur éternelle, et où la fatigue tenoit tant de place qu'il restoit tout juste ce qu'il en falloit pour le souci, la diligence avoit traversé le Simplon et paroissoit en train de le descendre avec toutes les bonnes chances pour elle, quand la déplorable étourderie de l'un des voyageurs mit gravement en question nos destinées futures.

L'administrateur de la voiture qui nous servoit à accomplir ce pénible trajet, étoit au nombre de nos compagnons de route, et on lui eût sans doute difficilement persuadé que cette qualité de capitaine à son bord ne lui donnoit pas absolument droit de vie et de mort sur l'équipage.

Il étoit monté dans l'intérieur de « sa » diligence, occupée en outre par ma mère, qui me portoit sur ses genoux, par mon père, et enfin par un directeur des domaines qui suivoit pour rentrer en France le même itinéraire que lui ; mais il arriva un moment où l'autorité qui nous accompagnoit fut envahie d'une façon si impérieuse par le désir de fumer, qu'elle fit arrêter les chevaux et grimpa sur l'impériale à la place du conducteur, installé à la sienne de par sa volonté. Le subordonné ne souffla mot, naturellement, seulement il étoit aisé de comprendre, aux regards fréquents et anxieux qu'il jetoit sur la route, que son remplaçant provisoire ne lui inspiroit pas une confiance illimitée. La suite de l'aventure démontra malheureusement que ce jugement n'étoit rien moins que téméraire.

A une certaine phase de la descente, choisie par la Providence puisque le précipice venoit de s'y transformer paternellement en fossé, le fumeur oublia d'enrayer la seconde roue comme il s'en étoit chargé, et lorsque la mémoire lui revint, la diligence, chavirée, commençoit sa révolution sur elle-même. L'inquiétude peu dissimulée du conducteur avoit frappé ma mère ; elle prévoyoit un accident, et cherchoit depuis un moment à m'abriter sous ses bras, faute d'ailes.

Ce fut alors que les précautions compatissantes du voyageur assis à côté de nous deux aboutirent au plus cruel résultat. Ce pauvre homme, dont on se souvenoit chez nous avec une gratitude infinie et qui la méritoit certainement par l'intention, n'eut qu'une pensée, celle de ne pas céder à l'impulsion de la chute, afin de garantir la jeune femme qui ne songeoit, à son tour, qu'à préserver sa fille. Il passa son bras dans la courroie de la voiture, et s'y cramponna avec les efforts de la meilleure et de la plus généreuse résolution. Mais dans le brisement général, la courroie se rompit, et il retomba de tout son poids décuplé par la résistance sur les épaules courbées qui servoient de voûte protectrice à l'enfant.

Ma mère ne bougea pas; seulement lorsque mon père, avec la vigueur exceptionnelle qu'il avoit alors, fut parvenu à sortir de la terrible boîte; lorsqu'il m'eut prise entre les bras qui me tendoient à lui, et qu'il revint presque rassuré pour essayer de dégager sa femme, un cri d'inexprimable souffrance l'arrêta court et le terrifia : elle étoit hors d'état de tenter un mouvement ou de supporter le moindre changement de position. Seuls privilégiés dans ce désastre, mon père et moi nous n'avions ni une contusion, ni une égratignure.

J'ai pu apprendre depuis ce qu'avoit coûté mon salut.

A l'aide d'une civière, ajustée tant bien que mal avec des branches et recouverte des coussins de la voiture, on transporta la blessée, non sans lui faire endurer le martyre, jusqu'au village de Sierres où nous attendîmes pendant cinq semaines qu'elle eût retrouvé assez de force pour achever son voyage.

Il est certain qu'elle n'ajouta pas, de son plein gré, une heure à celles qui lui étoient imposées par la plus étroite nécessité.

L'auberge dans laquelle nous étions venus échouer après ce triste naufrage, étoit tenue par un boucher qui, pour utiliser ses loisirs, ne dédaignoit pas de joindre encore à son double métier les fonctions de bourreau.

Le bavardage inopportun d'un domestique apprit tous ces détails à ma mère.

Elle ne possédoit pas le degré de philosophie

voulu pour admettre volontiers ce concours d'offices, et l'interdiction la plus absolue fut prononcée contre tous les serviteurs de la maison.

Il est superflu d'ajouter que ce n'étoit pas par préférence pour le maître.

Mon père devint donc à la fois majordome et femme de chambre, quoique à vrai dire rien ne fût moins dans sa vocation.

Charles Nodier, qui avoit commencé par être si réellement maladroit, ne craignoit pas du tout de continuer à passer pour tel.

C'est qu'en effet toute occupation qui n'étoit pas en même temps une préoccupation s'excluoit d'elle-même, et très-naturellement, du cercle ordinaire de sa vie.

Il ne lui étoit jamais arrivé de froisser l'aile d'un papillon ou le pétale d'une fleur dans ses courses de botaniste ou d'entomologiste; mais il auroit chiffonné terriblement de cravates si une autre main que la sienne n'étoit venue en aide à son embarras.

A Sierres, où son cœur étoit entré au service de la pauvre malade, l'apprentissage ne lui avoit pas paru difficile. Aussi ma mère affirmoit-elle, tout attendrie à ce souvenir, n'avoir été en aucun temps plus docilement obéie, ni mieux comprise.

Tant de sollicitude d'un côté, et de l'autre tant de courage, abrégèrent les jours de la douloureuse épreuve. On put enfin parvenir à quitter Sierres; avec quelles inexprimables difficultés? Dieu le sait! Six mois se passèrent encore avant que l'intrépide convalescente fût en état de marcher autrement que soutenue par des béquilles.

Mais elle étoit en France; elle étoit chez sa mère; cela passa pour un heureux temps.

Ici se termine la première moitié d'une existence qu'il n'a pas plu à Dieu de rendre longue, ni de faire fort heureuse.

Elle a été bienveillante à tous, utile à plusieurs qui l'ont oublié; mais quelques-uns s'en souviennent encore, et ceux-là, je le sais, m'accompagneront jusqu'à la fin.

Mon cœur, qui appartient au passé, n'a pas besoin qu'on lui rappelle que ce pèlerinage fidèle de la dernière heure ils l'ont déjà accompli une fois.

FIN DE LA PREMIÈRE PARTIE

DEUXIÈME PARTIE

I

PARIS

Les oiseaux voyageurs sont venus de nouveau s'abattre sur le toit rustique.

Ils vont passer dans ce doux asile de Quintigny seulement le temps nécessaire au repos de leur aile fatiguée, puis ils reprendront courageusement la volée en se dirigeant vers un but désormais déterminé.

Charles Nodier part le premier; sa femme ne tarde pas à le rejoindre, quoique le ressouvenir encore douloureux de l'accident du Simplon, et l'organisation fort imparfaite des moyens de communication entre la Franche-Comté et Paris, à l'époque dont je parle, imposent neuf jours de durée à un voyage qui s'accomplit facilement en neuf heures aujourd'hui.

« Charles Nodier, dit M. Wey, comprenant le besoin « d'acquérir une position », et n'ayant, grâce à Dieu, aucun des genres d'aptitude qui font les parvenus, s'inquiétoit de l'avenir, sombre et menaçant pour lui. Sa jeune et courageuse femme soutint sa résolution, entretint sa sérénité; et tous deux ils s'acheminèrent enfin, confiants et fermes, la bourse pleine... d'espérance, chargés de bagage comme les oiseaux de l'air, vers ce Paris où ils étoient destinés à captiver tant d'amitiés et d'admirations, à briller du plus vif éclat, et à abriter sous leur toit modeste et vénéré, deux générations d'artistes et de poëtes. »

C'est peu de temps après leur installation dans un petit appartement de la maison qui faisoit le coin de la rue Saint-Lazare et de la rue des Trois-Frères, avec le voisinage presque immédiat de M. de Jouy et de son aimable fille, dont l'affection ne tarda pas à être acquise à mon père et à ma mère, que M. Étienne vint annoncer à Charles Nodier son entrée à la rédaction du *Journal des Débats.*

M. Sainte-Beuve raconte ainsi ce début dans la littérature militante :

« On assure, dit-il, que quand Geoffroy, sur les derniers temps, fut malade, Nodier le suppléa dans les feuilletons, en conservant l'ancienne signature et en imitant sa manière; si bien que le recueil qu'on fit ensuite de Geoffroy contient quelques morceaux de lui. On court risque, avec Nodier comme avec Diderot, de le retrouver ainsi souvent dans ce que des voisins ont signé; il faut prendre garde, en retour, de lui trop rapporter bien des écrits plus apparents où on ne le retrouve pas.

« Nodier, revenu en France, avoit trente ans passés; il doit être mûr. Le voilà au centre; une nouvelle vie mieux assise et plus en vue de l'avenir pourroit-elle commencer? Par malheur, l'atmosphère est bien fiévreuse, et les temps plus que jamais sont dissipants. Je n'essayerai pas de le deviner et de le suivre à travers les enthousiastes chaleurs de la première et de la seconde Restauration.

« Les Cent Jours le rejetèrent à douze années en arrière, aux fougues politiques du Consulat.

Il écrivit dans le *Journal des Débats* une autre *Napoléone*, une *Philippique*, à l'envi de celle que Benjamin Constant y traçoit vers le même moment. Il résista mieux à l'épreuve du lendemain.

« Non pas tout à fait Napoléon, il est vrai, mais Fouché le fit venir, et lui demanda ce qu'il vouloit : « Eh bien, donnez-moi cinq cents francs pour aller à Gand. »

« Il est l'auteur de la pièce intitulée : *Bonaparte au quatre mai*, qui parut dans le *Nain Jaune* et dans le *Moniteur de Gand*. Il est l'auteur du vote attribué à divers royalistes et qui circula au Champ de mai : « Puisqu'on veut absolument pour la France un souverain qui monte à cheval, je vote pour Franconi. »

Ces jours d'agitation ne sont pas tout à fait sortis de ma mémoire.

Le passé trop lointain ne s'y illumine que par éclairs, mais à cette vive lumière déjà ternie pourtant par les brumes d'un demi-siècle, les yeux de trois ans que j'avois alors revoient les mêmes tableaux, sont témoins des mêmes scènes et regardent passer les personnages disparus de la vie d'autrefois.

Comme il m'est encore présent ce petit jardin de la jolie maison de M. de Jouy, incessamment parcouru par la méditation peu solitaire de l'Ermite de la Chaussée-d'Antin et aussi le monument d'un caractère mal défini qu'il avoit cru devoir y ériger ! Sur le fronton, car il avoit un fronton, on lisoit : A Voltaire ! Les lettres qui composent cette invocation solennelle sont les premières que j'ai apprises.

Si je m'en souviens bien cela ne ressembloit guère à un temple, mais cela y ressembloit pour le moins autant que Voltaire ressemble à un dieu, et dans tous les cas l'intention y étoit.

L'appartement de la rue Saint-Lazare réunissoit la modestie à l'exiguïté.

L'embrasure de l'une des fenêtres de son salon octogone servoit de boudoir à ma mère, et l'autre étoit occupée par le bureau de Charles Nodier. Au rez-de-chaussée, du côté de la cour, demeuroit M. Davrigny, auteur d'une tragédie de *Jeanne d'Arc* et de plusieurs autres peut-être.

Il étoit vieux, vivoit seul avec sa vieille femme, et on ne lui connoissoit d'objets d'affection sur la terre que deux chiens très-hérissés et fort maussades, lesquels m'inspiroient un respect salutaire, soigneusement entretenu par mon entourage.

Un jour où, selon ma coutume, je persécutois le travail assidu de mon père par l'importunité de mon bavardage et de mes rires, il me dit doucement, en mettant le doigt sur ses livres :

« Ne fais pas de bruit, Marie, laisse-moi gagner beaucoup d'argent pour t'acheter une robe de mérinos rouge. »

On surprendroit d'une manière considérable les belles petites dames de trois à cinq ans qui fleurissent hâtivement dans les serres des Tuileries et du Bois de Boulogne, en leur révélant que le *nec plus ultrà* de l'élégance, en 1814, consistoit dans un fourreau de mérinos rouge. Quant à moi, éblouie par la promesse paternelle, j'avois si bien profité de la leçon qu'à quelques jours de là, je répétois de toutes mes forces à mon frère, criant sur les bras de sa nourrice : « Ne fais pas de bruit, Térence, laisse M. Davrigny gagner beaucoup d'argent pour acheter des robes de mérinos rouge à ses chiens. »

A des chiens, encore passe, diroient les belles petites dames.

Je ne me permettrois pas de citer cette niaiserie personnelle qui prouve simplement que j'avois atteint le degré de gracieux idiotisme ordinaire aux enfants de cet âge, si de son côté mon père n'y avoit découvert l'indice certain d'une intelligence hors ligne.

Cette tendre faiblesse qui a été à la fois la joie de mon cœur, et la confusion de mon bon sens, a tenu trop de place dans la vie de Charles Nodier, pour que je n'en rappelle pas l'un des premiers symptômes, si puéril qu'il puisse paroître.

Le moment étoit rude. Les droits de la gloire et ceux de la légitimité rentroient encore une fois en lutte. Tous les trônes d'Europe s'ébranloient à ces grandes secousses et menaçoient ruine. Les plus insouciants parmi les plus sages subissoient comme un souffle de tempête l'irritation générale; et ce n'étoit pas d'indifférence en matière politique qu'on pouvoit accuser Charles Nodier.

Les habitués de sa maison passionnés, ceux-ci pour la cause du roi, ceux-là pour celle de l'empereur, vociféroient leur opinion, ardemment, bruyamment, sans aucun égard pour les idées ni pour les poumons de l'interlocuteur, ainsi que c'est l'usage dans toutes les réunions où l'on discute; — aussitôt que la fatigue ou l'extinction de voix victorieuses avoient, bon gré mal gré rétabli le silence, mon père racontoit l'histoire des chiens de M. Davrigny.

———

Les amis du jeune homme de lettres, à cette époque, c'étoit Jouy, c'étoit Étienne, c'étoit Bavoux, c'étoient Désaugiers et Martainville qui devoient avoir ensemble quelque point de ressemblance, car j'en ai fait pendant longtemps une seule et même personne. C'étoit Millevoye, le charmant poëte que mon père a chanté :

> Entraîné vers mon cœur, le cœur de Millevoye
> Lui répondit un jour en palpitant de joie.

C'étoit Ballanche, c'étoit le duc de Caylus, c'étoit Foy, le colonel de l'Empire, c'étoient Renou et Sapinaud, les chefs vendéens, Aimé

Martin, Riboutté, Merle, Georges Duval, Francis, étoient les éclaireurs de ce remarquable bataillon. Francis, baron d'Allarde, dont le nom se présente sous ma plume et auquel la République d'abord et le Vaudeville ensuite, n'avoient laissé que son prénom, étoit pour moi l'objet d'une antipathie profonde. Je le détestois de tout mon cœur et je n'ai jamais compris pourquoi.

Mon enfance, trop choyée, mais expansive et caressante avec la plupart des familiers de notre maison, avoit pris celui-là dans une telle déplaisance que le souvenir de ses cheveux blonds, courts et frisottés, de son nez en bec de perroquet, de sa cravate bleue, et d'une certaine redingote à pèlerine d'un aspect noisette qu'il portoit, m'est encore désagréable à cette heure.

Un sentiment tout contraire m'entraînoit vers Aimé Martin, dont j'ai habité les genoux pendant plusieurs de ces premières années.

Un moment de crise inévitable et de bouleversement effrayant, bien qu'attendu, se préparoit alors. 1814 accumuloit ses jours néfastes, et Paris même avoit eu ses épisodes inquiétants.

Un matin que la nourrice franc-comtoise de

mon frère nous gardoit tous les deux, elle fut attirée à la fenêtre par un bruit inaccoutumé.

Elle étoit curieuse en sa qualité de nourrice, et se penchant pour mieux voir avec l'enfant sur le bras, elle m'avoit laissé m'installer au balcon devant elle. La rue étoit complétement déserte, et on entendoit par moments, interrompant le silence, un sifflement sonore qui traversoit l'air bientôt ébranlé par les formidables éclats d'un tonnerre assez rapproché.

Ma bonne Blanche confessoit qu'elle ne comprenoit pas ce que ce pouvoit être, et elle auroit eu tort de compter sur moi pour le lui apprendre.

Peut-être bien eût-elle fini par le deviner, quand tout à coup, tout seuls au-dessous de la fenêtre, passèrent mon père et ma mère qui rentroient. Ils virent Térence, et ils me virent aussi. L'angoisse de ce regard est une des impressions que je n'ai pas pu oublier.

On se battoit à la butte Montmartre et ce qui tomboit autour de la rue Saint-Lazare, c'étoient des boulets.

Un apaisement momentané succéda à ces luttes sinistres.

Les frères de Louis XVI et de Marie-Antoinette étoient rentrés dans les Tuileries du 10 août, et pour les enthousiastes comme pour les imprévoyants, le passé étoit déjà regardé comme non avenu. Au bout d'une année à peine, la sécurité de l'avenir qu'on croyoit rétablie sur de si fortes bases, recommença de nouveau à s'ébranler. L'orage assoupi se réveilla, les passions politiques engourdies, mais non éteintes, se ranimèrent, et le triste feu de la discussion se remit à flamber partout.

L'inquiétude qu'inspiroit à ma mère l'exaltation toujours prompte à s'emporter de son mari, lui suggéra une résolution aussi difficile dans son application qu'elle étoit digne à la fois de sa raison et de son dévouement.

Elle ne le quitta plus. Elle devint son ombre. Elle se mit à épier ses moindres projets de manière à les exprimer avant lui. Où qu'il allât, elle le suivoit, et elle eut l'habileté d'arriver à lui faire croire que c'étoit elle qui l'entraînoit. Enfin, elle se fit inévitable et embarrassante pour le garantir de lui-même et des autres, et le préserver de l'attrait tout-puissant du danger.

Parmi les amis de mon père, aucun ne se préoccupoit avec un respect plus attentif des efforts généreux de sa jeune femme que M. le duc de Caylus. Ses méditations amicales lui avoient fourni un moyen de les faire triompher, et il attendoit qu'une heure favorable lui permît de le présenter avec quelque chance de le voir accueilli.

Il n'est pas certain que ces jours pleins de trouble fussent composés d'heures bien favorables en effet, mais elles le devenoient plus facilement pour M. de Caylus que pour tout autre, parce qu'indépendamment de son goût délicat pour les elzévirs et les éditions princeps, qui disposoit Charles Nodier à apprécier son jugement, il avoit en toute occasion une franchise résolue et une droiture de caractère dont mon père aimoit à subir l'influence, en lui laissant volontiers le plaisir d'enlever les situations.

Un matin, qu'à son attitude soucieuse il avoit deviné ma mère plus découragée que jamais en face des difficultés de la tâche entreprise par sa tendresse, — cette tâche impossible, qui consistoit à défendre au milieu des tempêtes le repos d'une existence si fort portée d'inclination vers la foudre, — le duc de Caylus fut assez bien servi par sa tendre affection pour s'assurer la complicité du côté le plus attaquable de son cœur.

Le petit Térence, frêle et maladif, réclamoit à l'entendre l'air pur de la campagne, et il offroit à l'inquiétude de la mère, sans laisser entrevoir qu'il eût compris celle de la femme, de mettre à sa disposition son château de Buis, inhabité depuis la mort de la duchesse et de sa fille.

Quant à mon père, M. de Caylus le savoit assez « maternel » pour ne pas employer auprès de lui non plus, d'autres moyens de conviction. En écoutant la proposition faite à sa femme, il avoit regardé, le cœur serré, le pauvre enfant, son cher souci, et sans rien dire, il tendoit la main au vieux bibliophile, en signe d'acceptation et de remerciment.

Pendant cette même visite, le voyage fut convenu, arrêté et fixé au surlendemain. M. de Caylus viendroit installer lui-même ses hôtes, mais comme il ne lui étoit plus arrivé de résider à Buis, depuis qu'il y avoit perdu les deux êtres qui lui avoient si longtemps tenu lieu du reste du monde, il les quitteroit là pour s'établir au Éloy, sa terre d'adoption, une habitation simple, restreinte, et d'un aspect presque rustique, qui avoit servi de rendez-vous de chasse aux seigneurs du château, avant que le château fût devenu une tombe.

Charles Nodier emmenoit avec lui sa femme, ses deux enfants, un de ses beaux-frères, une jeune nièce, fille de Lucile, et une domestique à laquelle la vieille gardienne de Buis prêteroit son assistance et au besoin ses lumières.

Une fois que l'heure du départ, soumise à la décision de ma mère, eut été déterminée, on se sépara.

La porte s'étoit à peine refermée sur M. de Caylus qu'il la rouvrit à demi, comme s'il eût été frappé par une réflexion subite. Il passa dans l'entrebâillement sa tête poudrée, et portant à son chapeau une main soigneusement gantée :

— Vous n'avez pas peur des revenants, n'est-ce pas, madame? demanda-t-il.

— Mais non, pas que je sache, dit ma mère hésitante, et assez étourdie de la question.

— Tant mieux ! car je ne vous cache pas que cette diable de maison a toujours eu la réputation d'être fort mal fréquentée.

Là-dessus il retira la porte à lui, tandis qu'on entendoit s'ébattre dans l'antichambre la cadence un peu chevrotante de son rire.

II

AU CHATEAU DE BUIS

Il n'y a aucune raison pour que le temps n'ait pas continué à respecter la vieille demeure qui accorda l'hospitalité de son toit à l'exil volontaire de Charles Nodier pendant les Cent-Jours; il n'y en a pas davantage pour qu'elle ait échappé à un bouleversement complet. J'ai quitté Buis avec mon père en 1815 pour n'y retourner jamais; je ne sais pas même à qui il appartient aujourd'hui s'il existe encore; mais j'imagine, peut-être à tort, que si je me retrouvois seule au milieu de ses vastes salles, il me seroit aussi facile de m'y diriger que dans l'intérieur le plus accoutumé et le plus récemment parcouru.

La cour où poussoit l'herbe, le double perron, la grande avenue conduisant au Éloy, qu'on apercevoit des fenêtres, le vestibule désert aux dalles retentissantes, dont ma voix se plaisoit tant à tourmenter les échos ennuyés, le large escalier de pierre qui montoit aux appartements de réception et à la porte fermée des chambres de la duchesse de Caylus et de sa fille, la chambre plus petite choisie par ma mère, tout près de celle que nous partagions, ma cousine et moi, tout cela s'est dessiné et arrêté dans ma mémoire avec une fidélité photographique.

Dès le jour de l'arrivée, M. de Caylus fit connoître à ma mère tout ou presque tout le château. Il l'accompagna aux étages supérieurs, replaça les clefs à toutes ou à presque toutes les portes, et s'il en oublia quelqu'une, elle ne le remarqua pas plus que lui-même n'eut l'air d'y mettre une intention. Il termina cette courtoise remise de ses pouvoirs en ouvrant silencieusement devant les pas de la visiteuse l'entrée des deux sanctuaires de sa douleur. Je courois à leur suite, quand je ne sais quoi de sombre passant sur les traits de ma mère, m'avertit qu'il falloit marcher sur la pointe des pieds.

M. de Caylus se dirigea vers une des fenêtres afin de pousser un volet et d'éclairer la chambre. Ma mère posa la main sur son bras, et il s'arrêta sans rien dire.

La porte n'avoit pas été refermée; il y avoit une petite ouverture ronde en haut de chaque volet et on distinguoit très-suffisamment l'ensemble de cette vaste pièce tendue de soie rouge. Le baldaquin du lit étoit rehaussé à ses quatre coins par une touffe de plumes blanches. La courte-pointe avoit été rejetée sur la couche abandonnée après le funèbre départ sans doute, et on comprenoit qu'aucune main n'y avoit touché depuis. Une corbeille posée sur un chiffonnier, au coin de la cheminée, contenoit un ouvrage de tapisserie. Tout auprès se trouvoit le grand fauteuil de la brodeuse; et le coussin sur lequel avoient dû naître et mourir les dernières pensées et les derniers regrets de sa vie, conservoit encore la trace affaissée qu'y avoit imprimée le poids de sa tête.

Je ne m'expliquai pas alors tout cela, je le

suppose; mais la triste préoccupation que je voyois autour de moi me frappa de manière à le fixer dans mon souvenir.

Il est probable que l'émotion de M. de Caylus, contenue jusque-là, déborda lorsqu'il nous introduisit dans la chambre de sa fille, et que ma mère s'empressa de mettre un terme à cette visite douloureuse, car, de ce nid blanc et mignon de la jeune morte, le seul détail resté présent à ma pensée, c'est une cassette à ouvrage rapidement entrevue, à travers le couvercle transparent de laquelle une rangée de bobines de soie de différentes couleurs avoient attiré toute mon attention, et excité toutes mes convoitises.

Ce jour-là, par une bonne grâce qui se renouvela souvent depuis, M. de Caylus accepta à dîner chez mon père dans sa propre maison.

Charles Nodier venoit de reconduire son hôte au Éloy, et en rentrant chez sa femme il fit la remarque que depuis feu la lumière dont il est question dans le petit Poucet, il ne se pouvoit rien imaginer de plus lugubre que la lueur indécise de sa lampe devinée autant qu'aperçue le long de l'avenue qu'il avoit suivie.

—Quelque chose de bien original, par exemple, et dont je ne me rends pas compte du tout, continua mon père, c'est que cette clarté qui n'en est pas une, se projette par je ne sais quel prodigieux effet d'optique, sur les vitres de la fenêtre au-dessus de celle-ci, et que grâce à ton éclairage, l'extérieur de la chambre de là-haut est infiniment plus brillant que l'intérieur de la tienne.

— Ceci vaut la peine d'être vu, dit ma mère avec une nuance d'inquiétude dans la voix.

Elle repoussa vivement son fauteuil, et marcha d'un pas rapide vers la fenêtre. Au moment où elle mettoit la main sur l'espagnolette, un bruit assez semblable à celui qu'eût produit une chaise en tombant à l'étage supérieur, arrêta son mouvement. Elle se retourna pour écouter, et vit que tous écoutoient avec elle.

— C'est peut-être dans la chambre des enfants, répondit mon père à la question qui n'avoit pas été faite.

Il y entra et nous trouva endormis, gardés par la nourrice qui ne dormoit pas moins.

— Alors c'est un songe, continua-t-il paisiblement, et il se rassit auprès de la table sur laquelle il avoit apporté une pelote de longues épingles et une boîte de fer-blanc à fond de liége, où il piquoit les innocentes victimes de ses chasses quotidiennes, des insectes et des papillons.

Ma mère, qui trouvoit moyen de joindre à l'énergie la plus rare et la plus virile une des poltronneries les plus tenaces qu'on pût rencontrer, étoit poursuivie par une idée.

— Et cette lumière enfin? murmura-t-elle en s'avançant de nouveau du côté de la fenêtre, c'est donc aussi un songe?

Ce devoit être un songe effectivement, car au dehors tout étoit obscur.

Sur le sable de la cour, et à peine moins obscure que le reste, on entrevoyoit la baie d'une croisée; derrière les vitres une ombre se mouvoit lentement. C'étoit son attitude, c'étoit son geste; elle se reconnut et revint à la table, convaincue, mais non rassurée.

A la suite de cette nuit un peu troublée, quelques autres nuits se passèrent.

C'étoit un séjour sévère que le château de Buis

pendant les premières semaines d'avril. Les branches des arbres de l'avenue étoient noires et dépouillées, le vent de l'équinoxe s'engouffroit dans les corridors et jetoit au milieu du silence ses harmonies désespérées.

Ma mère n'avoit pas voulu compliquer le service de son unique domestique en l'étendant à trop d'espace. Tout ce qui pouvoit sembler superflu, elle l'avoit supprimé. Ainsi, pour parvenir à sa chambre, il falloit traverser une enfilade de salons dont un rayon de soleil eût certainement modifié l'aspect sinistre, mais leur retour à la lumière exigeoit des soins et des heures que nous réclamions, mon frère et moi ; ils restèrent donc hermétiquement fermés.

En passant par là à l'approche du soir, on pressoit le pas involontairement.

Un jour où il y avoit eu un terrible orage, la température s'étant singulièrement rafraîchie, nous grelottions au coin d'une de ces insatiables cheminées qui dévorent des forêts, et qui ont pour secret de vous égayer sans vous réchauffer.

Ma mère, livrée à ses réflexions, songeoit que ses enfants seroient insuffisamment couverts quand la nuit seroit venue, et à force de songer et de réfléchir, elle se souvint d'avoir entrevu sur le lit d'une chambre où déjà elle étoit allée chercher quelque chose qui lui manquoit, une couverture légère devant convenir à merveille à l'un de nos berceaux.

Il étoit midi, et elle n'eût pas osé avouer la répugnance qu'elle éprouvoit à exécuter seule sa recherche. Par une espèce de compromis entre sa peur et son courage, elle prit Térence sur son bras, et s'en fut, de chambre en chambre, d'étage en étage, cherchant à s'orienter dans ce dédale rempli de nouvelles révélations, mais qui sembloit ne pas vouloir lui rendre ce qu'il lui avoit une fois montré. Cependant, la voilà dans une galerie qu'elle croit reconnoître; cette porte fermée tout là-bas, elle l'a vue ouverte, et c'est là que doit être déposée la fameuse couverture.

Elle va, tourne le bouton, et s'arrête un moment immobile sur le seuil.

Les volets qu'elle se souvient d'avoir trouvés

ouverts sont clos, l'obscurité est complète, et on aspire dans l'atmosphère attiédie un parfum subtil d'une insaisissable suavité qui trahiroit d'élégantes habitudes de vie, si la vie étoit là.

Que va-t-elle faire ? S'en retourner comme elle est venue, et pourquoi ? Parce qu'une fenêtre qu'elle a vue ouverte est fermée ? parce qu'au lieu d'être imprégné de l'âcre saveur de l'humidité et de la moisissure, ce petit réduit inhabité sent la violette ? On lui riroit au nez et on auroit raison.

La jeune mère respire fortement, serre son fils sur sa poitrine, et marche d'un pas qu'elle voudroit croire délibéré jusqu'au lit sur lequel s'étale l'objet déjà chèrement acheté de sa téméraire entreprise.

Elle saisit le couvre-pieds de sa main libre, le tire à elle, quoiqu'il semble à son esprit troublé que son effort rencontre un peu de résistance. Si elle écoutoit ses terreurs elle seroit même disposée à penser qu'au contact de la soie une chaleur étrange réchauffe sa main glacée. Enfin, une dernière secousse dégage la couverture, tandis qu'entre le lit et la muraille quelqu'un ou quelque chose tombe violemment précipité. Au grand étonnement de ma mère, ses jambes ne se dérobèrent pas sous elle. Elle s'en retourna et presque sans fléchir.

C'est qu'elle avoit une de ces organisations prudemment résolues, qui redoutent tout ce qui semble redoutable à leur sage prévoyance, mais ne reculent jamais devant le fait ou le péril qu'elle n'a pas réussi à conjurer.

— Comme te voilà pâle, Désirée ! s'écria mon père, quand elle rentra dans la salle à manger. Parle vite, tu m'inquiètes, qu'est-ce qui vient de t'arriver ?

— Tâte cette couverture, dit-elle faiblement.

— Eh bien, qu'est-ce qu'elle a cette couverture ? elle est en soie bleue avec des bouquets, je ne lui trouve rien de bien particulier. Elle doit être chaude. Tiens ! c'est singulier, elle est chaude en effet.

— Et pourtant, reprit ma mère, consternée par la réflexion de mon père plus encore qu'elle ne l'avoit été par sa propre crainte, je viens de la prendre dans une chambre qui n'est celle d'aucun de nous, et sur un lit inoccupé depuis des années selon toute vraisemblance.

Elle raconta alors dans les plus minutieux détails, les étranges circonstances de la visite qu'elle venoit de faire.

— Allons, dit Charles Nodier en riant, la mauvaise plaisanterie de notre propriétaire porte ses fruits. Te voilà à Buis, et tu n'es pas éloignée de croire « qu'on y revient. » Rassure-toi, va ; une ombre qui a conservé assez de chaleur vitale pour la communiquer autour d'elle, ne doit pas revenir de loin. Prends plutôt garde qu'un des chiens du duc de Caylus, réveillé en sursaut au milieu de sa sieste n'ait communiqué autre chose que de la chaleur à sa couverture.

— Je me suis déjà dit cela, tu comprends, reprit ma mère en secouant la tête sans rire, mais quelle raison auroit pu avoir ce chien, en admettant que ce fût un chien, pour se jeter du côté opposé à celui où on le tiroit, au lieu de se laisser choir tout simplement du mien, comme ce devoit être l'instinct d'un brave chien qu'on réveille ?

— Dame ! que veux-tu qu'on te réponde à

cela ? Tu as des remarques d'une profondeur ! J'ai beau chercher, je ne trouve rien du tout à y opposer.

Elle alla ouvrir la porte de la nourrice :

— Blanche, dit-elle, descendez à la cuisine, et priez la vieille Thérèse de venir me parler sur-le-champ.

La vieille Thérèse étoit le Cerbère avec privilége du château de Buis ; — on ne savoit pas lequel des deux avoit vu naître l'autre. Il y avoit fort à reprendre sur le chapitre de sa beauté ; quant à ses vertus, leur côté le plus appréciable pour moi consistoit dans la façon supérieure dont elle confectionnoit des gâteaux exquis, devant lesquels auroit capitulé le caractère difficile de son collègue. Sur ce dernier point, il n'y avoit aucun rapprochement à établir.

La vieille Thérèse étoit aussi avenante et aussi sucrée que sa pâtisserie, si ce n'est davantage.

— Thérèse, dit ma mère sans lui laisser le temps de reprendre haleine, êtes-vous sûre, mais là, bien sûre, que personne sauf nous, n'habite le château ?

— Habiter le château, ma chère dame ! est-ce

que vous auriez entendu quelque chose, mon bon Dieu ! Sainte Vierge ! il ne faudroit pas me raconter ça, je serois capable de ne plus pouvoir dormir, mon bon Jésus !

— Enfin, interrompit Charles Nodier un peu impatienté, tout cela veut-il dire que nous sommes absolument seuls ici depuis les caves jusqu'aux greniers, et qu'avec ou sans l'autorisation de M. de Caylus, le château n'a que nous pour locataires ?

— Eh là, monsieur, qui donc voulez-vous qui y soit logé, divin Sauveur !

Mon père comprit qu'elle alloit recommencer de plus belle sa litanie ; il lui fit signe qu'il étoit satisfait ; elle sortit.

— Il est inutile d'interroger plus longtemps cette brave femme, continua-t-il ; si elle ment, elle ment parfaitement, et rien ne la fera sortir de son petit thème. Puisque tu as de l'inquiétude, et qu'en somme, tu pourrois peut-être encore moins dormir que Thérèse, il y a un parti bien simple à prendre : fermons la porte de cet appartement plein de mystères, et clouons-la fortement en dehors.

Ce moyen de sécurité future, qui ne me paroît pourtant pas bien triomphant, réunit l'unanimité des suffrages, et on se mit en devoir de le pratiquer.

Mon père s'empare d'un marteau, et, assisté de son guide, il prend le chemin de la galerie suspecte. Il entre ; la chambre est toujours sombre, le doux parfum persiste ; le lit est dans l'état de désordre où on l'a laissé ; d'habitant, il n'y en a pas trace. Néanmoins, la porte va être condamnée. Charles Nodier entame l'opération, mais une fois à l'œuvre, il s'aperçoit qu'il a oublié des clous. C'est l'affaire d'un instant pour aller les chercher, ma mère reste là en attendant qu'il revienne. Elle rentre sans crainte dans l'appartement où des recherches si exactes ont été faites, pour y prendre une chaise. En la rapportant elle avise dans un coin inexploré de la toilette, un verre sur lequel une brosse à dents est posée. Le verre est vide, mais la brosse encore humide, atteste un usage récent.

Armée de cette pièce de conviction sans réplique, ma mère dépose dans le corridor la chaise qu'elle porte, et descend rapidement à la rencontre de son complice. Ils remontent tous deux s'entretenant, avec une certaine émotion, de la découverte qui donne gain de cause à toutes les suppositions de ma mère : la chaise et le marteau ont disparu, et la porte est maintenant clouée en dedans.

A dater de ce jour, chaque jour eut sa petite scène de fantasmagorie.

Les bruits étranges, les fenêtres éclairées de lumières soudaines, l'impression de pas inconnus sur le sable humide des allées, les airs que chantoient mon oncle et ma mère achevés par une voix qui, tantôt descendoit des combles du château, tantôt sembloit sortir des profondeurs souterraines, tout cela se représenta suivant les circonstances et avec une espèce de régularité moqueuse.

Il fut convenu que le duc de Caylus ne seroit informé de rien : pourtant deux ou trois questions embarrassées qu'il adressa à ses hôtes leur indiquèrent clairement que Thérèse avoit parlé.

On s'accoutume à tout, et les idées les plus bizarres finissent par acquérir leur droit de cité dans l'esprit quand elles y résident pendant un temps. On arriva à former une foule de saisissantes conjectures sur les causes de la captivité à laquelle le revenant étoit soumis; son sexe, son âge probables furent discutés. Charles Nodier bâtit tout un roman sur ces mystérieuses données, et il y avoit un attrait si réel au fond des secrètes alarmes qui servoient de nœud et de base à la plupart des conversations dans cet intérieur solitaire, que leur explication naturelle fut presque considérée comme une déception.

En se promenant un soir avec Charles Nodier et sa femme dans l'avenue qui conduisoit au Éloy, M. de Caylus leur confia qu'il y donnoit asile depuis la veille, à son neveu le marquis de L***, officier de mousquetaires, gravement compromis à cause de ses opinions royalistes.

Il l'avoit soigneusement tenu caché jusque-là, ajoutoit-il, mais ayant été officieusement averti que le fugitif n'avoit plus rien à craindre, il s'étoit empressé d'entr'ouvrir la porte de sa cage en l'appelant auprès de lui.

Aucune observation ne fut faite, aucun autre éclaircissement ne fut donné; seulement quand ils eurent atteint le but de leur promenade, et pris congé de leur hôte, mon père dit à ma mère :

— Maintenant que tu sais son adresse, il seroit peut-être à propos de renvoyer sa brosse à dents à ce pauvre mousquetaire.

﹏﹏﹏

Avec cette découverte rassurante, la paix rentra au château de Buis.

Charles Nodier reconquit aussi sa liberté à laquelle il avoit tout à fait renoncé, afin de ne pas aggraver par son absence les continuelles appréhensions où vivoit sa femme dans cette maison « hantée. »

Les longues courses au fond des bois à la recherche d'un bupreste ou d'un scarabée recommencèrent; mon oncle et ma jeune cousine avoient pris goût à ces études charmantes que le professeur savoit rendre plus charmantes encore, et comme pendant ce temps-là les beaux jours étoient venus, la promenade de la veille encourageant à la promenade du lendemain, les trois marcheurs infatigables s'habituèrent bientôt à ne plus rentrer au château qu'après le coucher du soleil.

Ma mère, réduite le plus souvent à la société de Térence et à la mienne, passoit ses journées à festonner en chantant auprès de la fenêtre, et cette vie monotone auroit pu lui faire regretter que l'esclavage maternel la cloîtrât à la maison, si, alors comme depuis, un plaisir acheté par des meurtrissures aux pieds, un coup de soleil, ou la chute d'une averse, ne lui eût paru hors de prix. Ainsi chantant et brodant, elle touchoit pourtant sans s'en douter à la partie épique de son existence.

Un jour, après le départ presque quotidien de mon père et de mon oncle, la vieille Thérèse remplit le château de ses gémissements. Tout étoit perdu, « mon saint patron ! » et on n'avoit plus qu'à se préparer à la mort, « bienheureux anges du ciel ! » Les invocations de la gardienne du château de Buis ne manquoient pas pour cette fois d'un inquiétant à propos.

Une bande de soldats, sans discipline et sans chefs, avoit été signalée dans les environs de

Magny, et une jeune boulangère partie à cheval dès le matin, pour porter son pain dans les habitations de campagne qui faisoient partie de sa clientèle, avoit pu reconnoître les traces de son passage.

Les fédérés, c'étoit leur nom, avoient mis le feu à l'un de ces châteaux après l'avoir dévasté, et la brave paysanne revenoit annoncer, au grand galop de son cheval, qu'ils se dirigeoient vers Buis qu'on savoit inhabité et sans défense.

— Sans défense! s'écria ma mère, et les hommes de ce village où sont-ils donc?

— Ah! ma pauvre chère dame, dit Thérèse dont les dents claquoient de terreur, il n'y en a pas un qui ne soit déjà au fin fond de son four à l'heure qu'il est.

— Eh bien, il faut aller les y chercher, reprit paisiblement ma mère en posant son feston.

Là-dessus, elle sortit suivie de la boulangère, aide de camp en bonnet rond de ce général en robe blanche. Elle entra dans chaque maison, trouvant les paysans où Thérèse le lui avait dit. Leur faisant honte de leur lâcheté, elle pria, elle ordonna, elle menaça même quelquefois, et au bout d'une demi-heure, elle marchoit à la tête d'une dizaine d'hommes mal armés autant que mal résolus, mais qui n'avoient pas pu résister à la parole et à l'exemple de cette jeune héroïne d'un si généreux courage.

Les femmes qui ne demandoient pas mieux, vinrent se joindre à la petite troupe déjà réunie sur la place de Buis, et les retardataires, en proie aux remords, se glissèrent au milieu d'elles sans tambour ni trompette, accompagnés de forts gourdins, plus sûrs que leurs maîtres de ne pas reculer devant la besogne.

A cette heure solennelle, mon père et mon oncle arrivant au pas accéléré, vinrent prendre leur poste de bataille.

Ils avoient été avertis le long du chemin par cette force plus rapide que le télégraphe et plus puissante que la tempête : l'irrésistible impulsion d'une mauvaise nouvelle qui traverse l'air.

Elle n'a pas eu le temps d'arriver, personne ne l'a apportée, tout le monde la connoît.

Quand elle les aperçut, ma mère se retourna en riant vers ses troupes.

— Puisque vous avez un commandant, dit-elle, et plutôt deux qu'un, je m'en retourne à la maison savoir ce qui s'y passe.

— Non pas! interrompit vivement mon père. Nous ne voulons être ici ni plus ni moins que ces braves garçons-là. C'est toi qu'ils suivent; nous allons te suivre et t'obéir comme eux.

Il arrive toujours un moment où l'enthousiasme s'en mêle. On en étoit précisémeut à ce moment-là, quand on entendit le tambour des fédérés. Ma mère monta sur une éminence d'où on pouvoit les voir et en être vu.

Les défenseurs de Buis brandirent leurs piques et leurs bâtons en poussant les cris sauvages à l'usage des masses de tous les partis, et devant cette imposante sortie dirigée par une femme intrépide, les assiégeants s'arrêtèrent.

Ils tinrent conseil un instant, tirèrent deux ou trois coups de fusil, qui n'atteignirent personne, mais auxquels, dans les rangs des paysans, un léger frémissement répondit : ma mère les parcourut du regard, fronça le sourcil, et tout rentra dans le devoir..

Peu de minutes plus tard, au lieu de couper à travers champs pour venir surprendre le village et le château comme ils en avoient eu le projet, les fédérés les voyant sur la défensive, continuèrent leur chemin, et on ne tarda pas à les perdre de vue.

— Ceci m'a l'air fort rassurant, dit ma mère, seulement ils pourroient changer d'avis, et il est plus prudent de ne pas se coucher cette nuit.

Tout le monde s'inclina en signe d'obéissance et les soigneux locataires du duc de Caylus retournèrent chez eux.

— Tu n'avois pas même une arme, continua-t-elle avec un accent de reproche en s'adressant à mon père.

— Tu plaisantes ! j'avois ma freloche.

C'est ainsi que ce séjour au château de Buis, qui avoit débuté comme un chapitre d'Anne Radcliffe, se termina par un paragraphe des scènes de la Fronde.

III

PARIS

La plus impérieuse comme la plus salutaire de toutes les lois, la loi du travail, n'a jamais eu de partisan plus dévoué ni plus docile que Charles Nodier.

Le désœuvrement lui sembloit haïssable, et je ne crois pas qu'homme au monde ait trouvé moyen d'occuper davantage jusqu'à ses moments de repos.

Seulement ce fécond et puissant écrivain, qui portoit si loin l'amour des lettres, — des lettres de tous les pays et de tous les temps, — avoit le labeur littéraire en horreur.

Il écrit un jour à M. Rabou :

« Je travaille pour vivre. Si je trouvois un perruquier assez fou pour me payer mes articles la moitié du prix que m'en donne la Revue, pour en faire des papillotes, je lui donnerois la préférence. Mon nom imprimé me fait l'effet qu'il devroit faire à tout le monde : il m'ennuie. J'ai besoin de travailler; mais je n'en ai pas le goût.

« Un être qui paye sa dette à la société avec un rabot qui lui sert à façonner le bois ou avec une hache qui lui sert à tailler la pierre, je l'honore et je le comprends, disoit-il; mais de quelle utilité peut bien être à soi et à son espèce l'individu dont l'outil s'appelle une plume? »

C'est pourtant cet outil-là qu'il lui falloit employer, et employer assidûment, pendant ces années difficiles où son rude début ne lui avoit encore montré, qui l'eût dit? que les roses du chemin.

Peu de temps après son retour de Buis, l'émotion politique étoit encore à son comble; la maison ne désemplissoit pas, et je me demande comment mon père pouvoit écrire au milieu de tant de monde et de tant de bruit.

Un jour cependant tout se tut.

La douce et respectable figure du docteur Émonot demeura seule penchée la nuit et le jour sur le berceau qui touchoit à mon lit. Toutes les fois que je me réveillois, j'entendois le pas de mon père qui marchoit au hasard et la tête baissée dans la chambre. Enfin, un soir je vis qu'il s'étoit assis et que ma mère pleuroit sur son épaule. Le petit Térence venoit de mourir.

Il avoit deux ans à peine ; M. Étienne étoit son parrain.

Je voyois alors pour la première fois pleurer ma mère, et je lui adressois sans doute ces atroces questions comme les innocents les savent faire ; car plus je parlois, plus elle pleuroit. Un inconsolable chagrin, auquel ma funeste gaieté devoit ajouter quelque chose, habitoit désormais la maison.

Charles Nodier, morne, ou en proie à d'effrayantes crises nerveuses, s'éteignoit sur cette idée douloureuse, inutilement repoussée, sans qu'aucune autre idée inutilement cherchée eût le pouvoir de le distraire de son chagrin par la préoccupation d'un devoir.

Outre sa collaboration régulière au *Journal*

des Débats et son *Commentaire des Fables de Lafontaine* qu'alloit publier Eymery, il commençoit à écrire son roman de *Jean Sbogar*, dont il avoit rapporté d'Illyrie le sujet et les matériaux.

Depuis la mort de Térence et malgré les efforts de son courage, il lui avoit été impossible d'ajouter une seule ligne au bas de la page interrompue. Il erroit de chambre en chambre, regardant la place où avoit été le berceau, et dans son cœur la place où étoit demeuré l'enfant; il ne se sentoit capable de rien de plus.

Il existe parfois de cruelles conditions d'existence où la liberté de souffrir en paix se rencontre aussi difficilement que d'autres genres de bonheur plus généralement appréciés, et qu'on sait ne pas pouvoir exiger d'elles.

Il falloit que Charles Nodier retrouvât son énergie perdue; il falloit que son talent et la faculté de le mettre en œuvre survécussent à sa douleur; il falloit songer à l'enfant vivant, et ne plus songer qu'à lui.

Il essaya; peut-être eût-il essayé longtemps en vain, si l'inspiration de dépayser ce chagrin qui menaçoit de devenir un danger ne fût venue à quelqu'un des siens.

En aucun état de cause il ne pouvoit cependant être question d'une absence sérieuse. Les engagements qui lioient Charles Nodier avec le *Journal des Débats*, d'autres motifs plus invincibles encore s'y opposoient.

Il s'agissoit de découvrir, dans un rayon peu éloigné de Paris, une petite ville dans laquelle on pût pratiquer la vie de province, jouir de la sérénité du ciel, de la verdure des arbres, de l'horizon lointain, de ce que Dieu donne enfin, pour tâcher de faire oublier ce qu'il a pris. On se décida pour Saint-Germain.

———

Nous habitions là une maison blanche et proprette, au milieu d'un jardin pas grand, mais très-fleuri. Je le dépouillois tous les matins de ses roses pour joncher de leurs pétales parfumés le cabinet de travail de mon père.

Cette offrande d'un culte idolâtre, — d'après l'antique, — deviné par mon cœur, amenoit invariablement tous les jours, au moment de sa découverte, de la part de celui qui en étoit l'objet, la même explosion de surprise reconnoissante, et de la mienne, les mêmes éclats de joie retentissants. Je me jetois dans les bras ouverts pour me recevoir, et je n'en sortois qu'afin d'aller vite raconter à ma mère le succès obtenu.

J'ai souvent pensé depuis que mon père, le plus rangé et le plus méthodique des hommes, — mon père qui se levoit de son lit quand, à la lueur de sa lampe, il apercevoit à travers les glaces de sa bibliothèque un volume dont le dos n'étoit pas symétriquement parallèle au dos du volume voisin, afin de le remettre à sa place, — avoit dû être cruellement lassé par l'insupportable besogne à laquelle je le condamnois, lorsque, moi partie, il lui falloit débarrasser son lit, sa table, le canapé de crin noir sur lequel il aimoit à s'étendre, et jusqu'au parquet même, des vestiges incommodes de ma piété filiale.

Avec quelle impatience il devoit attendre que la saison des roses fût passée!

La sœur de mon père, un esprit fin, une âme supérieure, étoit venue le rejoindre à Saint-Germain, et sa communicative gaieté qu'elle appeloit au secours de son affection sans bornes pour son frère, contribua à doter ce court séjour de la puissance consolatrice qu'on en attendoit.

Elle fut secondée dans sa tâche par quelques amitiés nouvelles.

Entre les cinq compagnies de gardes du corps, celle de Luxembourg se composoit plus particulièrement d'éléments franc-comtois. Appuyée sur le souvenir de cette commune patrie, la connoissance fut bientôt faite. MM. de Vaulgrenant, M. de Saint-Loup acquirent sur-le-champ leur droit d'entrée amical chez mon père, et presque en même temps celui d'y présenter la plupart de leurs camarades.

A quel point j'étois fière de me promener sur la Terrasse escortée de ces brillants uniformes! Aussi depuis le doux et martial visage du brave commandant Du Boutet jusqu'à la tournure équivoque du chien Peloton, enrôlé volontaire de l'escadron, tout m'étoit aimable et familier parmi les gardes de Luxembourg.

Si je m'en souviens bien, je poussois même la partialité assez loin pour me croire obligée de faire un peu d'opposition à la compagnie de Grammont.

Un petit incident de notre vie campagnarde amena d'ailleurs bientôt la preuve que je n'avois pas mal placé mes affections.

C'étoit un jour où nous accomplissions, mon père et moi, notre promenade quotidienne dans la forêt. Il s'assit pour lire, au pied d'un arbre après m'avoir fait toutes les recommandations que devoit répéter plus tard Brisquet à sa fille Biscotine ; celle entre autres de ne pas m'éloigner de lui.

Je n'avois nullement l'intention de désobéir, d'abord parce que je n'étois pas désobéissante, et puis peut-être aussi parce que j'étois fort peureuse, mais je composois un herbier — comme mon père, — je collectionnois des insectes — comme mon père, — et toute préoccupée de ma poursuite, pendant que lui étoit tout préoccupé de sa lecture, je ne tardai pas à m'égarer complétement : la peur me donnoit des ailes, et je ne m'en égarois que mieux.

De son côté, mon père couroit, m'appeloit, traversoit les allées, se jetoit au milieu des massifs, et il lui sembloit déjà qu'il ne me reverroit jamais.

A son premier cri d'alarme, les hôtes de ces bois en grand nombre par cette matinée de printemps, s'étoient mis à ma recherche. Au bout de dix minutes une partie de la forêt étoit cernée militairement, et je revenois enfin, le cœur encore un peu gros, les yeux encore un peu rouges, ramenée en triomphe à mon père par « mes » gardes du corps.

F. ette année 1817, qui fut bien celle de la naissance de *Thérèse Aubert*, ainsi que l'indique Victor Hugo dans un étincelant chapitre des *Misérables*, Charles Nodier avoit été atteint d'un mal qui prit en moins de quelques mois les développements les plus inquiétants.

C'étoit une affection bizarre, aux symptômes inconnus; négligée d'abord, elle avoit ensuite été soumise à plusieurs traitements. Aucun n'avoit réussi.

Un excellent ami de Charles Nodier, le docteur

Marc, également intéressé à cette cure difficile par son amour pour la science et par son dévouement au malade, étoit venu y échouer à son tour.

Mon père, quoique vaincu par l'amère tristesse qui étoit un des caractères de sa terrible maladie, se décida à tenter un suprême moyen de salut.

Il appela à lui un médecin mulâtre, Fournier Pescaye, qu'il se souvenoit d'avoir rencontré à Paris. Il connoissoit sa fougue et sa hardiesse, et il lui sembloit être l'homme voulu pour apprécier sa situation et peut-être pour la combattre.

Le docteur Fournier arriva à Saint-Germain, et après un assez long entretien où l'état de détresse morale de son interlocuteur lui fut démontré, il dit à mon père :

— Voici ce dont il s'agit. C'est le *Ténia* que vous avez. Je suis sûr de le tuer parce qu'il sera moins fort que ce que je vais lui donner. — Si vous n'êtes pas plus fort que lui, je vous tuerai aussi. Ça vous va-t-il ?

— Oui, dit Charles Nodier, je vous remercie et j'accepte.

Il falloit qu'il souffrît cruellement, puisqu'il nous oublioit.

Le lendemain, pendant que sa femme étoit à la messe, il but deux onces d'essence de térébenthine.

Elle le retrouva se roulant sur le parquet dans une crise de convulsions qui dura vingt-quatre heures. Après quoi, ainsi que le lui avoit promis le docteur, il fut radicalement guéri du mal.

Il est à craindre seulement qu'il ne se soit jamais guéri du remède.

Une autre épreuve, moindre par ses causes, mais dont les fâcheux résultats alloient influer pendant de longues années sur le repos et sur le bien-être de son avenir, se préparoit à l'assaillir.

Au nombre des François que Charles Nodier avoit connus en Illyrie, se trouvoit M. le comte ***.

Celui-là étoit deux fois compatriote de mon père ; il étoit de la même province.

Pour compléter le rapprochement, comme lui il ne possédoit rien sur la terre.

Ici s'arrêtoit la ressemblance car on pouvoit surtout inscrire en tête des choses qu'il ne possédoit pas, le courage et la volonté de bien faire.

Jusqu'au moment du départ de Charles Nodier pour Saint-Germain, il avoit à peu près adopté sa table, à laquelle il savoit trouver chaque jour bon visage d'hôte à défaut du reste.

D'autres appétits plus malaisés à satisfaire ne s'en étoient pas tenus là.

Un soir, après avoir légèrement raconté à mon père les embarras d'argent dont il renouveloit la confidence tous les quinze jours, il sortoit de sa poche une liasse de lettres de change souscrites par lui, en le priant de lui rendre le petit service de les endosser. Sa famille — car il avoit une famille et une excellente — lui annonçoit l'envoi d'une somme de beaucoup supérieure à celle qui lui seroit nécessaire pour s'acquitter ; seulement quelques engagements contractés à l'étourdie rendoient l'attente impossible, si insignifiante qu'en fût la durée, et ces quatre ou cinq billets de mille francs étoient destinés à le tirer de peine.

Ils n'étoient remboursables qu'à trois mois de

date, ainsi donc pas le plus léger risque à courir. Tout cela récité avec l'abandon sans réplique d'un homme sûr de son fait.

L'esprit familier de Charles Nodier, ce n'étoit pas la prudente « fée aux miettes, » c'étoit l'obligeance irréfléchie, celui de tous les démons honnêtes qui marche le plus vite et qui mène le plus loin.

La signature fut accordée, les trois mois se passèrent et bien entendu, le jour où le premier billet devoit être présenté, le comte *** disparut, laissant peser la responsabilité de sa dette sur l'ami maladroit qui s'étoit fié à sa parole.

Comme il est de toute certitude que Charles Nodier eût donné cinquante fois la même marque de confiance avec une égale facilité, ma courageuse mère, tout en cherchant avec lui sans la trouver quelque solution à ce difficile problème, se félicitoit cependant que le transfuge s'en fût tenu à des exigences relativement modestes. Il restoit donc à réfléchir, à combiner, et à prendre un parti « dans le plus bref délai » comme parle la langue des huissiers qu'il alloit falloir apprendre.

Sa pension littéraire et son travail, les deux seules ressources de l'existence de mon père, ne pouvoient être proposés au créancier impatient du comte ***. Il se demanda s'il n'arriveroit pas à s'en faire un pour son compte, qui voudroit bien se contenter de la plus assurée des deux.

Le banquier royaliste de cette époque s'appeloit M. César Lapanouze et Charles Nodier n'hésita pas à s'adresser à lui. Il lui offroit pour garantie de la somme demandée, — celle même dont il avoit répondu pour M. de ***, — la procuration qui devoit substituer les droits du prêteur aux siens jusqu'à son entier acquittement. M. de Lapanouze répondit par un refus pur et simple. La maison n'avoit pas l'habitude de semblables transactions.

Un peu de dépit et d'amertume aidant, le poëte de la *Napoléone* pensa à M. Laffitte. Il lui écrivit à peu près dans les mêmes termes, tout à fait dans le même sens, lui offrit les mêmes conditions qu'il avoit déjà faites, et comme après tout la blessure étoit encore vive, il ne lui dissimula pas le décourageant échec qu'il venoit de subir, sans songer à la pente naturelle qui entraîne presque inévitablement un refus vers un refus précédent. Cependant, cet aveu qui étoit au fond d'une insigne maladresse, se trouva être pour cette fois une inspiration de haute politique.

M. Laffitte, homme bienveillant, éclairé, et homme de parti à l'occasion, vit un moyen de satisfaire son cœur, son esprit, et aussi son esprit d'opposition en venant en aide à un littérateur royaliste repoussé par l'appui sur lequel il avoit cru d'abord pouvoir compter. Il répondit à mon père une lettre d'une grâce parfaite, dans laquelle il se disoit prêt à lui rendre le service qu'il réclamoit, sans faire l'ombre d'une objection au mode de remboursement un peu lent qui lui étoit proposé. Charles Nodier le remercia avec la chaleur de cœur, souvent excessive, qu'il apportoit à l'expression de tous les nobles sentiments, et renouvela depuis plusieurs demandes analogues soumises aux conditions du premier emprunt, car d'après le compte courant établi chez M. Laffitte et clos à l'époque de la liquidation de sa maison, le dernier quartier de la pension engagée fut touché par le banquier le 6 mars 1835.

La faillite inattendue, mais non unique dans son genre, d'un libraire dont Charles Nodier avoit fait escompter les billets par la maison Laffitte, vint retarder de deux ans sa libération définitive. La banqueroute continuoit ce que la banqueroute avoit commencé.

Je cite la lettre relative à cette affaire qu'il reçut du fondé de pouvoirs de la liquidation :

Paris, 26 avril 1833.

Monsieur Charles Nodier, à Paris.

« Monsieur,

« J'ai communiqué à M. Laffitte la lettre dont vous m'avez honoré le 24 de ce mois. Il ne m'appartient point de vous exprimer les sentiments de M. Laffitte pour vous. J'en serois d'abord incapable, et puis c'est un bonheur que je dois lui laisser. Si peu d'occasions semblables s'offrent à lui !

« Je m'attacherai donc, monsieur, à la seule partie de votre lettre qui ait rapport aux intérêts de la maison de M. Laffitte.

« Nous vous avons remis un compte que vous

ne demandiez point, mais que la régularité nous prescrivoit de vous envoyer. Ce compte n'est pas encore entièrement soldé; il le sera bientôt; ce n'est pas de cela dont je veux avoir l'honneur de vous entretenir.

« Vous désirez, monsieur, que nous ne touchions point le dividende de dix pour cent offert par la faillite L***, et vous nous offrez, comme supplément, en échange de ce dividende et aux époques où il doit être payé, une somme équivalente. Je pense, monsieur, que la créance étant admise au passif de la faillite, l'abandon que vous voulez faire aujourd'hui n'atteindroit pas le but que vous vous êtes proposé. Au reste, prenez la peine de nous dire encore un mot, et si, malgré l'inutilité de ce nouveau sacrifice, vous persistez à le faire, votre instruction sera ponctuellement suivie. J'ai l'honneur de vous offrir, monsieur, l'expression de mes sentiments de véritable admiration.

« HECTOR COURENT. »

Le compte dont parle ici M. Courent est entre mes mains. Ainsi qu'il le dit, en 1833 il n'étoit

« pas encore entièrement soldé, » et la quittance définitive du capital et des intérêts, signée par les liquidateurs de la maison Laffitte, le 21 août 1835, est venue s'y joindre depuis. Je tiens l'une et l'autre pièce à la disposition de quiconque en désirera la communication, et je rends grâces, comme je le dois, à la délicate régularité du comptable qui a remis à Charles Nodier ces chiffres sans réplique, « qu'il ne demandoit pas. »

« A quoi bon ? » disoit mon père. Mais ma mère avoit repris : « A quoi bon ? à rien autre chose qu'à pouvoir démontrer aux ennemis d'aujourd'hui et aux amis de demain qu'une affaire d'argent n'est pas un cadeau d'argent, — différence qu'ils n'établiroient peut-être pas suffisamment si on les abandonnoit à leur inspiration.

— « Toi, tu ne te démens pas. On sent toujours, au fond de toutes tes prudences, la même considération affectueuse pour cette pauvre humanité.

— « Toujours. »

Je n'insisterois pas sur cette simple opération commerciale qui offre pour tout intérêt « l'intérêt légal, » si malgré le peu d'aptitude qu'elle semble y avoir, et probablement pour ne pas faire mentir la sage prévoyance de ma mère, elle ne servoit d'inépuisable texte aux récits les plus légendaires et les plus obstinément insultants. Il paroît que la reconnoissance gratuite n'est pas une vertu de notre âge, car il se rencontre plus de gens qu'on ne voudroit le supposer, qui, jugeant d'après eux sans doute, que le souvenir d'une dette fidèlement acquittée, même lorsqu'elle a été contractée dans des circonstances faites pour le perpétuer, n'est pas de ceux qui se font accompagner d'ordinaire par ces prodigieux élans de gratitude, admettent volontiers « qu'il y a quelque chose là-dessous. »

C'est pour cela que j'ai voulu montrer l'endroit et l'envers.

L'honorable mémoire de M. Laffitte n'a pas besoin de pareils holocaustes, et celle de mon père ne doit pas subir de pareils affronts.

J'ai parlé de prodigieux élans de gratitude, et c'est à peine si j'ai dit assez. Où qu'elle s'adressât, mon père revêtoit la sienne de ce caractère d'incroyable exagération qu'il a aimé à peindre et que j'ai déjà aimé à citer :

« Hyperbolique de paroles et de sentiments, d'éloges et de reproches, dans ses affections, dans ses haines, dans ses mépris, dans ses admirations, et ne connoissant point de nuances d'expression entre les superlatifs extrêmes, parce qu'il étoit lui-même un superlatif, une hyperbole morale, le plus excellent homme que la bonté divine ait jamais produit. »

Oui, c'est bien cela. Supprimez la haine qu'il n'a pas connue, et Charles Nodier est là sous un de ses aspects les plus accoutumés.

A une époque récente, un littérateur que je ne nommerai pas, parce qu'il est mort et que je respecte les morts, mais dont je ne laisserai pas non plus la triste parole s'infiltrer dans ce livre écrit pour des cœurs sans tache en mémoire d'un cœur vénéré, a pris à tâche, dans les derniers mois de son existence, d'illustrer les fruits mal venus de son imagination par l'imposition de quelque nom célèbre tiré au hasard du casier où il se fournissoit de romans.

Ce petit travail s'appliquoit de préférence aux personnages disparus, surtout quand, par bonheur, ils n'avoient rien laissé après eux pour les défendre; je suis trop peu sûre d'être encore de ce monde pour ne pas m'être expliqué son ignorance en ce qui me concerne.

Le premier de ces articles, — du moins le premier qui tomba sous mes yeux en décembre 1864, — n'étoit qu'amèrement ridicule et d'une si niaise invraisemblance, que je me décidai à l'oublier. Le second, plus honteusement impossible que celui-là, avoit de plus l'intention d'être assez odieux. Je me reprochai alors la tolérance coupable qui m'avoit fait subir sans murmure le récit précédent, et je jugeai à propos de révéler mon existence à l'auteur par un démenti formel des inexplicables légendes auxquelles il ne craignoit pas de servir d'écho.

La situation déplorable et ignorée de moi qui lui laissoit toutefois la faculté de tirer du fond de ses cartons des historiettes si peu faites pour être publiées « *in articulo mortis* » l'empêcha de répondre à ma juste réclamation. Je la renouvelai, et, pour plus de sûreté, je l'adressai tout ouverte à la direction du journal avec la prière de faire parvenir ma lettre ou de l'insérer au besoin.

Il m'en coûte de dire que je reçus à ce grave sujet une réponse d'une politesse banale, et que l'entêtement de mon insistance n'a rien pu depuis obtenir de plus.

Pendant que je suis en train de repousser ce ramassis de mensonges qui traînent, on me fait faire connoissance — bien qu'elles datent de vingt ans — avec des pages qu'il faut toucher du bout des doigts, et dont il faut parler du bout des lèvres.

Je me suis même demandé un moment si j'en parlerois d'une façon ou d'une autre, car on est surpris après avoir lu ces turpitudes de se trouver moins indigné que dégoûté.

J'ai appris là que j'étois la fille d'un homme sans aucun talent d'abord, et ceci, fondé sur l'opinion personnelle de l'auteur de l'article en question, m'est profondément indifférent, je dois le dire. De plus, cet « inventeur-biographe » m'a révélé un Charles Nodier vénal, cupide, menteur, sottement vaniteux, courtisan de tous les pouvoirs, qui a fait tous les métiers à commencer par celui de badigeonneur qu'il ne devoit pas bien faire, je le crains, pour arriver à celui de frotteur d'antichambres dans lequel il a trouvé plus de profit à en juger par la grande fortune qu'il a laissée. Ce Nodier-là a été affligé de tous les vices et bien particulièrement de celui de l'ivrognerie.

Oui, vous lisez bien : de l'ivrognerie.

Que l'adorable mémoire de mon père me pardonne ! je n'ai pas pu m'empêcher de rire de cette malencontreuse trouvaille. Quand on le veut, il y a pourtant du mal à dire de tout le monde en conservant la vraisemblance, et si on se montre sans scrupules incommodes au chapitre de la calomnie, c'est une tâche aussi facile qu'elle est indigne. Mais si vous allez gauchement raconter que cette ombre, que cette âme qui ne vivoient plus depuis vingt ans que par l'esprit et par le cœur, et par la raison qu'il leur falloit vivre ; qui s'étoient soumis pour conserver ce souffle de venu la vie de tant d'autres, à des sévérités de régime qui eussent semblé dures à un anachorète, si vous dites que « la fin de l'écrivain fut hâtée par l'abus des liqueurs fortes, » je vous avertis qu'on ne vous croira peut-être pas.

Alors on pourroit essayer d'autre chose.

Voici par exemple une citation, une « vraie » citation de Charles Nodier.

L'épithète n'est pas de trop; on ne parviendroit pas à l'appliquer à une seconde phrase de ce scandaleux libelle.

« Est-il vrai, dit l'académicien du ton dogmatique et tranchant qu'il prend dans presque tous ses écrits, que la plupart des souverains de l'Europe s'occupent de faire cadastrer la terre ? — Soit. »

« Instituer des monarchies aujourd'hui, c'est grande pitié. »

« Si j'avois le pacte social à ma disposition, je n'y changerois rien, je le déchirerois. »

« Je voudrois bien qu'on me montrât dans l'histoire une monarchie qui n'eût pas été fondée par un voleur. »

Le texte est exact, et on arriveroit facilement

à faire suivre ces maximes de quelques autres d'un ordre aussi subversif. Seulement, le copiste oublie de révéler ce détail que ce n'est pas « l'académicien dogmatique et tranchant » qui les lui fournit, mais bien les « tablettes de Jean Sbogar. »

Or, il n'est pas absolument défendu à un chef de brigands morlaque d'avoir en fait de doctrines sociales des idées que ne partagent pas les imprimeurs de la rue de la Jussienne. Il est plus d'un terrain sur lequel ils ne se rencontreroient pas davantage. Celui de la bonne foi, par exemple. Jean Sbogar n'étoit qu'un voleur.

Ce n'est pas lui qui seroit allé cacher dans un coin l'insinuation immonde que Charles Nodier, cet homme d'honneur entre tous, auroit pu appartenir à la police du comte Réal.

M. Réal, qui l'avoit fait emprisonner sans le connoître, l'a vu et lui a parlé pour la première et pour la dernière fois à un dîner chez Jacques Coste, circonstance que j'ai déjà rapportée.

Dieu me pardonne! un mot de plus et je crois que j'allois en défendre mon père!

Ceux de ce temps-ci qui l'ont connu auront le cœur soulevé par cela comme par le reste, mais si les générations à venir, fourvoyées au fond de ce cloaque, ont la prétention d'y ramasser la vérité, il faut les avertir qu'elles courent risque de tomber sur autre chose.

Je m'empresse cependant de confesser qu'en effet, et comme le lui reproche le désintéressement lacédémonien de l'auteur de sa « biographie, » Charles Nodier a exercé pendant vingt ans, « des fonctions rétribuées. » C'étoient celles de bibliothécaire, et il est certain également que les gouvernements se sont succédé sans qu'il cessât de les remplir.

Il est vrai que Charles X n'avoit peut-être pas de raisons pour destituer le bibliothécaire de « Monsieur. » Quant à Louis-Philippe, on peut dire en toute justice qu'il évita autant qu'il étoit en lui les exécutions de ce genre, et Charles Nodier lui a rendu grâce de la liberté accordée à la constance de ses sentiments bien connus, dans la phrase exquise qui termine son discours de réception à l'Académie françoise.

Un traitement de quatre mille francs étoit attaché à cette position honorable, la première et la seule à laquelle mon père ait été appelé dans son pays.

Je demande à la France si elle trouve qu'à ce prix-là, Charles Nodier lui ait coûté trop cher.

Ce livre avec lequel j'ai hâte d'en finir, a choisi pour épigraphe un axiome d'une ingénuité féroce qui donne force de loi à la diffamation d'outre-tombe. « On doit des égards aux vivants, on ne doit aux morts que la vérité. » Et quand on ne la leur accorde pas, la vérité, le cas peut se présenter à ce qu'il paroît, que peuvent donc faire ceux qui restent? A qui ont-ils le droit de se plaindre?

Je ne suis pas M. de Voltaire, mais je crois que sa proposition retournée seroit plus équitable et aussi moins lâche.

En attendant, et pour la gouverne de la postérité, il y a autant de grossiers mensonges que de lignes dans ce morceau de littérature.

A l'heure où j'écris, une nouvelle édition de cette biographie a paru. Elle contient de justes et importantes rectifications à l'article en question, comme à bien d'autres qui en avoient également besoin. Malheureusement, ce qui est écrit est écrit, et l'appréciation actuelle, si loyale qu'elle puisse être, ne sauroit apporter qu'une réparation insuffisante aux calomnies du passé.

Un autre travail, dû à la plume de M. Quérard, et digne précédent de celui qui vient de m'occuper trop longtemps, a été publié il y a beaucoup d'années comme étant aussi « la biographie » de Charles Nodier. Il n'est pas à ma connoissance que mon père ait jamais jugé à propos de relever les fables absurdes dont il fourmille. Je ne m'en soucierai donc pas plus que lui.

Maintenant lavons-nous les mains et n'en parlons plus. Dieu fasse paix même aux âmes des calomniateurs. Pour cette fois, je suis tranquille, mon père n'eût pas pensé autrement.

« Le vivant juge le vivant; le mort appartient à Dieu. »

Ceci n'est pas signé Voltaire, mais Charles Nodier.

———

Après sa terrible maladie et sa plus terrible guérison, délivré pour un moment de ces ennuis et de ces préoccupations d'un ordre particulièrement antipathique à sa nature, mon père commençoit à respirer dans son laborieux repos. On touchoit à la fin de l'année, et l'idée que, le soir venu, il iroit voir se coucher le splendide soleil d'automne du haut de la terrasse de Saint-Germain, suffisoit pleinement à la récréation de sa journée.

Si sa maison fâcheusement renommée pour son hospitalité ne fût devenue trop souvent le rendez-vous champêtre des Parisiens désœuvrés qui connoissoient Charles Nodier ou qui avoient envie de le connoître, presque rien n'eût manqué à son bonheur. Il ne lui falloit d'ailleurs pas grand'chose pour être heureux.

Le moment approchoit cependant où, malgré de sérieux obstacles qui sembloient amoncelés par la main même de la Providence, malgré les conseils prévoyants d'amitiés bien inspirées, il alloit se laisser entraîner par une proposition qui séduisit les tendances aventureuses de son esprit, et cela ne me surprend nullement, proposition qui lui fut faite par un homme d'un caractère parfaitement grave et réfléchi; ceci me surprend davantage.

C'est sur la demande pleine d'insistance de M. l'abbé Nicolle, aumônier du roi et directeur du lycée Richelieu, à Odessa, que Charles Nodier signa l'acte imprudent par lequel il prenoit, pour la seconde fois, et malgré les tristes résultats d'une première tentative, l'engagement de s'expatrier.

Ce traité l'attachoit au lycée d'Odessa en qualité de professeur d'économie politique. Il se chargeoit en outre de la rédaction d'un journal littéraire, politique et commercial qui devoit y être créé.

Pour de bien médiocres avantages échafaudés sur le sable, on se résolut donc à quitter la France et afin de n'avoir plus tard ni le désir, ni presque la possibilité du retour, mon père commença par brûler ses vaisseaux.

Il vendit ou donna tout ce qu'il possédoit, envoya sa collection d'insectes à son ami Aimé Martin, et tout étant préparé pour ce grand exil, on alla attendre dans le Jura, où ma mère avoit de cruels adieux à faire et à recevoir, l'arrivée de la feuille de route officielle. Un ordre supérieur la retint fort heureusement à Odessa, et par un concours d'aventures, jusque-là sans exemple, Lons-le-Saulnier devint le pôle extrême d'un voyage en Russie.

Dans la préface d'une des éditions de *Jean Sbogar*, Charles Nodier raconte en peu de mots cet épisode de son existence nomade :

« Je ne dirai pas quelles circonstances me décidèrent à publier, en 1818, le roman de *Jean Sbogar*, ébauché, en 1812, aux lieux qui l'ont inspiré.

« Il me suffira de noter en passant que j'entrois alors dans une carrière très-sérieuse où je n'ai fait qu'un pas, et que cette considération me défendoit d'attacher mon nom au frontispice.

« La politique de Jean Sbogar eût été en effet une mauvaise recommandation pour l'homme qui alloit professer les sciences politiques dans la Petite-Tartarie et personne ne s'étonnera que l'auteur reconnu, malgré ses précautions, y ait été mis à l'index comme son livre. On pourra juger au reste par l'opportunité de cette publication du haut esprit de convenances et d'aptitude aux concessions intéressées qui m'a dirigé dans toutes les grandes affaires de ma vie. »

La publication de ce roman, qui manquoit d'à-propos si l'on en juge d'après l'accueil du gouvernement russe, manquoit de bien autre chose encore si l'on s'en rapporte aux observations sévères de l'éditeur.

« J'attends votre *Thérèse Aubert*, écrit-il à Charles Nodier, j'espère qu'elle aura plus de succès que *Jean Sbogar*. — Je crois au reste que je me chargerai de *Thérèse*. »

Cette lettre, « dépouillée d'artifices, » se termine par ce consolant protocole : « Votre bon et sincère ami. »

Je n'ai aucune raison de penser que ce ne fût pas là l'expression très-réelle des sentiments de celui qui consentoit à se charger de *Thérèse Aubert*, malgré l'insuccès de *Jean Sbogar*. Seulement il faut reconnoître que les temps sont changés.

Les libraires de notre époque affectionnent peut-être moins « sincèrement » leurs fournisseurs que ceux du passé, mais l'idée ne viendroit à aucun d'eux — et je les en loue — d'employer en parlant des ouvrages qu'ils publient, la forme trop « sincère » de ce spécimen.

Ce nouveau séjour d'une année dans les montagnes bien-aimées de mon père, sauf que nous y fûmes un peu foudroyés, et qu'il y défendit envers et contre tous l'innocence de Bastide et de Jausion, « injustement » accusés de l'assassinat de Fualdès, n'offrit rien de particulièrement digne de remarque.

Il fallut s'en revenir comme on étoit parti, et reconstruire à Paris, avec bien des efforts, le nid qu'on avoit abandonné au vent des chimères.

Ma mère se mit en quête d'un appartement. En attendant, nous étions descendus rue et hôtel du Bouloi. Ce fut là qu'intrigué de savoir pour quel motif le vieux soldat qui remplissoit les fonctions de concierge de la maison, dormoit sur un fauteuil et jamais dans un lit, Charles Nodier, intéressé par l'aspect ravagé de ce pauvre homme, finit par l'interroger, et puisa dans les formidables récits de ses cauchemars, l'idée première, *Thessalie* à part, de son livre de *Smarra*.

Un ami de mon père, M. Périé, élève de David,

ancien *philadelphe*, trouva bientôt dans son voisinage ce que ma mère cherchoit en vain un peu partout. Il occupoit avec sa femme tout un côté de la magnifique habitation qui s'appeloit alors l'hôtel de Gesvres, rue Neuve-Saint-Augustin, et il réussit à établir mon père rue de Choiseul, n° 1.

Il ne se pouvoit rien voir de plus bizarre et de plus curieux que l'intérieur de nos voisins, et un gros volume ne suffiroit pas à dresser l'inventaire des incroyables richesses artistiques qui en peuploient les hautes salles. Un seul détail pourra donner la mesure de l'ensemble.

L'estrade d'ébène, incrustée d'argent, qui supportoit le lit de madame Périé, étoit placée dans un hémicycle dont chaque panneau contenoit une figure peinte, de grandeur naturelle, et représentant une des heures de la nuit. Chacune de ces pages poétiques portoit un illustre nom. David, Guérin, Gros, Prudhon, Girodet, Franque, Gérard, avoient tous signé leur heure.

J'allois ajouter que le reste étoit à l'avenant

et il n'y avoit rien au contraire de plus singulièrement disparate que les pièces étranges de cet échiquier sans pareil.

Un coup d'œil jeté sur le costume du matin adopté par son propriétaire, suppléera, en quelques mots, à la description détaillée du cadre, pour lequel d'ailleurs il sembloit avoir été fait.

Ainsi que je l'ai dit, M. Périé avoit fait partie de la société des Philadelphes et il s'obstinoit bravement à en revêtir la tunique d'ordonnance par-dessus un pantalon à pieds en flanelle blanche qui en simplifioit les obligations délicates et trop appropriées au climat d'Athènes. Le béret et la veste des paysans basques couvroient sa tête et ses épaules. Ainsi habillé, et incommodément chaussé de babouches persanes, qui aggravoient les difficultés d'accès d'un fauteuil en bambou, comme les paravents en ont seuls le secret, quand il y étoit enfin parvenu à l'aide — peut-on dire : à l'aide ? — d'une échelle de casse-tête chinois, l'homme le plus calme, le plus naturel, et le moins original qui fût sous le ciel, fumoit sans rire dans une pipe turque, aux replis tortueux, qui se dérouloit depuis le haut de cette espèce de bâton de perroquet jusqu'à une cassolette également turque, je suppose, et dont la fumée transparente teintoit de ses nuages capricieux l'ameublement d'un salon dans le plus pur style du Directoire.

Il y auroit de ma part autant de mauvaise grâce que d'ingratitude à railler d'innocentes manies accompagnées d'assez d'indulgence pour concéder à mon enfance turbulente, droit de vie et de mort sur les ivoires sculptés et sur les porcelaines. La moquerie seroit d'ailleurs d'autant moins de saison ici que, chose inexplicable! cet assemblage grotesque à imaginer n'étoit pas du tout ridicule.

~~~~~~

L'humble campement de Charles Nodier étoit loin de pouvoir entrer en lutte avec ces merveilles; je n'ai pourtant jamais revu en passant notre maison de la rue de Choiseul sans songer doucement aux jours difficiles ou bienheureux qu'elle rappelle.

Une nouvelle période de l'existence littéraire

de mon père s'étoit ouverte au retour de ce voyage qu'il appeloit volontiers sa « campagne de Russie, » nom qui lui convenoit à plus d'un titre. Une nouvelle série d'affections et d'habitudes vint aussi se joindre aux affections non délaissées de la vie antérieure. M. Taylor, et bientôt après lui M. de Cailleux, l'un aide de camp du général d'Orsay, le second aide de camp du général de Lauriston furent les premiers appelés de cette longue liste d'élus.

Tous deux étoient destinés à en demeurer aussi les derniers. En eux, l'inébranlable amitié a survécu à l'ami disparu.

En 1820, M. Taylor lieutenant d'état-major étoit quelquefois accompagné dans ses visites chez Charles Nodier par un long adolescent, frêle, un peu embarrassé d'une grande taille à laquelle il n'avoit pas encore eu le temps de s'habituer. On cherchoit à le récréer par la vue des reliures, anciennes et curieuses, ou modernes et magnifiques que collectionnoit déjà mon père. Le souvenir qui m'est resté, c'est qu'on n'y réussissoit pas.

Ce jeune homme destiné à devenir un type

européen d'élégance et de charme mondain, se nommoit le comte Alfred d'Orsay.

Tout ce qui tenoit alors une plume ou un crayon montoit l'étroit escalier qui conduisoit aux trois petites chambres habitées par l'homme de lettres, et parmi ceux-là, quelques-uns plus favorisés étoient admis à la réfection du soir, c'est-à-dire au partage d'un pot de confitures de groseilles dont ma mère distribuoit les tartines équitables, à l'exemple et non à l'imitation de la Charlotte de Werther. J'avois ma part de tartines, et ce n'étoit que justice, car l'idée-mère m'en étoit certainement due.

Je n'ai pas les mêmes prétentions de revendication sur une pensée qui surgit vers le même temps des réunions du soir de la rue de Choiseul, et qui se traduisit presque immédiatement par la publication des *Voyages pittoresques dans l'ancienne France*.

M. Taylor auquel revient l'honneur de cette grande œuvre, y apporta son talent, son infatigable ardeur et son activité persévérante bien longtemps après que Charles Nodier et M. de Cailleux, ses deux collaborateurs, s'en furent distraits et lassés. Les entreprises immenses et les difficultés qu'elles présentent sont devenues depuis plus familières encore au baron Taylor; je doute cependant qu'il en ait conçu de plus aventureuse que celle de ce livre, vaste comme l'Encyclopédie, exécuté avec un luxe royal, qui devoit coûter des millions, et qu'on entamoit avec cinq cents francs.

Charles Nodier en écrivit la préface. Ces pages, des plus belles qu'il ait écrites, se terminent par une explosion de vraie douleur au souvenir de la mort toute récente de M. le duc de Berry. Cet événement l'avoit ramené pour un moment sur la brèche politique. Il aimoit le prince avec lequel il s'étoit parfois rencontré chez un de ces hommes rares qui savent conserver, dans leur fortune nouvelle, un cœur instruit et conseillé par les malheurs du passé : Le comte Auguste de la Rochejacquelein. Il portoit à l'auguste veuve un attachement dévoué et chevaleresque qu'il s'étoit permis d'exprimer à sa manière, en calquant sur ce délicat modèle, la physionomie rêveuse de l'Antonia de Jean Sbogar.

La province de Normandie, comme étant l'une

des moins éloignées et aussi l'une des plus riches par ses monuments, avoit été choisie pour but des premières explorations des trois antiquaires.

Cailleux, Taylor, Charles Nodier, sa femme et son inévitable petite fille, Eugène Isabey presque enfant à cette époque, partirent pour une de ces radieuses promenades qu'on ne peut ni raconter, ni recommencer. Celle-ci avoit un côté de sérieuse importance et le comte Siméon le reconnoissoit dans une lettre qu'il adressoit à mon père, de retour de son inspection en qualité de volontaire, des monuments de la haute Normandie.

Je la transcris ici :

Paris, 19 octobre 1820.

« Monsieur, je vous remercie infiniment des notes que vous m'avez adressées le 12 de ce mois sur divers monuments et objets d'art que vous avez remarqués dans un voyage que vous venez de faire sur les côtes de la Manche et de l'Océan.

« Vos observations ne seront pas perdues, les renseignements que vous me fournissez me seront au contraire fort utiles. Vous avez vu le pays autant en administrateur qu'en homme de goût, et je ne doute pas que toutes les mesures que vous indiquez ne produisissent un bon effet si elles étoient prises.

« Tout ce qui sera praticable sera fait. On trouve toujours les autorités locales promptes à adopter les vues sages qu'on leur suggère; vous avez pu, ainsi que moi, le reconnoître.

« Quant au faux système de restauration des vieux monuments qu'en divers lieux on a suivi, c'est contre les instructions souvent données et répétées.

« Vos idées là-dessus sont très-saines comme sur le reste, et d'avance dans toutes les communications, soit de l'Académie des inscriptions et belles-lettres, soit du ministre, les principes que vous professez avoient été consacrés et développés. J'insisterai sur ces affaires, et, dans tous les cas, je recevrai avec intérêt de votre part, des rapports semblables à celui que vous avez bien voulu me mettre sous les yeux.

« Recevez, etc.

On ne se consola d'être revenu à Paris qu'en cherchant un nouveau prétexte pour le quitter. Ce n'étoit pas impunément que les auteurs des *Voyages dans l'ancienne France* avoient foulé le sol de Guillaume le Conquérant, ils résolurent, encouragés par l'exemple, d'aller débarquer en Angleterre.

Pour cette fois, ma mère, qui tenoit à simplifier le chapitre des frais de route, et que retenoit les soins d'une maternité nouvelle, se refusa à être de la partie. Eugène Isabey la remplaça.

Charles Nodier a réuni et publié les stations de sa *Promenade aux montagnes d'Écosse*, et quoique ce livre charmant soit un des plus épuisés et des mieux oubliés de son œuvre, il existe.

Il peut même exister encore des gens qui l'ont lu, si invraisemblable que cela puisse paroître au premier abord.

La traversée de Fécamp à Brighton avoit eu de fâcheux incidents. Le bateau à vapeur, qui transportoit les quatre compagnons, assailli par un gros temps peu d'heures après le départ, fut jeté sur les côtes d'Irlande. L'agitation du navire réagissoit péniblement sur l'organisation de ses habitants. Charles Nodier moins éprouvé que les autres passagers par les désastreux effets de la tempête, suivoit avec une sorte d'intérêt la manœuvre involontaire d'un Anglois fort gros que le roulis venoit de précipiter du haut d'un canapé sur lequel il avoit espéré trouver le repos, et qui ressembloit dans ses tours indéfinis à une bobine colossale dont on auroit dévidé le fil à l'extrémité opposée du bâtiment.

Un gémissement confus détourna son attention, et il releva la tête vers le cadre où Eugène Isabey se lamentoit :

— Puis-je quelque chose pour vous, mon enfant? lui demanda-t-il.

— Ah! monsieur Nodier, soupira Eugène, est-ce que vous seriez en état de me tirer d'ici?

— Dame! ce ne sera peut-être pas bien commode, mais si vous y tenez, nous allons l'essayer.

— C'est que ce ne seroit pas encore tout. Après cela, croyez-vous être de force à me monter sur le pont?

— Nous y voilà pensa Charles Nodier. Ça sort

à peine de la coquille et ça veut déjà faire son petit Joseph Vernet.

— Oh! oh, sur le pont, reprit-il, vous n'y allez pas de main morte, jeune homme! Si je pouvois vous procurer la satisfaction de voir à quel point ce monsieur qui est là par terre roule bien, vous seriez convaincu qu'on ne doit pas se tenir aisément sur ses jambes.

N'importe! vous avez une idée; vous voulez grimper là haut, et vous n'êtes pas si lourd que je ne puisse réussir à vous y porter.

— Eh bien, c'est çà! dit Eugène en grinçant les dents de rage, chargez-moi sur vos épaules, montez-moi sur le pont, et puis quand nous y serons, vous me flanquerez dans la mer!

Ce fut avec ces dispositions hostiles que s'abordèrent pour la première fois l'Océan et le plus prestigieux des peintres de marine de notre époque.

Il est superflu d'ajouter que Charles Nodier ne ratifia pas l'acte désespéré dont le jeune artiste lui soumettoit le projet. La mer destinée à devenir son amie et sa muse ne s'en seroit jamais consolée.

Un autre genre d'anxiétés succéda aux angoisses maritimes.

En arrivant à Édimbourg, après un jour de jeûne absolu commandé par la rigueur des circonstances,—M. Taylor s'étant vu la veille dans la nécessité de déposer son bilan en qualité de gérant des fonds de la société, faute de fonds; —on reconnut en feuilletant d'une main affaiblie le guide révélateur de la demeure du banquier Ferguson pour lequel les voyageurs avoient une lettre de crédit, qu'Édimbourg recéloit cent quarante Ferguson sur lesquels on comptoit quatorze banquiers.

On n'a jamais tant ri d'avoir failli mourir de faim.

L'absence de mon père dura deux mois entiers. Nous ne nous étions jamais séparés, et le temps me parut bien long. Un jour enfin, un beau jour qui m'est encore présent, ma mère me donna à lire une lettre de lui écrite pour nous deux et qui annonçoit son arrivée pour le lendemain.

A cinq heures du matin, après une nuit blanche, rose, et sans sommeil, j'étois à la fenêtre et rien n'auroit pu me déterminer à quitter mon poste.

Vers midi, un fiacre venant du boulevard descendit la rue; j'avois vu passer beaucoup de fiacres depuis sept heures que j'étois là, pourtant je ne m'y trompai pas. Je sentis tout de suite que celui-là me ramenoit mon père.

Je me précipitai à travers l'escalier; j'avois perdu la voix, j'avois perdu les jambes, mais cela ne m'empêchoit ni de crier, ni de courir, au contraire.

— Ah! Dieu! ah, Dieu! papa! arrivai-je à articuler enfin, en m'arrêtant suffoquée et fondant en larmes.

Il m'enlevoit dans ses bras, il me serroit de toutes ses forces contre sa poitrine en m'embrassant, et j'entendois sa chère voix qui disoit tout près de mon oreille :

— Ma pauvre petite! ma pauvre petite Marie!

Lui aussi pleuroit de joie. Nous nous aimions bien!

———

Cette tendresse à laquelle j'avois encore une fois perdu mon droit absolu, ne devoit malheureusement pas tarder à lui servir de suprême consolation.

Mon frère Amédée naquit et mourut dans le courant de cette même année. Il étoit filleul de M. le comte de Pastoret, qui fut alors et depuis pour Charles Nodier le plus dévoué et le plus sage des conseillers.

Sans l'intervention violemment amicale de M. de Pastoret, l'idée de frapper à la porte de l'Académie françoise ne lui seroit probablement jamais venue.

Dans tous les cas, on peut affirmer qu'il ne rêvoit pas plus d'elle qu'elle ne pensoit à lui en 1822. La distinction que lui réservoit cette année-là, c'étoit la croix d'honneur, et je me souviens qu'il s'y montra fort sensible.

Après la mort d'Amédée, mon père quitta la rue de Choiseul pour la rue de Provence, et échangea le bon voisinage de son ami Périé contre le voisinage meilleur de son ami Auguste Jal.

Là, comme auparavant, il me traînoit volontiers avec lui.

Au moins dois-je espérer que c'étoit volontiers, puisque c'étoit presque toujours.

Quiconque avoit le désir de recevoir mon père et ma mère, devoit d'abord prendre son parti de me subir.

C'est ainsi que j'ai été admise aux célèbres déjeuners du docteur Alibert, qui comptoient assurément peu de convives de ma sorte.

Quand je ne suivois pas mon père à la *Societé des Bonnes-Lettres*, ce classique point de départ des conférences actuelles, il me conduisoit au Théâtre des Variétés, où il avoit pris l'habitude de passer une heure tous les soirs. Il m'asseyoit à côté de lui, et je riois de le voir rire. C'étoit d'ailleurs le temps des Jocrisses et des Cadets Roussels, et mes dix ans y rioient bien pour leur propre compte.

Le plus souvent, Jal revenoit avec nous, et nous trouvions à la maison sa jeune femme, aussi belle que jeune, aussi bonne que belle, causant et travaillant avec ma mère. D'autres fois, c'étoit nous qui traversions la rue pour aller voir notre amie.

Un de ces soirs-là, Charles Nodier, resté seul après notre départ, tout entier à un travail qui l'absorboit, n'ayant pas sa petite fille sur les épaules pour lui crier l'heure, laissa passer sans s'en apercevoir le moment de sa sortie accoutumée.

La pendule en sonnant dix coups l'avertit qu'il étoit plus que temps de quitter sa besogne.

Il repoussa la table, posa sa plume, prit une bougie et se mit machinalement à la recherche de son chapeau; — le tout sans avoir une conscience très-exacte du fait qu'il accomplissoit, tant il continuoit à être obsédé par l'idée qui avoit déjà réussi à lui faire oublier le temps.

Il sort de la maison, suit la rue du Faubourg-Montmartre, traverse le boulevard, entre au théâtre, et vient déposer son flambeau allumé sur le bureau du contrôleur surpris. Il cherchoit toujours son chapeau.

———

Pendant cette année 1823, j'écrivis *Smarra* sous la dictée de mon père. Ce ne fut pas sous la mienne qu'il écrivit *Trilby*, qui date de la même époque, et dont la poétique légende lui fut contée par un ami éminent autant que rare, le traducteur érudit de lord Byron et de Walter Scott, M. Amédée Pichot.

Cette double préoccupation, ce double labeur ne le dominoient cependant pas à tel point qu'il ne conçût en même temps le vaste plan d'un roman historique qui auroit eu pour personnage principal le capitaine Lacuzon.

Ce nom, presque célèbre dans notre province, est celui d'un chef de partisans qui aggrava par son redoutable patriotisme les malheurs du pays à l'époque des luttes de la France et de l'Espagne. Son second portoit le sobriquet caractéristique de *Pille-Muguet*.

Les paysans franc-comtois, moins jaloux de conserver leur indépendance que leur vin, leurs écus et le reste, avoient introduit une nouvelle invocation dans leurs litanies : *de Pille-Muguet et de Lacuzon, délivrez-nous, Seigneur*.

Oublieux de toute hiérarchie et n'écoutant que leur cœur, ils donnoient même au lieutenant le pas sur le capitaine.

Le premier chapitre de ce fragment de l'histoire de Franche-Comté fut écrit par mon père avec un prodigieux entrain.

Je ne crois pas que le second ait jamais été ébauché.

C'est dans ce temps-là qu'il entra en relations amicales avec Lamartine et Victor Hugo. L'affection chez lui avoit été précédée d'une admiration profonde. Il s'étoit passionné pour le roman de *Han d'Islande*, et il en lisoit des chapitres à tout venant. J'en surprenois bien quelques passages par-ci par-là, et j'en profitois pour ne pas oser rentrer le soir dans ma petite chambre.

Si ma mémoire ne me trompe pas, ce fut alors aussi qu'un article non signé de je ne sais quel journal, en attaquant très-vivement une brochure de Charles Nodier, intitulée : *Des Exilés*, publiée l'année précédente pour la défense d'Arnault, de Bory de Saint-Vincent et de Jean de Bry, enveloppa dans son injurieuse critique jusqu'à la personne de l'auteur.

L'auteur, qui n'eût certainement pas pris la peine de défendre son œuvre, trouva mauvais qu'on le mît lui-même en cause, et comme « le voile de l'anonyme » est destiné de toute éternité à ne rien cacher, il découvrit facilement le

nom de son ennemi inconnu. Il écrivit à M. ***
que, n'étant pas le moins du monde batailleur,
il accepteroit ses excuses et une rétractation dans
le journal, faute de quoi il faudroit pourtant
bien se battre.

Le rédacteur refusa les excuses et accepta le
duel pour le surlendemain. Ma mère ignoroit ce
qui se passoit, naturellement.

Charles Nodier employa le reste de la journée
à mettre ordre à ses affaires, et le lendemain
matin il songeoit, en regardant sa femme et sa
fille, qu'il lui restoit encore à régler la plus
pénible de toutes, quand on lui apporta une large
enveloppe cachetée, contenant une lettre, plus
un journal, et dont la suscription portoit le mot :
Pressée. Il étoit à table, il lut avec attention le
journal et la lettre, puis il dit tranquillement :

— Est-il assez sot cet animal-là ! Il n'auroit
pas pu penser à ça plus tôt. Il est cause que j'ai
écrit hier à Ballanche une épître qui devient tout
à fait ridicule.

— De quoi donc s'agit-il, demanda ma mère,
sans interrompre son déjeuner, et que pouvois-tu
bien raconter à Ballanche !

— Tu n'es pas au courant de la situation, mais tu vas comprendre tout de suite. Au cas où ce monsieur qui renonce à me tuer, à ce qu'il paroît, n'auroit rien changé à ses premières intentions, je priois Ballanche de se charger de toi et de Marie. Du moment qu'on ne se bat plus, mon pastiche du testament d'Eudamidas est d'une absurde solennité. Ce sera l'avis de Ballanche, et c'est ma foi bien le mien.

Ma mère disoit, et je le crois, que cette révélation lui avoit absolument coupé l'appétit.

IV

L'ARSENAL

I

On touchoit à la fin de 1823. Notre ami M. Taylor, appelé à faire la campagne d'Espagne comme capitaine d'état-major, étoit récemment rentré en France, lorsque les journaux annoncèrent la mort de l'abbé Grozier, bibliothécaire de Monsieur, à l'Arsenal. Il s'entendit avec M. de Cailleux, et tous deux inspirés par la même pensée amicale, sollicitèrent pour Charles Nodier et à son insu, la place devenue vacante.

M. de Corbières, alors ministre de l'Intérieur, signa sa nomination le 3 janvier 1824, et le

14 avril suivant mon père vint prendre possession à l'extrémité de Paris d'un vaste appartement où, sauf les deux fenêtres de la chambre occupée par son prédécesseur, tout étoit hermétiquement clos et rongé par la poussière des siècles.

Peut-être aura-t-on peine à croire qu'à l'heure où s'ouvroient devant elle les larges portes aux gonds dorés, refermées depuis tant d'années sur ces magnificences ruinées, mais imposantes encore; dans le pavillon presque royal qui gardoit le souvenir de la maréchale de Luxembourg et de bien d'autres, la première impression de ma mère fut un regret donné à son petit réduit de la rue de Provence. Pourtant rien n'est plus vrai, et rien ne s'effaça plus difficilement de son esprit que cette brume mélancolique dont s'assombrissoient à ses yeux le quartier inconnu, la rue déserte, et les hautes salles pleines de silence qui sembloient n'avoir plus rien à dire aux vivants.

Charles Nodier s'y sentit plus vite chez lui. Ces vieilles murailles capitonnées de vieux livres en avoient si long à lui raconter! Il trouvoit un si grand charme, pendant les calmes soirées d'été, à venir s'asseoir sur le balcon suspendu au-dessus du quai, pour voir se coucher le soleil, qui ne s'est jamais couché plus beau nulle part!

L'île Louviers, avec ses berges vertes et sa ceinture de tremblants peupliers, faisoit face de ce côté-là à la maison, qui en étoit seulement séparée par la largeur du chemin et la largeur du canal. Le soir, dans la saison des chaleurs, le murmure de l'eau presque dormante et le coassement des grenouilles accompagnoient la causerie, et donnoient à tout ce paysage, derrière lequel on ne cherchoit pas à deviner le faubourg Saint-Marceau, une teinte rustique, isolée et sereine. Que de douces heures, belles comme un beau rêve, se sont écoulées paisiblement sur ce balcon de l'Arsenal, à cent cinquante lieues de Paris!

Aujourd'hui il ne reste plus trace de tout cela. Les peupliers ont été abattus, « les lauriers sont coupés. » Le canal est comblé; l'île Louviers, qui n'est plus une île, a subi, outre celle-là, une multitude de métamorphoses. Du haut du balcon, rétréci en vertu des ordonnances municipales, on a pu voir s'établir successivement, à la place que les chantiers occupoient autrefois, d'immenses hangars remplis de tous les bois malsains et de tous les hideux décombres des démolitions de la ville, et puis un camp, et puis des cabarets, enfin des maisons, des maisons et encore des maisons.

Qu'il faut donc de place sur la terre pour loger la civilisation et le progrès ! On donne moins leurs aises aux souvenirs du passé enseveli dessous.

Le flot de la grande marée littéraire qui battit son plein quelques années plus tard, commençoit à monter. *La Muse françoise* avoit pris la mer.

Sa couverture bleue dérouloit en manière de pavillon une double épigraphe : un vers d'André Chénier :

Sur des pensers nouveaux faisons des vers antiques,

trois mots latins qui apprécioient la situation :

Nos canimus surdis.

Il est curieux aujourd'hui, à plus de quarante

ans de date, de rappeler les noms des hommes de l'équipage.

Soumet, Guiraud, Victor Hugo, Alfred de Vigny, Émile et Antony Deschamps, Charles Nodier, Jules Lefèvre, Saint-Valry, Gaspard de Pons, Belmontet, le comte Jules de Rességuier, Jules de Saint-Félix.

Le bâtiment ne pouvoit pas sombrer. — Un motif de haute convenance le fit rentrer volontairement dans le port après une salve brillante tirée en l'honneur de M. de Châteaubriand à sa sortie du ministère. Le jeune Labruyère qui, d'une plume à laquelle l'émotion n'ôtoit rien de son énergie, avoit tracé le *Portrait d'Auguste*, c'étoit Saint-Valry.

Un an ne s'étoit pas écoulé depuis que la phalange poétique de *la Muse françoise* avoit bien voulu venir inaugurer l'Arsenal de Charles Nodier, lorsque Victor Hugo et lui furent conviés au sacre de Charles X.

Mon père étoit chargé d'écrire le discours préliminaire à la relation des cérémonies, et la veille du jour fixé pour l'entrée du roi, il arrivoit à Reims avec son illustre compagnon; M. de Cailleux, secrétaire général des Musées, et M. Alaux, qui fut depuis directeur de l'École françoise à Rome.

Reims regorgeoit d'habitants. Il n'y avoit plus de place chez personne pour personne. On commençoit à regarder comme un privilége de marcher dans les rues.

Les quatre voyageurs fatigués, décontenancés par leurs inutiles recherches, ne savoient plus à quel parti et à quel gîte s'arrêter, quand Charles Nodier rencontra par aventure l'ami d'un ami, M. Solomé, qui dirigeoit le théâtre de Reims.

Quoique le moment fût certainement mal choisi pour reconnoître des gens si peu abrités, M. Solomé n'hésita pas. Au récit de leur embarras, il répondit par l'offre obligeante d'une chambre dans sa maison. Une chambre pour quatre ce n'étoit guère, cependant ils s'empressèrent de l'accepter.

On ne discute pas sur les dimensions du canot de sauvetage.

De plus, comme il étoit pour le moins aussi difficile de s'asseoir à une table que de coucher dans un lit, mon père accueillit au nom de tous la proposition qui lui fut faite de souper après le spectacle chez leur hôte, — assez satisfait, je le suppose, de montrer à ses pensionnaires habituels l'élite d'une scène qui n'étoit pas la leur.

Victor Hugo avoit vingt-deux ans; il étoit nouvellement marié, et bien qu'il eût toutes les raisons du monde d'être prémuni d'une manière imperturbable et adorable contre les séductions, l'idée d'entrer pour la première fois dans l'atmosphère irrégulière des Circés de la troupe rémoise le trouva remarquablement hostile.

Il finit pourtant par s'y résigner; mais avec quelle répugnance! Il s'en souvient peut-être.

— Votre avenir m'inquiète, mon pauvre Victor, lui disoit en riant Charles Nodier; vous êtes terriblement jeune, et j'ai peur que vous soyez terriblement vertueux.

Le lendemain, qui étoit le grand jour, quand il s'agit de revêtir le costume officiel, l'habit à la françoise, l'épée en verrouil, le jabot de dentelles, les manchettes et le reste, mon père, incapable de sortir à lui tout seul des mille détails de cette œuvre compliquée, appela le grand poëte à son aide.

Avec le *Voyage en Suisse*, entrepris à la fin de la même année, cette prodigieuse toilette est la seule chose qu'ils aient composée en collaboration.

―

La pensée première du volume auquel je viens de faire allusion, étoit due à un aimable et honnête homme, M. Urbain Canel, organisation littéraire s'il en fut, trop littéraire peut-être pour un libraire, — qui vouloit aimer ce qu'il publioit et qui l'aimoit quelquefois au point de ne pas tenir outre mesure à le vendre.

Il faut dire cependant qu'en vue même de la spéculation, un projet de livre confié à Lamartine, à Victor Hugo, à Charles Nodier pour le texte, à M. Taylor et à M. Gué pour les dessins, n'étoit pas une opération bien hasardeuse.

Le sol pittoresque de la Suisse, loin d'être foulé et rebattu il y a quarante ans comme il l'est devenu depuis, pouvoit fournir aux impressions les plus diverses avec de si admirables interprètes pour les exprimer.

Un traité fut conclu avec M. Urbain Canel d'après ces données, et une activité joyeuse s'employa aux préparatifs du départ.

Mon père adoroit les voyages. Aucun des inconvénients, plus nombreux alors qu'aujourd'hui, qui entrent pour une si large part dans ce qu'on a coutume d'appeler un voyage d'agrément, ne parvenoit à lui arracher un murmure, quand par hasard il ne prenoit pas le parti de les nier hardiment.

A l'entendre, tous les lits étoient intacts, tous les dîners étoient bons, toutes les voitures étoient douces. La diligence même avoit ses charmes, et il ne craignoit pas la conversation de quelques commis-voyageurs par-ci par-là.

L'important c'étoit de s'en aller, de fuir la barrière et de ne pas regarder derrière soi.

Ce n'est pas lui qui se seroit retourné pour voir brûler Sodome !

Les divers points d'accommodement général et particulier établis, on loua deux calèches, espèces de « voiturins » à la mode italienne ; leurs chevaux, réputés infatigables, s'engagèrent à accomplir le trajet à raison de quinze ou dix-huit lieues par jour, et on partit.

Une des deux voitures étoit occupée par Victor Hugo, sa femme, leur petite fille âgée de dix mois et une berceuse. Eugène Deveria se joignit à la caravane alpestre à la condition qu'on le déposeroit à Fontainebleau.

Les habitants de la seconde étoient mon père, ma mère, moi et notre ami M. Gué, dont le talent plein de charme auroit pu à la rigueur être égalé, mais qui, pour le cœur et l'esprit, n'avoit à redouter ni supérieurs ni rivaux.

Je recommencerois bien volontiers à suivre pas à pas, mot à mot, ce pèlerinage enchanté qui ne fut troublé ni par l'ombre d'un accident, ni par l'apparence d'une déception, encore moins d'un désaccord ou d'un ennui. Ma mémoire séduite ne me feroit pas défaut pour en retrouver les aimables stations; seulement, après le récit qu'en a écrit « le témoin de la vie » de Victor Hugo, on ne peut plus que glaner. Encore seroit-il bien maladroit celui qui viendroit glaner là où il a passé !

J'essaierai pourtant comme autrefois de côtoyer le chemin que nous avons parcouru ensemble. Ce chemin des beaux printemps de notre jeunesse a continué pendant de longues années à encadrer de son beau ciel et de son doux paysage nos existences heureuses : le temps et l'exil l'ont séparé en deux voies qui ont supporté chacune leur fardeau de douleurs ; les cœurs ont été déchirés ; rien ne les a désunis.

Au bout de quelques jours, l'itinéraire réglé d'avance amena les voyageurs à Mâcon, où les attendoit Lamartine. La journée tout entière du lendemain étoit consacrée avec préméditation à une visite au château de Saint-Point. Le surlendemain, on devoit faire voile pour Genève.

Un éminent ami de mon père, que je suis fière de compter parmi les plus chers des miens, a raconté récemment cet épisode du voyage de Victor Hugo et de Charles Nodier.

Il y a semé les étoiles d'or de son imagination, de son style, et généralement toutes les fleurs de la saint « Janin, » qu'il excelle si magnifiquement à faire éclore. Je perdrois du temps et je courrois risque d'en faire perdre à plusieurs autres, déjà convertis, si j'entreprenois ce travail ingrat d'énumérer les incomparables supériorités qu'offre celle des deux versions qui n'est pas la mienne. Je craindrai moins d'être prolixe en posant à la colonne des unités le tout petit avantage dépourvu de mérite, qui m'échoit dans la question : J'y étois.

En entrant dans la cour de l'hôtel, les touristes furent accueillis par une amicale félicitation de bienvenue accentuée de cette voix harmonieuse et profonde connue de tout le monde, et qui a fait vibrer tant de cœurs.

Lamartine étoit déjà là, et sa glorieuse main nous aida à descendre de voiture.

On le retint à dîner afin d'avoir le loisir de combiner avec lui l'heure du départ pour le lendemain.

Pendant le repas, le domestique qui servoit notre table apporta à son illustre compatriote un pli cacheté. Le préfet, ayant appris l'arrivée des amis de M. de Lamartine, lui envoyoit sa loge pour le soir. Léontine Fay, toute jeune alors, donnoit des représentations au théâtre de Mâcon où elle jouoit *la Petite Sœur*.

Il est permis de supposer que la composition de la loge préfectorale étoit sue à l'avance de la plupart des spectateurs, car l'entrée de Victor Hugo, de Lamartine et de Charles Nodier fut saluée par des acclamations parties de tous les points de la salle. La cause de cette réception inattendue étant modestement attribuée par tous les trois à la présence du voisin, il se passa quelques instants avant que personne se décidât à faire mine de s'en apercevoir.

Ce ne fut qu'après s'être reculés, regardés, poussés et consultés que l'orgueil de tous, contenu dans cette grande humilité de chacun, consentit à se laisser faire sa part dans la gracieuse ovation.

Le matin, il étoit sept heures à peine lorsqu'on se mit en route pour Saint-Point. Toutes les femmes prirent place dans la calèche de M. de Lamartine; un des voiturins emmena les quatre autres voyageurs, qui se promettoient de revenir à pied le soir en traversant la plantureuse campagne de Mâcon, à laquelle le clair de lune, qui faisoit partie du programme, devoit ajouter un charme de plus.

La route n'étoit rien moins que facile à cette époque et nous parut interminable, « élastique, » selon l'expression de madame Hugo.

La faim s'en mêloit et nous remplissoit de mélancolie.

Enfin la voiture tourna dans l'avenue, et nous pûmes deviner, au-dessus du perron d'un aspect moins seigneurial qu'on ne se plaît à le décrire, madame de Lamartine en robe blanche, venant à la rencontre de ses hôtes.

Il n'est pas nécessaire d'essayer de rappeler madame de Lamartine à ceux qui l'ont connue, aimée par conséquent, et il seroit impossible de faire pressentir à quiconque n'a pas eu le bonheur de l'apprécier d'une manière personnelle, l'attrait qu'exerçoit sa sensibilité calme, et l'impression de respectueuse confiance dont on se sentoit pénétré en la voyant.

Lorsque j'eus ce jour-là l'honneur de lui être présentée, madame de Lamartine pouvoit passer à bon droit pour la plus enviable des femmes, et pour la plus privilégiée des mères; déjà cependant elle portoit avec une dignité attristée et comme assombrie par la vague inquiétude d'un avenir menaçant, le fardeau rayonnant de ses indicibles félicités.

Les amis « d'Alphonse » n'avoient pas besoin de se chercher d'autre titre à sa bienveillance. Il eût d'ailleurs été bien superflu de révéler à cette remarquable personne, intelligente, lettrée, artiste dans l'acception la plus élevée et la plus complète du mot, quels étoient ceux qui recommandoient auprès d'elle Victor Hugo et Charles Nodier.

Elle nous reçut cordialement, tranquillement, confia à la charmante enfant nommée Julia, qui devoit mourir à quatorze ans, le soin de distraire et d'amuser cette autre enfant charmante nommée Léopoldine, qui devoit mourir à dix-neuf, puis on se mit à table pour déjeuner.

Ici, il m'en coûteroit peut-être d'avoir à confesser l'absence totale des pairs et des pairesses d'Angleterre signalés dans le spirituel récit de Jules Janin, si, d'un autre côté, la situation déplorablement embarrassée qu'il fait à Victor Hugo et à Charles Nodier, réduits, selon lui, à dîner à l'office ou peu s'en faut, n'avoit eu tout à gagner en réalité, à ne pas se rencontrer dans l'orbite de ces inquiétants dignitaires.

Ce qui seroit advenu de nous tous, si par un maladroit hasard, ignorants des distances à garder, nous eussions été admis, « pour cette fois seulement, » et hors de toute vraisemblance bien entendu, en si haute compagnie, nul ne le sait. L'infaillible savoir-vivre de madame de Lamartine n'ayant pas été mis à cette difficile épreuve, on ne peut guère prévoir comment il auroit fait pour s'en tirer; — je me permets cependant de penser, moi, qui n'appartenant pas au corps littéraire, n'ai pas la faculté de faire aussi bon marché de la dignité de ses droits, que la présence même des nobles invités de mon ami Jules Janin n'eût pas modifié au point où il le croit la question délicate des préséances.

Nous nous assîmes donc autour de cette table hospitalière, présidée par Lamartine, avec sa mère, madame de Prat, avec madame de Ceyssia, sa sœur, et M. de Montherot, l'un de ses beaux-frères. La mère de madame de Lamartine, dont l'aimable physionomie toute britannique entendoit assurément le françois, mais qui parloit notre langue avec une extrême dificulté, et une cousine de la famille en villégiature à Saint-Point, complétoient le nombre des convives.

Entre le déjeuner et le dîner, Victor Hugo et Lamartine dirent des vers; on fit de la musique; on alla cueillir des prunes en suivant une longue charmille qui conduisoit du château au verger; M. Gué voulut perpétuer le souvenir de notre affectueuse excursion en dessinant une vue de la poétique demeure. Cette étude peinte au retour, et donnée à mon père, couronne la table de travail où s'écrivent ces lignes. A la rentrée de la promenade, Julia posée comme un oiseau sur les genoux paternels, chanta de sa voix séraphique *Au clair de la Lune*, tout simplement, et les pairs d'Angleterre qui eussent été aussi bien accueillis que d'autres, je n'en doute pas, ne manquèrent pourtant à personne.

Une longue course nous restoit à accomplir, il falloit faire en sorte de ne pas l'oublier.

La nuit venue, nous remontâmes en voiture, et notre hôte, à cheval, se fit le guide du petit groupe d'amis qui alloit pédestrement regagner Mâcon par le plus court chemin.

Quoique le Mont-Blanc se laisse deviner des fenêtres de l'hôtel où nous étions descendus, nos paisibles attelages mirent quelques jours à s'en rapprocher tout à fait. Par une circonstance indépendante de sa volonté, en arrivant à Chamounix on ne le voyoit plus du tout.

La vallée entière étoit ensevelie dans une brume impénétrable, et quarante-huit heures se passèrent sans qu'on pût rien distinguer à travers ce voile lugubre.

Les poëtes étoient là, attendant le réveil de la poésie de Dieu. L'année précédente, il avoit été donné à mon père, à ma mère et à moi de contempler ce spectacle toujours admirable et éternellement nouveau; cependant le moindre rayon de soleil étoit épié par tous avec une impatience égale : Charles Nodier se faisoit une si grande fête de présenter Victor Hugo au Mont-Blanc !

A leur premier voyage, après avoir reçu la visite de M. de Chateaubriand à Berne, mon père et ma mère avoient rencontré à Chamounix Delphine Gay, dont le talent déjà viril venoit d'être acclamé par l'Académie françoise. Ce fut en revenant de compagnie d'une ascension au Montanvert, où nous avions laissé nos chaussures et une notable partie de leur contenu, que la blonde muse, dotant le registre de l'*Hôtel d'Angleterre* d'un de ses plus précieux autographes, écrivit au-dessous du nom de Charles Nodier la phrase finale de *Jean Sbogar* :

« Cette jeune fille doit être morte. Marchons ! »

Un an plus tard, Victor Hugo y crayonnoit ces deux vers :

> Napoléon, Talma,
> Chateaubriand, Balmat !

C'est-à-dire autant de sommes que d'idées; autant d'idées que de mots.

Peut-être est-ce à Chamounix, dans cet humble livre d'auberge qu'il faut aller chercher la première expression de cette nouvelle forme poétique, pleine d'aventures et d'images, sous laquelle ne devoit pas tarder d'apparoître le génie au grand vol de l'auteur des *Odes et Ballades*.

Enfin le géant s'étoit montré dans toute sa saisissante splendeur.

Ce n'est plus de Victor Hugo qu'il est question, c'est du Mont-Blanc.

Celle de ces deux majestés que nous affectionnions le mieux sans l'admirer moins, nous réservoit là une des terreurs indescriptibles que se plaisoit à rêver l'imagination malade d'Edgard Poë.

Afin de fêter le retour de la lumière, on étoit parti de bon matin pour visiter la Mer de glace : mer fort sujette aux dangereux caprices, surtout aux heures où le soleil la regarde.

Victor Hugo s'étoit avancé suivi de son guide, auquel la rapidité de sa résolution n'avoit pas laissé le temps de le précéder, le long d'un de ces étroits passages aux aspérités glissantes, redoutés des montagnards expérimentés, qui savent ce qu'ils recèlent d'invisibles périls, sans s'apercevoir qu'encore un peu cette espèce de chemin trouvoit moyen de se rétrécir jusqu'aux proportions d'une corde roide suspendue au-dessus de l'abîme : une lame de couteau qui court au gouffre entre deux vertiges.

De la croisée de la petite maison où l'un des guides vend aux ascensionnistes du lait mêlé de kirsch, des pierres et des cristaux de roche, nous assistions silencieux et le cœur palpitant à cette gymnastique formidable.

— Où est Adèle? me dit mon père, tout bas et sans se retourner.

— Au fond de la chambre, heureusement! Elle regarde des agates.

— Tu m'avertiras si elle...

Je répondis vite et par un signe de tête. A regarder ce qui se passoit, nous n'aurions pu parler ni l'un ni l'autre.

Victor venoit d'arriver au point où la ligne de glace qu'il suivoit commençoit sa déclivité rapide. Elle aboutissoit, — il l'avoit reconnu, — après quelques festonnements imprévus, à une tranchée insondable, impossible à franchir, ouverte par les chauds rayons du soleil d'août, si propices aux épouvantables surprises des glaciers, et que les explorations quotidiennes des guides ne leur avoient pas encore dénoncée.

L'intention seule de faire un pas de plus, l'illustre imprudent étoit englouti sans laisser de traces; — quant à l'idée de tenter le mouvement nécessaire pour retourner d'où il venoit, le plus téméraire des équilibristes n'eût pas osé s'y arrêter. Quel moment!

A la minute suivante, bien que l'anxiété continuât à être terrible, la catastrophe avoit cessé d'être inévitable. Par un effort prodigieux, surhumain, où l'orgueil de la profession menacé, et la sublime habitude du dévouement venoient en aide au plus généreux courage, Michel Devouassoux enjambant dans le vide sans autre appui que son bâton ferré avoit réussi à se placer au devant de « son » voyageur et lui faisoit accomplir une évolution pareille à la sienne. Une fois ce danger sans nom surmonté, il ne leur restoit qu'à revenir sur leurs pas, là où un pas ne trouvoit jamais sa place.

Auprès de ce que nous avions vu, ce tour de force n'étoit qu'un jeu d'enfant et la respiration nous fut rendue.

Nous n'avions pas besoin d'une seconde épreuve pour retirer toute confiance aux superbes perfidies qui nous entouroient ; nous leur abandonnâmes cependant nos amis, entraînés que nous étions par le désir de faire une visite de bon voisinage au Mont Saint-Bernard.

J'étois alors une enfant de quatorze ans, médiocrement enthousiaste des beautés de la nature, je le confesse; et il me semble que je faillis mourir à la peine. En partant, on avoit commencé par me hisser sur un mulet, mais ce fut à pied que j'exécutai la majeure partie de cette incommensurable promenade.

J'avois dû, en effet, renoncer bien vite à ma monture en reconnoissant que sa ferme volonté étoit de me conduire aussi près que possible du précipice en marchant presque en dehors du sentier, et que la volonté non moins ferme de mon père étoit de marcher en dehors du mulet.

Nous arrivâmes le soir à Montigny, exténués; nous étions sensiblement plus exténués encore en arrivant le lendemain à l'hospice du Mont Saint-Bernard, ce qui ne nous a jamais empêchés les uns et les autres, de raconter avec l'ivresse la plus sincère, les incidents multipliés de cette course intéressante.

Nous rejoignîmes nos chers compagnons à Genève, et ensemble nous prîmes la route de Lyon, où alloient s'échanger les vastes trahisons d'une nature à l'état primitif, pour les ennuis sournois de la civilisation.

Quelques-uns de ces souvenirs sont bien puérils, mais j'éprouve un grand charme à les rappeler.

On avoit soupé et couché au pont d'Ain.

Le matin, Victor Hugo, qui traversoit la salle à manger de l'auberge, pour aller gagner la voiture, rencontre l'hôte sur son chemin. C'étoit un gros homme d'aspect candide. Le gros homme porte la main à son bonnet et salue respectueusement; puis il demande d'un ton confit en douceur :

— Monsieur n'a-t-il point été incommodé cette nuit par les punaises?

— Ah! grand Dieu, non! s'écrie Victor avec l'accent ému d'un violent dégoût rétrospectif.

— Eh bien, ça m'étonne beaucoup, car il y en a.

Un autre jour, nous nous étions arrêtés pour déjeuner dans un petit pays qui a nom Verneuil, si je m'en souviens bien.

La chaleur étoit excessive, et des nuées de mouches et de cousins épaississoient l'atmosphère. Les pommes de terre frites se présentèrent saupoudrées de leurs corps mutilés.

Victor Hugo cherchoit laborieusement à leur recomposer un ensemble.

— Charles, vous devez avoir quelque part la patte de mon aile.

— Des pattes? disoit mon père, je vous en donnerai tant que vous voudrez, des pattes! J'en ai cinq de trop. Seulement, je manque de tête. Auriez-vous vu ma tête?

Pendant que cette minutieuse étude avoit lieu, Gué plongé dans de profondes réflexions, contemploit son assiette.

— O Fortune, murmuroit-il! Avoir passé par où elles ont passé, et qu'il soit encore possible de reconnoître que celle-là étoit blonde!

Les femmes en courroux finirent par imposer silence à cette démonstration horrible; — et on mangea la friture. Avec quel appétit et quel bon rire! radieuse jeunesse tu l'as bien su, vieille amitié tu ne l'as pas oublié!

***

Pendant ce trajet du retour, Victor Hugo fut exposé à un désagrément qui avoit son côté flatteur. Ce n'est pas par celui-là qu'il nous apparut d'abord.

Ses vingt-trois ans, ses cheveux blonds, son teint féminin, le costume de coutil gris qu'il portoit en voyage, lui donnoient le vénérable aspect d'un étudiant en vacances. Aussi le petit morceau de ruban rouge noué à la boutonnière de sa veste fixoit-il inévitablement l'attention surprise des passants.

Un gendarme qui s'en alloit trottant sur le grand chemin, un matin où pour nous récréer nous devancions les voitures Victor Hugo, M. Gué et moi, ne se contenta pas d'être surpris : il demeura stupéfait. Il s'étoit cependant déterminé à croire qu'il avoit la berlue et à passer auprès de nous sans rien dire, quand arrivé un peu plus loin, en proie aux remords, il tourna bride et revint sur ses pas.

— Seroit-ce à nous qu'en veut la gendarmerie? demanda en riant le futur biographe de *Jean Valjean*.

Le doute n'étoit pas permis. Le cavalier s'étoit mis en travers de la route pour barrer le passage au groupe suspect, et il entamoit avec la solennité voulue l'interrogatoire de ce collégien décoré, qui sembloit ne lui inspirer aucune confiance.

Comme il étoit de toute impossibilité d'essayer de faire comprendre à ce digne homme par quelle raison ce ruban étoit là à sa place, et si parfaitement à sa place, nous nous regardions d'un air à donner gain de cause aux plus hardis soupçons de ce redresseur de torts, quand le bruit des grelots qui annonçoit l'arrivée des voitures nous tira de souci.

— Charles, exhibez vite nos passeports, cria Victor en courant à la portière de la calèche. Je suis dans une jolie position, allez! Voilà qu'on m'arrête pour port illégal de la croix d'honneur.

— Parbleu! dit mon père, ça ne m'étonne pas du tout. Mettez-vous à la place de monsieur. Je me tue de vous le répéter, vous êtes aussi d'une jeunesse par trop invraisemblable.

La vue du document officiel rendit cependant le calme à ce gendarme troublé, et il cessa de s'opposer à ce que le prévenu remontât en voiture.

Dès lors, notre voyage se continua sans encombre, et quelque jours après, quoiqu'on se fût fait de part et d'autre la proposition de « brûler Paris, » nos amis rentroient rue de Vaugirard et nous retournions à l'Arsenal.

~~~~~~

A la vive satisfaction de Charles Nodier, presque chaque été ramenoit un prétexte suffisant à quelque pérégrination du même genre. Les voyageurs dans l'ancienne France n'avoient pas cessé d'étendre leurs recherches de province en province, et mon père un peu fatigué du livre, ne se lassoit pas de lui trouver des matériaux.

Le Languedoc fut entrepris, et notre vol vers le Midi enlevé à si grands coups d'aile, qu'il franchit les Pyrénées pour s'arrêter seulement à Barcelone.

Il étoit cependant difficile, en 1827, de traverser la Catalogne sans s'en douter. Les partis politiques étoient en armes, et malgré le frein qu'y mettoit l'occupation du pays par les troupes françoises, les *agraviados*, s'il falloit en croire la légende, ne laissoient le passage libre ni à la curiosité ni à la nécessité. Mais Louis XIV avoit dit : « Il n'y a plus de Pyrénées, » et M. Taylor, chargé de diriger notre itinéraire, ne voyoit rien qui pût l'empêcher de le répéter après lui.

Grâce à la fortune qui a pour habitude de favoriser les audacieux, grâce à Dieu surtout qui tolère quelquefois leur outrecuidance, la bénédiction d'un drapeau, que nous eûmes l'occasion de bénir aussi pour notre petite part, servoit de distraction recueillie à ces nouveaux compagnons de Jéhu, au moment où il fallut traverser leurs rangs pressés. L'entrée inattendue de la diligence qui nous amenoit sains, saufs et non dépouillés de nos habits dans cette capitale splendide du soleil, fut saluée par les acclamations étonnées de la foule. Il y avoit plus d'une semaine qu'on n'avoit vu sa pareille.

Une tentative analogue risquée quelques années après dans des conditions identiques, par un ami bien cher de Charles Nodier, le charmant peintre Dauzats, eut un résultat moins heureux.

La voiture fut arrêtée; on ne maltraita personne, seulement tout ce qui composoit le chargement fut pris ou jeté pêle-mêle sur la route.

Dauzats, en sa qualité d'artiste, voyageoit « sans valeurs; » sa valise avoit donc été visitée, puis rejetée et abandonnée. Dans quel misérable état, on s'en doute ! Aussi écrivoit-il à mon père, fort en peine de son aventure :

« Rassurez-vous, mon ami, tout est pour le mieux, car si mes peignes n'ont plus de dents, en revanche mes rasoirs en ont beaucoup. »

Arrivé à Barcelone, Charles Nodier descendit à l'*Hôtel des Quatre Nations*, tout près de *la Rambla*, une des seules promenades connues où on se promène.

A peine ma mère avoit-elle eu le temps de secouer l'épaisse poussière du chemin, qu'on lui annonça la visite du général commandant l'occupation françoise en Catalogne, M. le comte de Reiset.

Le registre sur lequel s'inscrivoient les rares voyageurs lui avoit été porté comme à l'ordinaire, et il venoit engager ses compatriotes à s'établir au palais du Gouvernement. Jamais hospitalité ne fut plus cordialement ni plus gracieusement offerte; ma mère la refusa néanmoins dans ce qu'elle comportoit de plus indiscret à accepter. On se borna à décider qu'en continuant à demeurer aux *Quatre Nations*, on vivroit au généralat.

Mademoiselle Laure de Reiset étoit de mon âge, et devint pour moi, pendant ces trois jours d'intimité saisie au vol, ce qu'elle est restée depuis trente-huit ans : la meilleure des amies, comme elle étoit déjà la plus spirituelle des jeunes filles.

La précieuse conquête d'une affection si excellente, et la révélation de cette pittoresque nature destinée à servir de cadre à la future *Inès de Las Sierras* furent les doux fruits rapportés de notre excursion en Espagne.

II

Les années qui suivirent son installation à l'Arsenal, ont été peut-être les plus laborieuses de la vie de Charles Nodier. Un bien-être modeste répandoit une sorte de sérénité sur son talent mûri, et le doroit de cette teinte, encore éclatante, déjà mélancolique, des heures majestueuses.

Dans cette chère maison qui leur avoit d'abord semblé située au bout du monde, le monde étoit venu, et avec lui la plus singulière des existences. Il n'étoit pas donné aux puissants et aux riches de faire entrer dans leurs palais ce qui s'est longtemps appelé « le salon de l'Arsenal, » quoique ce salon ne fût pas bien vaste et qu'il ne fût rien moins que somptueux, ni de remplacer par le luxe qui s'achète, l'éclat qui rayonnoit de tous les points de sa boiserie blanche à de certaines heures de certains jours.

Aux deux ou trois lampes insuffisantes, qui ne parvenoient pas à l'éclairer, s'étoient joints tous les porte-lumière du siècle et presque de l'univers.

On avoit craint pendant un moment de voir les poutres tant de fois séculaires qui soutenoient la demeure du Bibliothécaire céder sous le poids des amis qui s'y donnoient rendez-vous : il y auroit eu une manière de les peser qui eût rendu l'écroulement plus plausible encore, et dans le cas où un pareil événement se fût produit, la France civilisée n'avoit plus qu'à donner sa démission.

Personne n'auroit répondu le lendemain au nom de Victor Hugo, au nom de Lamartine; aux noms d'Alfred de Musset, de Balzac, de Sainte-Beuve, d'Alfred de Vigny, d'Eugène Delacroix, d'Émile Deschamps, de Jules Janin, des deux Johannot, de Robert Fleury, de Listz, de madame Tastu, à tant d'autres encore que l'avenir n'eût pas plus oubliés que je ne les oublie, mais dont l'interminable liste amèneroit la fatigue partout ailleurs que dans mon cœur.

A cette époque, déjà si éloignée de nous, un des noms glorieux que toutes les mémoires appellent et auquel la mienne garde mieux qu'un souvenir, celui d'Alexandre Dumas, n'avoit pas encore conquis son droit d'inscription sur le guidon fraternel de cette phalange illustre.

On étoit en 1828. Charles Nodier écrivoit le *Roi de Bohême*, et préparoit une édition de ses Œuvres en même temps qu'il coopéroit assidûment à la rédaction de plusieurs journaux. Ses moments étoient comptés; il ne prenoit guère de repos, et n'accordoit d'audiences que pendant les deux heures de la matinée qui précédoient son lever et son déjeuner. Encore fut-il établi, à la suite de quelques fâcheuses épreuves, que personne ne pénétreroit près de lui sans autorisation préalable de ma part.

Un matin j'entrai dans sa chambre; il lisoit les journaux et interrompit à peine sa lecture pendant la durée de notre petit colloque.

— Père, il y a là un monsieur qui est déjà venu pour te voir la semaine dernière, faut-il le faire entrer?

— Tu ne sais pas ce qu'il me veut?

— Je ne le lui ai pas demandé, naturellement.

— Et son nom? Tu ne le lui as pas demandé non plus?

— Si fait. Il s'appelle Alexandre Dumas.

— Alors, c'est bien. Je sais ce qu'il veut. Dis-lui que je suis sorti.

— Il est homme de lettres.

— Parbleu! qu'est-ce qu'il seroit? Tiens, je t'en prie, trouve quelque chose; dis-lui que tu as eu la maladresse de m'égarer, mais tâche de m'en débarrasser.

J'allai rejoindre M. Dumas, un peu confuse, un peu ennuyée de la mission déplaisante que mon père me donnoit à remplir auprès de lui;

seulement j'avois compris à l'accent du refus qu'il étoit sans appel.

J'essayai de l'adoucir de mon mieux, car les manières aussi franches que courtoises et l'intelligente physionomie du jeune visiteur en avoient fait tout de suite mon protégé.

Triste protection comme on peut voir.

— Je vous remercie, mademoiselle, me répondit-il en me saluant avec un bon sourire, je ne suis pas facile à décourager, allez! Je reviendrai.

Deux ou trois jours après il revint en effet.

— Eh bien! mademoiselle, votre impression, s'il vous plaît? Pensez-vous que je serai plus heureux aujourd'hui?

— Mon Dieu, je n'en sais rien, monsieur, répondis-je; mais je vais au moins faire tout ce qui dépendra de moi pour cela.

Je m'en allai trouver mon père, pas du tout rassurée sur le résultat de mon ambassade. Je pris un ton câlin :

— Dis donc, père, c'est le monsieur de l'autre jour.

— Qui ça?

— M. Alexandre Dumas.

— Encore! Diantre, cette fois-ci il va falloir lui dire que je suis mort.

Je connoissois la formule et je ne m'en troublai pas autrement.

— Il me semble qu'il seroit bien plus simple de le recevoir.

— Tu trouves ça simple, toi. Tu es charmante. Il vient me demander cent sous, tu comprends; quand je les ai, je les lui offre volontiers; mais quand je ne les ai pas, fais-moi le plaisir de m'enseigner ce que tu veux que je fasse?

— Ce monsieur-là? il vient te demander cent sous?

— Tu l'as dit. Cent francs lui seroient plus agréables, je n'en doute pas, seulement il sait mesurer ses exigences à la position de fortune des personnes.

— Ah çà! es-tu bien sûr de ce que tu me dis? pour mon compte, vois-tu, je crois rêver. Comment! ce jeune homme de belle et aimable mine, à la tournure gracieuse et distinguée, il demande l'aumône?

— Il faut convenir que les petites filles ont

terriblement d'imagination ! Je ne sais pas où tu vas chercher son signalement. Il n'est pas jeune d'abord, et il n'a jamais eu la mine aimable. Il a simplement l'air d'un vieux marchand de contre-marques qu'il est, je le suppose; quant à recevoir l'aumône, je t'en réponds. Tu n'as qu'à prendre la peine de faire une fouille dans la corbeille aux papiers de rebut, tu y trouveras dix autographes signés du double nom que tu protéges, et si tu conserves l'ombre d'un doute sur ses intentions après lecture faite, c'est que ton obstination a la vie dure.

— Parfait. Comme nous ne nous entendons pas du tout évidemment, la seule manière d'en finir, c'est d'aller chercher M. Dumas, et j'y vais.

— Alors apporte-moi cent sous, reprit mon père avec résignation.

La durée de la communication et l'attitude bizarre que devoit me donner le combat intérieur qui se livroit entre le jugement porté par moi sur l'inconnu et les idées fort arrêtées de Charles Nodier à son sujet, firent deviner à celui qui m'attendoit à quel point l'action avoit été chaude.

Quand il vit que je le priois de me suivre, il me dit en riant :

— J'ai bien à vous remercier, mademoiselle, car il paroît que ça n'a pas été sans peine.

Tout en le conduisant à un fauteuil auprès du lit, je ne quittois pas mon père des yeux pour me rendre compte de ce qui alloit se passer.

Le sourire gouailleur avec lequel il s'étoit préparé à accueillir la cause et la preuve de ma bévue s'effaça peu à peu à mesure que la grande taille de celui que je m'étois chargée d'introduire se déployoit devant lui, et ne tarda pas à être remplacé par un air de stupéfaction profonde.

— Eh bien ! lui dis-je à demi-voix en enlevant une partie des volumes et des journaux qui encombroient son lit, il me semble que ton Alexandre Dumas et le mien, ça fait deux !

— Ah ! le pauvre garçon, murmura mon père sur le même ton, le fait est que s'il a le moins du monde envie que je fasse sa connoissance, il te doit une fière chandelle. L'interdit auroit pu durer longtemps.

Une demi-heure plus tard Alexandre Dumas

— le vrai — avoit produit son effet ordinaire. Charles Nodier en étoit fou, et ne pouvant pas l'accompagner à sa sortie, il lui crioit du fond de son alcôve :

— Au revoir et pardon, cher monsieur Dumas, nous nous reverrons bientôt, n'est-ce pas? En attendant, si vous m'en croyez, défiez-vous de ce diable d'homme, qui s'intitule « de lettres, » et qui s'appelle deux fois comme vous.

Le conseil étoit pourtant superflu. On touchoit à l'heure où le succès d'*Henri III*, considéré à si juste titre comme un événement et comme une date littéraires, alloit placer pour toujours ce grand nom à l'abri des erreurs de l'homonyme.

Le dimanche suivant, il fut présenté à ma mère, et sans le savoir encore nous fêtâmes dès ce jour-là à la table paternelle, la naissance d'une de ces amitiés granitiques que n'altèrent ni le temps, ni la mort, ni même la gloire, et qui se transmettent, inébranlables, de génération en génération.

Ce qu'il y a de mieux à faire, c'est de le lui laisser dire.

III

« La famille de Nodier se composoit de sa femme, de sa fille, et de sa belle-sœur madame de Tercy.

« A six heures la table étoit mise chez Nodier; trois ou quatre couverts en plus des couverts de la famille attendoient les dîneurs de fondation.

« C'étoient : de Cailleux, le directeur des musées, le baron Taylor qui, partant pour l'Égypte, laissa bientôt sa place vacante; Francis Wey que Nodier aimoit comme son enfant et dont l'accent franc-comtois faisoit le second dessus de celui de Nodier, et Dauzats.

« Une fois admis dans cette bonne et douce intimité de la maison, on alloit dîner chez Nodier à son plaisir. S'il falloit ajouter un, deux, trois couverts aux couverts d'attente, on les ajoutoit; s'il falloit allonger la table, on l'allongeoit; mais malheur à celui qui arrivoit le treizième; celui-là dînoit impitoyablement à une petite table, à moins qu'un quatorzième convive encore plus inattendu que lui, vînt le relever de sa pénitence.

« Bientôt je fus un de ces intimes dont je parlois tout à l'heure, et ma place à table fut fixée une fois pour toutes entre madame Nodier et Marie Nodier.

« Quand j'apparoissois à la porte on me recevoit avec des cris de joie, et il n'y avoit pas jusqu'à Nodier qui n'allongeât vers moi ses deux grands bras pour me serrer les mains ou pour m'embrasser. Au bout d'un an, ce qui n'étoit qu'un point de fait, devint un point de droit. Cette place m'attendoit vide jusqu'à l'enlèvement du potage. Alors on se hasardoit à la donner ; mais fût-elle donnée, celui qui me remplaçoit eût-il été là depuis dix minutes, depuis un quart d'heure, depuis une demi-heure, fût-ce au dessert que j'arrivasse, il se levoit, ou on le faisoit lever, et ma place m'étoit rendue.

« Puis grâce à nous le salon s'illuminoit : c'étoit une solennité qui n'avoit lieu que le dimanche ; les autres jours on étoit reçu dans la chambre de madame Nodier.

« En s'illuminant, le salon éclairoit des lambris peints en blanc avec des moulures du temps de Louis XV, un ameublement de la plus grande simplicité, composé de douze chaises ou fauteuils et d'un canapé recouverts en casimir rouge, et complété par des rideaux de même couleur, par un buste de Hugo, par une statue de Henri IV enfant, par un portrait de Nodier et par un paysage de Régnier représentant une vue d'Écosse.

« A gauche en entrant, dans un enfoncement pareil à une immense alcôve, étoit le piano de Marie. Cet enfoncement avoit assez de largeur pour que les amis de la maison pussent, comme dans la ruelle d'un lit du temps de Louis XIV, rester près de Marie et causer avec elle, tandis qu'elle jouoit du bout de ses doigts si agiles et si sûrs des contredanses et des valses.

« Mais ces contredanses et ces valses n'arrivoient qu'à un moment donné : deux heures étoient invariablement consacrées, de huit à dix heures, à la causerie ; de dix heures à une heure du matin on dansoit.

« Bientôt commençoient d'arriver les habitués : c'étoient Fontaney et Alfred Johannot, ces deux figures voilées toujours tristes au milieu de notre gaieté et de nos rires, comme si elles eussent eu un vague pressentiment du tombeau ; c'étoit Tony

Johannot qui n'arrivoit jamais sans quelque dessin ou quelque eau-forte nouvelle dont s'enrichissoit ou l'album ou les cartons de Marie ; c'étoit Barye si isolé au milieu du bruit que sa pensée sembloit toujours envoyée par son corps à la recherche de quelque merveille ; c'étoit Boulanger avec sa variété d'humeur, aujourd'hui triste, demain gai, toujours si grand peintre, si grand poëte, si bon ami ; c'étoit Francisque Michel, un fouilleur de chartes, quelquefois si préoccupé de ses recherches de la journée qu'il oublioit qu'il venoit avec un feutre du temps de Louis XIII et des souliers jaunes ; c'étoit de Vigny, qui, doutant de sa future transfiguration, daignoit encore se mêler aux hommes ; de Musset presque enfant, rêvant ses contes d'Espagne et d'Italie ; c'étoient enfin Hugo et Lamartine, ces deux rois de la poésie, ces pacifiques Étéocle et Polynice de l'art, dont l'un portoit le sceptre, et l'autre la couronne de l'ode et de l'élégie.

« Hélas ! hélas ! que sont devenus tous ceux qui étoient là ? »

. . . .

« Revenons à ce salon, où entroient successivement, au milieu d'une effusion de joie causée par leur vue, ceux que je viens de nommer.

« Si Nodier, faisant un effort pour rester debout, alloit s'adosser au chambranle de la cheminée, les mollets au feu, le dos à la glace, c'est qu'il alloit conter.

« Alors on sourioit d'avance au récit prêt à sortir de cette bouche aux lignes fines, spirituelles et moqueuses. Alors on se taisoit, alors se dérouloit une de ces charmantes histoires de sa jeunesse qui semblent un roman de Longus, ou une idylle de Théocrite. C'étoit à la fois Walter Scott et Perrault.

« C'étoit le savant aux prises avec le poëte. C'étoit la mémoire en lutte avec l'imagination. Non-seulement Nodier étoit amusant à entendre, mais encore il étoit charmant à voir. Son long corps efflanqué, ses longs bras maigres, ses longues mains pâles, son long visage plein d'une mélancolique sérénité, tout cela s'harmonioit, se fondoit avec sa parole un peu traînante, et avec cet accent franc-comtois dont j'ai déjà parlé.

« Soit que Nodier eût entamé le récit d'une histoire d'amour, d'une bataille dans les plaines de la Vendée, d'un drame sur la place de la Révolution, d'une conspiration de Cadoudal ou d'Oudet, il falloit écouter presque sans souffle, tant l'art admirable du conteur savoit tirer le suc de chaque chose.

« Ceux qui entroient faisoient silence, saluoient de la main et alloient s'asseoir dans un fauteuil ou s'adosser contre le lambris, et le récit finissoit toujours trop tôt.

« Il finissoit on ne savoit pourquoi, car on comprenoit que Nodier eût pu puiser éternellement dans cette bourse de Fortunatus qu'on appelle l'imagination.

« On n'applaudissoit pas ; non, on n'applaudit pas le murmure d'une rivière, le chant d'un oiseau, le parfum d'une fleur Mais le murmure éteint, le chant évanoui, le parfum évaporé, on écoutoit, on attendoit, on désiroit encore.

« Mais Nodier se laissoit glisser doucement du chambranle de la cheminée dans son grand fauteuil; il sourioit, il se tournoit vers Lamartine ou vers Hugo : « Assez de prose comme cela, disoit-il ; des vers, des vers, allons ! »

« Et sans se faire prier, l'un ou l'autre poëte, de sa place, les mains appuyées au dossier d'un fauteuil ou les épaules assurées contre le lambris, laissoit tomber de sa bouche le flot harmonieux et pressé de la poésie ; et alors toutes les têtes se tournoient, prenant une direction nouvelle ; tous les esprits suivoient le vol de cette pensée qui, portée sur ses ailes d'aigle, jouoit alternativement dans la brume des nuages, parmi les éclairs de la tempête, ou au milieu des rayonnements du soleil.

« Cette fois on applaudissoit ; puis, les applaudissements éteints, Marie alloit se mettre à son piano, et une brillante fusée de notes s'élançoit dans les airs ; c'étoit le signal de la contredanse ; on rangeoit chaises et fauteuils, les joueurs se retranchoient dans les angles, et ceux qui, au lieu de danser préféroient causer avec Marie, se glissoient dans l'alcôve.

« Nodier étoit un des premiers à la table de jeu ; longtemps il n'avoit voulu jouer qu'à la bataille et s'y prétendoit d'une force supérieure ;

enfin, il avoit fait une concession au goût du siècle et jouoit à l'écarté.

« Le bal commençoit, et Nodier, qui avoit d'ordinaire fort mauvais jeu, demandoit des cartes. A partir de ce moment Nodier s'annihiloit, disparoissoit, étoit complétement oublié. Nodier, c'étoit l'hôte antique qui s'efface pour faire place à celui qu'il reçoit, lequel alors devient, chez lui, maître en ses lieu et place. »

IV

Ces pages charmantes, écrites à une époque moins éloignée que celle où mon récit les amène, donnent une idée bien juste, bien vraie, bien amicale aussi, de l'intérieur de Charles Nodier, si toutefois cette expression placide peut s'appliquer à une vie ouverte à tous venants et au sein de laquelle pénétrèrent tour à tour les éléments les plus divers, partis des points les plus opposés.

Toutes les intelligences du monde, quel que fût l'ordre de leurs facultés, ont passé le seuil de l'Arsenal à un jour donné ; si la loyauté affectueuse du cœur venoit se joindre au reste, elles pouvoient en faire leur demeure ; elles étoient chez elles dans cette maison du bon Dieu.

C'est Henri Reber y faisant écouter sa première symphonie. C'est Jasmin, le coiffeur d'Agen, y faisant applaudir ses premiers vers. Là sont venus s'asseoir côte à côte, Georges Fazy, le tribun futur de la république de Genève, et Coomans, le futur orateur de la Belgique catholique. Le boulanger Reboul et le marquis de Custines, David d'Angers et le général Cadoudal, Tulou de l'Opéra et le prince Dolgorouki ; Pulski, Eotvos et leur brillant entourage de nobles hongrois ; j'écrirois volontiers leurs noms si on pouvoit les lire ; l'abbé Gerbet et Théodore Jouffroy ; la veuve du général Malet, et la sœur de Benjamin Constant.

Puis les jeunes phalanges se recrutant d'année en année, de 1826 à 1843 : Victor Considérant, Saint-Valry, Gustave Planche, Amaury Duval, Loève Weimars, Paul Foucher, Louis Boulanger, Jean Gigoux, Alexandre Bixio, Laverdant, le baron de Butenval, Francis Wey, Beauchesne, Toussenel, Charles de Mazade, Victor Schœlcher, Aurélien de Courson ; enfin tous ceux qui n'étoient pas encore, mais qui connoissoient déjà leurs droits sur l'avenir.

Il vint aussi là un tout jeune homme, presque un enfant, blond, turbulent, encore assez ami de l'enfance, malgré ses seize ou dix-huit ans, pour ne pas dédaigner d'établir de temps en temps dans quelque coin du salon, un colloque de bonne camaraderie avec mon fils. Tous les deux accompagnoient volontiers au tambour les contre-danses que je jouois sur le piano, et leur instinct musical à l'un et à l'autre étoit si parfait, que l'instrument barbare sembloit chanter sous leurs baguettes harmonieuses et mesurées.

Dans son intimité, on appeloit alors ce batteur de tambour : le petit Dumas.

Il a grandi.

Pourtant le noyau fécond duquel devoient sortir tant de rameaux vivaces commençoit à peine à germer pendant les premières années du séjour de Charles Nodier dans l'ancienne résidence de Sully.

On possédoit les amis illustres ; on n'en avoit pas encore la brillante monnaie.

Charles Nodier suivoit avec une sollicitude presque paternelle les luttes littéraires de ce temps de pacifiques combats, et ses apparitions au théâtre dont il s'étoit absolument dégoûté, n'avoient plus lieu que s'il s'agissoit d'y applaudir un ami.

Pour une raison ou pour une autre, il arriva qu'un jour ma mère, ayant jugé à propos de ne pas me conduire à l'une de ces premières représentations, le lendemain à déjeuner, mon père s'inquiétoit beaucoup de savoir à quoi j'avois pu employer ma triste soirée :

— Sois tranquille, va, m'empressai-je de répondre, je ne me suis pas ennuyée du tout. Ma tante nous a conduites aux Funambules, Francine et moi, et nous avons ri comme des bienheureuses.

— Ah bah ! est-ce vraiment aussi drôle que ça, les Funambules ? Qu'est-ce que c'étoit que la pièce ? un ballet ? une féerie ? quoi ?

— Ah mais ! tu m'embarrasses. Je ne le sais pas au juste. Je n'ai pas parfaitement suivi. Dans ces pantomimes, il y a toujours un peu de confusion. Celle-là s'appelle *le Bœuf enragé*. Il n'y est pas question de bœuf du tout, mais en revanche on y voit bien des sauvages; un marchand d'habits et son ombre, un sphinx, des gendarmes; et puis Arlequin qui bat le père Cassandre, c'est si drôle! Et un Pierrot! ah! papa, quel Pierrot! Non, sans rire, tu n'as jamais rien vu de pareil.

— J'entends bien, dit mon père qui n'écoutoit pas, ce que nous appelons un incomparable Pierrot.

— Ma foi, oui! repris-je avec exaltation, un incomparable Pierrot, et qui te charmeroit, j'en suis sûre.

— Eh bien, un de ces soirs où nous n'aurons rien de mieux à faire, mène-moi voir ton Pierrot. J'irai me faire charmer. Tu me présenteras.

Je le présentai effectivement, et dé ce jour date la célébrité méritée d'un des mimes les plus spirituellement fins qui ait jamais promené sa longue personne enfarinée, nonchalante et étonnée, sur les planches d'un théâtre.

Mon père qui n'admiroit pas à demi, commença par louer une loge à l'année aux Funambules, fait sans exemple jusqu'à lui. Trois mois après il n'étoit peut-être plus aussi fidèle à Deburau, mais grâce à l'expansion qu'avoit eue son enthousiasme à son début, la réputation de Pierrot étoit faite.

~~~~~~~

Le 31 décembre 1829 on dansoit en petit comité chez notre excellente et charmante amie, madame Bavoux. Selon l'affectueuse coutume du vieux temps, on devoit s'embrasser au premier coup de minuit.

J'étois au piano où je jouois une contre-danse, et mon père causoit derrière moi avec le général Lafayette et Benjamin Constant, lorsque la vibration attendue de la pendule, annonça l'arrivée de l'an 1830.

M. de Lafayette se retourna, et me disant : « Mademoiselle, permettez-moi d'user de mon droit, » il m'embrassa. La belle tête blanche de l'autre interlocuteur s'inclinoit vers moi à son tour ; je m'empressai de me lever et j'appuyai franchement mes lèvres sur ce visage vénérable en répondant gaiement à tous deux : « Je vous souhaite une bien heureuse année, général, et à vous de même et du fond du cœur, monsieur de Constant. »

— Bon ! murmura mon père à mon oreille, il paroît que tu appelles les révolutions, toi !

— Parce que ?

— Dame ! tu demandes l'accomplissement des vœux de Lafayette et de Benjamin Constant, ce doit être ça.

Ils reprirent leur conversation interrompue pendant que la joyeuse accolade continuoit à se transmettre de proche en proche autour du salon.

Charles Nodier connoissoit Benjamin Constant de longue date.

Son père, M. le baron de Rebecque habitoit Dôle ou une campagne dans les environs de Dôle. Mes souvenirs à ce sujet ne sont pas restés bien précis. Ce que je sais, c'est que dans cet intérieur rigide, soumis au plus despotique des gouvernements, les « grands principes de 89 » devoient être considérés comme absolument non avenus.

Un jour, vers la fin du dîner, l'auteur d'*Adolphe* animé par l'attrait assez rarement goûté à la table du baron, d'une conversation littéraire à sa taille, avoit, probablement sans s'en être rendu compte, enlevé une pêche à une corbeille de dessert placée devant lui. Pendant qu'il saupoudroit sa pêche de sucre avec une lenteur distraite qui n'excluoit pas une certaine satisfaction anticipée d'innocente gourmandise, la voix sèche et claire de M. de Rebecque vint couper net la phrase commencée et interrompre en même temps le petit travail qui s'exécutoit sur l'assiette de son vis-à-vis.

— Mon fils, lui dit-il, vous me privez du plaisir de vous l'offrir.

Benjamin Constant réfléchit qu'il s'étoit permis en effet de mettre la main au plat chez son père, et baissa la tête sous la leçon sans mot dire.

Il avoit alors trente-quatre ans.

V

Quand on est parvenu dans la vie de Charles Nodier à l'heure de la marée pleine, le flot victorieux s'apaise, et les événements se font rares.

Au surplus, les événements ne sont guère à

regretter dans l'existence de personne et dans la sienne moins qu'ailleurs.

De toute nouveauté le bonheur s'épouvante,

a dit Saint-Valry dans un vers encore plus juste qu'il n'est joli. Le mouvement, le changement avoient sans cesse dérangé le sien. Il aspiroit au repos; cette fois il l'a presque conquis; une pensée le trouble cependant.

Sa petite fille est devenue grande, et dans cette bizarre période du siècle où le désintéressement qui ne va pas tarder à « mourir de mort » jette parfois des lueurs finales d'une surprenante résolution, cette enfant sans dot court risque de trouver un mari. Elle le trouve en effet. Ce fut là un terrible moment.

Mais ce n'est pas à ce père qu'on enseignera l'abnégation dans la tendresse et la force dans le dévouement. Il aura le courage de partager sa fille, lui qui n'hésiteroit pas à la donner tout à fait si la sécurité de cet avenir pour lequel il oublie le sien exigeoit un pareil sacrifice.

Pourra-t-elle donc être heureuse loin de lui, quand elle sait si bien qu'il ne peut pas être heureux sans elle? Au fond, il est convaincu que c'est impossible.

Alors quelle joie d'être obligé de reconnoître que ses craintes étoient non-seulement folles, mais encore remplies d'ingratitude! il le sent, il est rassuré, et on lui pardonne.

Le fils qui lui a été prêté deux fois, et que deux fois il a perdu, Dieu vient de le lui rendre. Celui-là vivra pour lui, avec lui, et c'est la digne main dans laquelle il place la main de son unique enfant qui lui fermera les yeux.

Malgré ses « fonctions rétribuées, » Charles Nodier ne s'étoit pas fait du tout de rentes. Il fut obligé de vendre sa bibliothèque pour acheter le trousseau de sa fille.

Les dix-huit ans de cette étourdie avoient vraiment beaucoup trop de choses à penser pour aller s'inquiéter de ce que devoit coûter au plus ardent des bibliophiles une pareille résolution.

Au reste, ce rude sacrifice ayant été considéré plus tard comme une spéculation habile, je ne vois pas de raison pour que l'opinion exprimée par les biographes ne suffise pleinement au repos de ma conscience.

~~~~

On touchoit à la fin de l'hiver de 1830. Charles Nodier écrivoit son académique fantaisie du *Roi de Bohême*.

La grande préoccupation de son esprit et de tous les esprits, c'étoit la représentation prochaine d'une simple pièce de théâtre qui s'appeloit *Hernani*.

Nous en avions entendu la lecture dans une de ces fêtes amicales et privilégiées qui laissent d'éternels souvenirs. L'abondance prospère de cette époque d'une si littéraire grandeur les rendoit presque fréquentes.

Nous avions acclamé tour à tour : *Cromwell*, *Marion Delorme* et *Hernani*, chez Victor Hugo; *Roméo et Juliette*, chez Émile Deschamps, l'éblouissant poëte qui sait raconter les *Voyages de la reine Mab* comme un sorcier qu'il est; à l'Arsenal, *Christine*, *Angèle*, *Mademoiselle de Belle-Isle*, de Dumas. Combien d'autres encore!

Regrettable temps ! Les passions intelligentes se développoient à l'aise sous un souffle puissant. On sentoit palpiter quelque chose au fond de ces luttes insensées mais pleines d'éclairs, auxquelles nous avons assisté ; tout un monde de pensées grandes se mouvoit autour des sphères lettrées, et partout.

Les vieillards calomnient volontiers, dit-on, le présent qui a succédé à leur passé ; je crois pourtant pouvoir affirmer, sans médisance, qu'en distillant en flacons les admirations de tout genre dont on est si prodigue aujourd'hui, on n'arriveroit pas à recomposer les enthousiasmes superbes d'un parterre d'*Hernani* ou de *Marion Delorme*.

VI

Les journées de juillet 1830, qui devoient amener à leur suite tant d'autres journées troublées, étoient venues. Charles Nodier avoit une responsabilité à défendre, un dépôt à rendre intact : il fit fermer les portes de l'Arsenal et attendit. Le peuple, ou du moins la fraction d'hommes qui a coutume de se révolter en son nom, voulut prendre possession des salles de la Bibliothèque et organiser par les fenêtres une facile attaque contre les cuirassiers de la garde, dont le régiment étoit rangé en bataille le long du quai. Mon père parla, et il eut le bonheur de se faire écouter. A la tête des envahisseurs de son appartement, marchoit un ciseleur en métaux du nom de Feugère. Il étoit un peu saint-simonien, un peu phalanstérien, fort républicain, mais au-dessus de toutes les théories sociales et politiques, ce qui dominoit chez lui, c'étoit la naïve droiture du cœur.

Au bout de dix minutes d'une discussion patiente, et de part et d'autre apaisée, Charles Nodier et la *Jambe de Bois*, comme on le désignoit dans le quartier, étoient amis. Dirigé par lui, mon père choisit huit ou dix hommes parmi les plus rassis de la troupe, et après leur avoir fait comprendre la mission de confiance dont il alloit investir leur patriotisme, il les plaça en sentinelle à chacune des issues de la Bibliothèque avec défense d'en laisser approcher qui que ce fût. Cela fait, on leur envoya des vivres en quantité suffisante, on mit une prudente parcimonie dans la distribution des rations de vin, bien que, vu les circonstances, le garde-manger fût beaucoup plus mal garni que la cave, et ces héros de la démolition, devenus les fidèles gardiens d'une des plus belles collections de livres du monde, attendirent l'arme au bras qu'elle n'eût plus rien à redouter des autres vainqueurs avant d'abandonner leur poste. Leur faction avoit duré trois jours, après lesquels, à la prière du bibliothécaire, ils le suivirent dans la cour de la caserne des Célestins, se munirent de bêches et de pioches, et enterrèrent les malheureux cuirassiers, victimes obscures de cette lutte sanglante.

Bien peu d'heures auparavant, mon père avoit expliqué aux soldats de sa garde improvisée en quoi consistoit cette fraternité dont ils portoient le nom écrit sur leur drapeau sans la comprendre : ils venoient de lui prouver qu'ils avoient profité de la leçon.

———

Désormais, la France étoit soumise au régime de l'émeute, et tout se passoit à Paris au bruit du rappel.

On pensoit toujours et à tout propos qu'il
« alloit y avoir quelque chose. »

Chaque mois, quand ce n'étoit pas chaque
semaine, ramenoit la même anxiété et aussi le
même ennui, car la situation ne se contentoit
pas d'être amèrement triste, elle étoit ennuyeuse
au-delà de toute expression.

Charles Nodier n'en accomplissoit pas moins
sa paisible évolution quotidienne invariable dans
ses heures et dans son but.

Il suivoit le quai jusqu'au Louvre, entroit en
face de la colonnade chez Crozet, le savant bouquiniste, et demeuroit là une partie de l'après-midi en compagnie de quelques bibliophiles
aussi ponctuels que lui dans leurs habitudes et
comme lui possédés du démon « Elzévier. » Le
comte de Montaran, le marquis de Ganay, le
marquis de Château-Giron, Paul Lacroix, Guilbert de Pixérécourt étoient, avec mon père, les
hôtes accoutumés de cette boutique érudite.

Lorsque, selon son expression, on s'étoit rassasié de « bonne conversation », il s'en revenoit
chez lui tantôt par le même chemin, tantôt par
le boulevard.

Le 5 juin 1832, il suivoit ce dernier itinéraire, et marchoit de son pas le plus lent en collationnant avec soin une précieuse édition depuis longtemps convoitée ; parvenu à la hauteur du faubourg Saint-Antoine, il remarqua décidément quelque agitation.

Le convoi du général Lamarque prenoit la route de la barrière d'Italie, accompagné par ces irrespectueuses vociférations qui sont le recueillement de la foule. Charles Nodier, assourdi et coudoyé, perdit son chiffre de pagination. Arrivé sur la place de l'Arsenal, où il se séparoit du cortége à sa grande satisfaction, il rouvrit son volume et recommença. Il avoit descendu la rue de l'Orme dans toute sa longueur, il ne lui restoit plus à parcourir pour arriver à sa maison qu'un insignifiant bout de chemin, quand un chœur de voix menaçantes lui envoya une bordée d'invectives accentuées de manière à ce qu'elles ne perdissent rien de leur valeur. En relevant la tête, il comprit cependant qu'on auroit pu lui envoyer pis.

Aux fenêtres, une trentaine de fusils braqués dans la direction de la rue sembloient en disposition de faire leur partie en plus mauvais termes encore.

Mon père marqua de son doigt la page interrompue, puis il s'arrêta au pied du pavillon dont le poste ordinaire avoit été remplacé par ses rudes interlocuteurs :

— Pardon, messieurs, dit-il, je ne sais pas ce que vous voulez, et je n'ai pas l'indiscrétion de vous le demander. Moi, je suis un simple bourgeois, comme vous voyez, et je me borne pour le moment à avoir la meilleure envie de rentrer chez moi. Est-ce que votre état de choses le défendroit?

Alors, une de ces jeunes têtes qui étoit probablement aussi la forte tête du groupe, l'*Enjolras* de la situation, prit la parole d'un air de compassion dédaigneuse, appuyé d'un mouvement d'épaules significatif :

— Allons, monsieur, dit-il du bout des lèvres, rentrez-y chez vous, et n'en sortez plus. C'est tout ce que vous avez de mieux à faire.

Le souvenir du profond mépris que son ignorance de la matière avoit inspiré à première vue à cet homme d'action, ne revenoit jamais à l'ancien hôte de Sainte-Pélagie sans lui causer la joie la plus parfaite.

Charles Nodier s'étoit mis en devoir d'obéir à l'injonction, lorsqu'au détour de la rue il vit déboucher de la porte de la caserne et venir à lui, bride abattue, un peloton du sixième régiment de dragons commandé par un officier. Il se dirigeoit en toute hâte vers les greniers d'abondance envahis par l'émeute. Il falloit, pour y atteindre, défiler devant les locataires offensifs du pavillon.

Mon père saisit le cheval du commandant par la bride, et à moitié traîné par lui, il avertit le cavalier de l'embuscade dans laquelle il alloit tomber.

— Je vous remercie, monsieur Nodier, dit l'officier de dragons en dégageant précipitamment la bouche de son cheval, mais laissez-nous passer, allez! il y en a toujours bien quelques-uns de nous qui arriveront.

Il ne fut pas de ceux-là. Ainsi qu'il s'y attendoit sans doute, le commandant Chollet tomba le premier.

Quelques minutes plus tard, un enfant qui

passoit l'acheva d'un coup de pistolet à bout portant.

On commençoit alors à se battre sur le quai devant nos fenêtres. La rentrée de mon père nous délivra, ma mère et moi, d'une mortelle inquiétude.

Au milieu de ce tapage meurtrier, une voiture escortée par une dizaine de jeunes gens qui portoient une branche verte attachée à leurs chapeaux, passa lancée à fond de train, tandis que les cris de : vive Lafayette ! retentissoient, aigus, haletants, et dominant jusqu'au bruit des coups de fusil.

— Grand Dieu ! dit ma mère avec ce sang-froid un peu railleur qu'elle avoit, et qui sembloit s'accroître chez elle de la gravité des circonstances : ah ! puisse-t-il vivre éternellement, le brave général ! Nous aurions vraiment fort à faire s'il nous falloit encore enterrer celui-là !

VII

Ces révoltes sauvages devant et derrière des pavés, qui coûtoient des hommes et des larmes sans profit pour les idées, vibroient et crioient au fond du cœur de Charles Nodier.

Il ne lui restoit pourtant plus rien des tumultes apaisés de sa jeunesse, et quoiqu'il n'eût rien changé aux affections qui avoient été son parti politique, son âme généreuse, agrandie et lassée, en étoit venue à les tolérer tous : « Ce qui est indispensablement social, dit-il quelque part, c'est l'harmonie des honnêtes gens, sous quelque drapeau que le hasard des circonstances et la nécessité des positions les aient placés. »

Le règne qu'il eût voulu voir arriver, c'étoit celui de l'universelle justice, et le triomphe auquel il essayoit de travailler sans l'espérer beaucoup, c'étoit celui de l'humanité.

Tout ce qu'il a écrit alors et depuis suit cette pente solennelle. Une opposition manifeste et inexorable aux progrès de la matière qui lui sembloit être la vraie science du mal ; une effusion sans bornes vers tout ce qui élève l'âme par le sentiment.

L'amour des humbles et des petits ; le repentir qui purifie ; la miséricorde qui pardonne, la sagesse qui conseille ; l'espérance immortelle qui soutient : un couronnement d'œuvre tout entier, simple, touchant, exalté, magnifique, dont les harmonies d'une si suave tendresse composent un éternel « hosannah. »

La légende de la sœur Béatrix, le Songe d'or, la *Fée aux miettes, Paul ou la ressemblance,* et tant d'autres qui sont des livres, ou seulement des pages, mais qui ont surtout et toujours les ailes de l'aspiration ; j'allois dire : de la prière.

Entre deux émeutes, Charles Nodier, sa femme, son gendre et sa fille, firent ensemble le voyage de Metz.

L'accomplissement souhaité d'une réunion de famille nous appeloit en Lorraine, chez une femme sainte et vénérée, de laquelle mon père disoit : « Marie n'a pas de belle-mère, elle a deux fois une mère ; » et c'étoit vrai.

Quoique des vides irréparables eussent déjà élargi la place dans cet intérieur des anciens jours, les membres qui le composoient étoient heureusement trop nombreux pour que je puisse entreprendre de les énumérer ici ; je n'avois pas vingt ans, et six d'entre eux étoient plus jeunes que moi.

Ce sont ces jeunes têtes que la mort a d'abord choisies. Elle n'auroit pu en trouver nulle part de plus dignes et de mieux aimées.

La mort a souvent de ces recherches-là, et le Dieu des batailles marque aussi ses prédestinés.

Dans les *Commentaires d'un soldat*, Paul de Molènes qui devoit les suivre de près, a écrit de sa plume confraternelle l'épitaphe glorieuse des trois Mennessier tués en Italie. Nos cœurs saignants n'auroient pas su en trouver les termes, mais je l'insère avec une reconnoissance attendrie dans ce livre consacré à la mémoire d'un cœur qui les avoit adoptés comme siens.

« Un de ces faits saisissants et douloureux qu'on auroit attribués à quelque loi implacable dans les temps antiques, mais où la foi chrétienne nous apprend à ne voir qu'une mystérieuse élection, s'étoit accompli dans cette journée de Solférino. Le commandant Mennessier mouroit le troisième de trois officiers du même nom partis en même temps pour l'Italie.

« Louis et Stanislas Mennessier, l'un lieutenant-colonel, l'autre capitaine, avoient reçu des blessures mortelles à Magenta. Le 24 juin, à la fin de l'action, Alphonse Mennessier, déjà blessé au bras, tomboit à son tour pour ne plus se relever. Jeunes, intelligents, bien doués, ces trois officiers étoient entourés dans l'armée de la bienveillance toute particulière qu'inspirent un même sang animant plusieurs cœurs généreux, un même nom hardiment porté par les efforts réunis d'hommes vaillants. La famille que Dieu a choisie pour faire une si complète offrande mérite de ne pas être oubliée.

« Je souhaiterois que ma parole eût la vertu de ce sacrifice pour en conserver le souvenir. »

Une compassion miséricordieuse ayant sagement dissimulé la connoissance de l'avenir à l'imprudente curiosité humaine, Charles Nodier pendant tout le temps de son séjour à Metz, avoit assisté avec un intérêt soutenu et sans l'épouvante d'une arrière-pensée, aux manœuvres stratégiques que les régiments de bois et les canons de plomb d'Alphonse et de Stanislas exécutoient sous le commandement supérieur de Louis. La mort les attendoit tous trois à la tête de ces bataillons dont leur enfance militaire alignoit déjà l'innocent simulacre.

VIII

L'année suivante, l'Académie françoise qu'il avoit tant raillée, spirituelle comme elle sait l'être à ses heures, appela Charles Nodier à elle.

Il me semble voir encore Ferdinand Denis, souriant, courant, essouflé, et si heureux de devancer les autres amis de l'élu pour en apporter la nouvelle.

Mon père succédoit à M. Laya, et chose aussi remarquable qu'inattendue en pareil lieu et en pareille occasion, son discours de réception contenoit un sincère éloge de son prédécesseur.

Dix ans après, l'élection violemment disputée de Victor Hugo, à laquelle il attachoit la double importance d'une admiration enthousiaste et d'une affection profonde, devoit apporter à Charles Nodier pendant le combat comme au moment de la victoire des émotions plus fiévreuses et aussi vives que l'avoient été ses sensations personnelles.

A son entrée à l'Académie, sa vocation de linguiste, cette passion presque innée qui avoit été le roman favori de son adolescence, acquit son entier développement.

Les travaux du *Dictionnaire*, cette besogne redoutable et morne qu'on ne peut pas envisager sans un frisson, devinrent la distraction attrayante de sa vie. Au reste, j'ai entendu dire à plusieurs de ses éminents collègues, que ce charme, inconciliable à ce qu'on pourroit croire avec un thème si ardu, il ne l'éprouvoit pas seul, et que personne n'étoit inattentif pendant les séances occupées par ses lectures.

On a souvent raconté, sous la dictée de quelque témoin, un incident de ces réunions solennelles. Il sembleroit prouver que le verbe « Sourire » se trouve dans le *Dictionnaire*, et qu'il peut même au besoin être adopté par l'Académie.

Charles Nodier venoit de soumettre à son jugement une assez longue dissertation sur la prononciation de certaines consonnes mises en contact avec de certaines voyelles. Il avait pris pour exemple la lettre *t* entre deux *i* qui, d'après la grammaire, se prononce comme s'il y avait un *c*. Nodier ajoutoit que cette règle, presque générale en effet dans l'application, subissoit pourtant quelques exceptions. Puis, il tourna le feuillet pour passer à une autre question.

—Vous vous trompez, Nodier, cria de sa place Emmanuel Dupaty avec une académique assurance, et vous pouvez supprimer ce dernier paragraphe. La règle dont vous parlez ne se dément jamais.

— Alors, reprit tranquillement mon père, quand vous m'aurez fait l'amicié de répéter ce que vous voulez bien m'apprendre, je retrancherai la moicié de ce que je viens de vous lire, et je n'aurai plus qu'à vous demander de prendre picié de mon ignorance.

Cette façon de conclure ne fut pas imprimée dans le *Dictionnaire*, mais elle parut assez convaincante à l'Académie pour que le paragraphe fût maintenu.

IX

A peu de temps de là, Charles Nodier fit partie de deux commissions chargées par l'Académie françoise de la représenter à l'inauguration de la statue de Cuvier à Montbéliard, et de celle de Corneille à Rouen. Ces deux voyages de courte durée et un mois passé à visiter la Belgique que ni lui ni ma mère ne connoissoient, composèrent le total de ses jours de vacances pendant les douze dernières années d'une existence dévorée et exténuée par le travail. Le repos qu'il étoit allé chercher dans un pays où il n'avoit eu aucune relation jusque-là, — et c'étoit bien pour cela qu'il l'avoit choisi, — n'y fut cependant pas son hôte, si j'en crois le récit fort amer dans sa bienveillance que fait de la réception de l'illustre écrivain par ses compatriotes, le rédacteur d'un journal de l'opposition publié à Bruxelles sous le titre du *Lynx*.

. . . .

« Ces réflexions nous sont suggérées, dit l'auteur de l'article, par la présence de M. Charles Nodier en Belgique. Cet homme vraiment supérieur par le sentiment comme par la pensée, par la tête comme par le cœur, il étoit guetté au passage par nos révolutionnaires, et ils l'ont happé de telle sorte qu'il ne lui sera pas possible d'appliquer un instant à l'observation des hommes et des choses, la pénétration, la sagacité et la haute philosophie dont il est si éminemment doué. Lui si bon, si modeste, si flâneur, le voilà condamné à des ovations municipales, à des réjouissances de garnison, dans chacune des cités qu'il traverse. Il ne pourra visiter nos dépôts littéraires et scientifiques sans la compagnie officielle du bourgmestre ou du commissaire de district. Ces respectables magistrats le relanceront jusque chez son bouquiniste et les journaux publieront son itinéraire en notant soigneusement que « M. Charles Nodier voyage en poste, » car la révolution est de trop haute lignée pour avoir souci de l'écrivain qui descendroit d'une diligence. A Malines la musique d'un régiment de chasseurs a donné une sérénade au voyageur, et il lui a fallu subir la fatigue et l'ennui d'une nombreuse réception d'honorables magistrats et de joyeux officiers présentés par M. Rodenbach. Cette bruyante admiration a quelque chose d'étourdissant, et il est difficile qu'elle ne fascine pas un moment l'homme le plus modeste et le plus en garde contre les démonstrations menteuses et intéressées; mais bientôt la réflexion dissipera cette ivresse, et le grand écrivain se renfermant dans les simples réciprocités de la politesse, payera tout ce bruit par quelques remerciments spirituellement tournés, et peut-être par quelques phrases obligeantes dans la plus prochaine de ses publications; et nos louangeurs à calcul auront atteint leur but, et ils ajouteront complaisamment le nom de Charles Nodier à tous ceux des notables étrangers qui, avant lui, ont déjà subi l'un des plus grands inconvénients de la célébrité, celui de recevoir les compliments des sots, et de se donner le ridicule de leur en rendre.

« Excellent Nodier ! modeste et timide homme de génie, ne juge point pourtant du sentiment que tes écrits inspirent en nous par le cérémonial grotesque .et le guet-apens triomphal qui t'attend à chaque pas! Ta gloire est trop pure, ta douce philanthropie a trop de charmes, tes rêveries sublimes élèvent trop l'humanité pour qu'il n'y ait pas à l'écart, loin du tumulte et de la fange des affaires, des esprits qui te comprennent et des âmes qui te soient affectionnées, mais l'entourage que ta célébrité t'a fait les retient loin de toi; tu ne les verras pas; tu ne les entendras pas; quelques fragments du *Roi de Bohême*, des *Souvenirs de Jeunesse*, des *Rêveries* remplaceront pour eux le plaisir de te voir et tu goûteras loin d'eux toutes les suavités des harangues de nos sous-préfets, de l'enthousiasme de nos sergents de police, et des fanfares admiratives de nos trompettes de cavalerie. »

Le cas est bien embarrassant. Il m'en coûteroit de contrister l'auteur inconnu de l'article du *Lynx* qui me semble reporter sur l'étranger visiteur de son pays, toute la grâce de caractère dont il use si peu à l'égard de ceux de ses concitoyens qui diffèrent d'opinion avec lui; cependant, malgré ma crainte de le désobliger, je dois avouer que les harangues, l'enthousiasme et les fanfares, n'avoient pas eu à faire à un ingrat.

Charles Nodier n'étoit pas assez familiarisé avec le cérémonial pour se permettre de trouver grotesque celui qui s'appliquoit à lui faire honneur, et quoique en revanche il fût renseigné sur beaucoup de guet-apens, le guet-apens triomphal lui avoit paru une assez jolie variété du genre. Aussi malgré l'extrême fatigue physique et morale qu'il rapportoit de son voyage, doublée de celle avec laquelle il étoit parti, sa réception en Belgique lui avoit-elle laissé un souvenir sincèrement ému.

X

Il est permis de penser que l'attaque du *Corsaire* à laquelle répondoit une curieuse lettre écrite dans le même temps, et que je transcris ici, ne lui inspira pas un sentiment analogue.

« Monsieur, il est fâcheux sans doute que la décoration d'un petit belvédère moyen âge dédié à l'amitié, devienne un objet de polémique pour la critique, et, Dieu me pardonne, pour l'histoire. Cela est même ridicule, mais ce n'est pas ma faute. Je suis donc réduit à défendre mes armoiries, ou plutôt mon blason (et il n'y a peut-être pas une vieille famille en France qui n'ait le sien) contre une interprétation qui donneroit beaucoup d'embarras aux d'Hozier futurs, si elle n'étoit pas réduite à sa plus simple expression. Vous comprendrez aisément que j'ai d'ailleurs d'excellentes raisons de laisser cette illustration héraldique à mes enfants, à défaut d'aucune autre.

« Le blason que mon excellent ami m'a donné dans le délicieux manoir *Beauchesne* n'est pas exact, ce qui prouve, à mon grand regret, que je n'attachois pas à cette illustration toute l'importance qu'elle mérite. Je vous sais un gré infini de me fournir l'occasion de l'établir imperturbablement pour l'instruction des races à venir.

« Un de mes aïeux, car tout le monde a des aïeux, étoit magistrat d'une petite ville nommée Ornans à l'époque d'une des invasions historiques de la Franche-Comté. Sa conduite, fort simple sans doute, eut le bonheur d'être trouvée honorable par le vainqueur qui lui offrit de prendre à son choix un titre de seigneurie.

« Sire, lui répondit ce bonhomme qui n'a pas encore été désavoué par ses descendants, je suis seigneur chez moi, et ma seigneurie se compose de *peu* et de *très-peu*. »

« Quoique le héros auquel il avoit affaire sût toutes les langues, la réponse de mon aïeul fut prise au pied de la lettre par la chancellerie, qui déclara ma famille suzeraine à perpétuité de *Peu* et de *Très-peu*, et c'est le seul fief que la révolution n'ait contesté à personne.

« De là, monsieur, date mon noble blason de *trois pommes de pin* surmontées de la devise *très-peu* qui est aussi chevaleresque qu'une autre ; et il faut bien que je vous dise le rapport de cette devise à ce blason.

« Dans le patois d'Ornans de ce temps, *très-peu* signifioit *trois pommes de pin*. C'est, si vous le voulez, un rébus nobiliaire, ou un calembour féodal, mais vous conviendrez que les aristocraties de toutes les couleurs se contentent rarement à meilleur marché.

« Au reste, monsieur, j'ai vécu de telle manière dans le monde qu'on ne m'a jamais décidé à échanger mon blason contre un autre et que je n'en ai jamais eu envie.

« Je vous prie donc, et *cette lettre n'est pas à autre fin*, de ne pas confondre mes trois pommes de pin ou mes *trois peus* avec *trois pommes de rampe*.

« Les pommes de rampe sont dorées.

« J'ai l'honneur de vous saluer. »

On ne s'expliqueroit pas bien pourquoi cette

réponse, où mon père avoit mis tout son bon sens et aussi toute sa mesure, n'a pas été envoyée à son adresse, s'il ne lui étoit pas souvent arrivé, dès lors, après la première irritation passée, d'achever par un haussement d'épaules ce que la colère avoit commencé.

XI

Au retour de Belgique, l'Arsenal un moment silencieux reprit la vie et la parole. On put y admirer de nouveau, au rayonnement des noms illustres, les gracieuses ou splendides beautés que contenoit l'écrin féminin de ce temps-là.

Madame Victor Hugo, madame la comtesse O'Donnell, madame Guyet-Desfontaines, mesdames Amédée Pichot, Duponchel, Deveria, Robert Fleury, madame de Bazaine Sénovert, madame Alexandre Bixio, ma sœur plutôt que mon amie; madame Auguste Jal, Francine, la très-jeune nièce de mon père, déjà belle et déjà spirituelle, les deux adorables filles du général Pelletier, les deux filles charmantes de Marandon de Montyel. Madame la comtesse Abel Hugo, un peintre; madame Anaïs Ségalas, un poëte; madame la duchesse d'Abrantès, un écrivain. Madame la comtesse Adolphe de Circourt qui étoit à la fois tous les trois.

Le grave et doux témoin de la vie de Victor Hugo a été, bien jeune encore, le témoin affectionné de la vie de Charles Nodier.

Dans des pages d'un sentiment exquis, écrites de main de maître, il a tracé avec le souvenir un portrait quasi filial de cet ami et de son toit, dont aucune autre peinture ne pourroit égaler la fidélité et le charme.

Le journal où elles furent publiées à une époque d'agitations politiques qui absorboient toutes les idées à leur triste profit, se tait depuis longtemps. Le pseudonyme derrière lequel se cachoit un illustre nom a empêché cette précieuse épave de surnager, mais il n'est pas trop tard pour aller la chercher au pays des perles. On devinera tout de suite que c'est le sien.

―――――

« Nodier, dit le cher narrateur, se tenoit le plus souvent dans la chambre de sa femme.

Chambre simple, frottée, luisante; quelques portraits aux murs. C'étoit là qu'après dîner Nodier recevoit ses amis, avec le sourire lumineux qui éclairoit ses joues creuses. Ils entroient comme chez eux, sans qu'il se levât de son fauteuil. Son corps fatigué et courbé se replioit à moitié sur lui-même; ses grandes jambes croisées sembloient ne pas oser se développer. Son pantalon avoit peine à attraper ses pieds; ses bras, las comme son buste, abandonnoient ses mains effilées, froides et décolorées. Et de ce corps efflanqué, de cette gaucherie, de cette négligence, il se dégageoit, sans qu'on pût dire pourquoi, un charme inexplicable. Cette grande araignée tendoit une toile invisible où tout le monde se prenoit, depuis les plus petits enfants jusqu'aux grands poëtes : c'étoit la grâce.

« Assise en face de lui, madame Nodier avançoit ses jolis pieds. Accueillante, accorte, souriante à cause de ses belles dents, elle recevoit également bien toute visite, ne se laissant éblouir par aucune vanité de distinction sociale, pas même, en apparence du moins, par aucun mérite personnel. Elle n'avoit pas pour les illustres ces prévenances bruyantes qui sont des injures aux humbles. Elle étoit comme ces quêteuses indulgentes qui ne tiennent compte que de l'intention, et qui acceptent un sou comme un louis. Sa figure, vive et éclatante comme un bouquet, égayoit et rafraîchissoit la vue. C'étoit bien la femme de son mari. Beauté ferme, toilette correcte, intelligence nette, elle corrigeoit et complétoit le laisser-aller général de Nodier. Cette précision faisoit à merveille à côté de cette nonchalance.

. . . .

« Ajoutez à ces trois figures principales, M. Mennessier qui étoit plutôt le fils que le gendre de Nodier, les enfants de Marie, M. de Cailleux et Taylor qui a eu l'honneur ineffaçable d'ouvrir le Théâtre-François à Victor Hugo et à Alexandre Dumas, et vous aurez le personnel et le fond quotidien de cet intérieur rare et choisi où se rencontroit tout ce qui fait qu'on vient, et tout ce qui fait qu'on revient, où l'esprit attiroit et où le cœur retenoit, où l'on entroit par curiosité du poëte, et où l'on revenoit par affection pour l'homme.

« Une bonne fortune, c'étoit de trouver Nodier

en train de causer, personne ne causera jamais comme lui. Il falloit l'entendre décrire avec la vive et saisissante couleur de sa parole, les mœurs et l'existence des insectes ; d'autres fois, le savant faisoit place au poëte, et rien n'étoit plus attendrissant et plus idéal que la manière dont il contoit la légende de « la morte mariée. » Mais où il étoit le plus intéressant, c'étoit quand il étoit amené à parler de quelque détail de son orageuse jeunesse. Le « moi » n'avoit rien de choquant dans sa bouche, il n'exagéroit pas le rôle qu'il avoit joué ; au contraire, il aimoit à s'amoindrir, à se rapetisser, à se rabaisser. Il se posoit en personnage sacrifié, en pauvre diable ; ses aventures avoient toujours eu un dénoûment piteux. Cette abnégation n'étoit pas tout à fait exempte de malice. Il se diminuoit trop ; on ne savoit plus si ce n'étoit pas une ironie. Quand on se moque tant de soi-même, on se moque toujours un peu des autres. Il insistoit tellement sur sa petitesse qu'on finissoit par ne plus y croire.

« Quand Nodier n'étoit pas en humeur de faire seul les frais de la conversation, madame Nodier le suppléoit. D'ordinaire, le ton de la conversation de l'Arsenal étoit plutôt enjoué que grave. L'entrain, la légèreté et la gaieté dominoient. On devisoit sur le prochain, mais sans malveillance et sans passion.

« Les piqûres ne dépassoient pas l'épiderme. La critique n'alloit pas au delà de la raillerie. Madame Nodier excelloit dans ces fines moqueries : d'un caractère sensé et positif, elle étoit promptement saisie des ridicules des gens, car on n'est ridicule qu'en dehors du vrai. La tranquillité et la lenteur de son accent, faisoient ressortir la tournure originale et plaisante de ses remarques.

« Au reste, elle ne ménageoit personne, pas plus ceux de sa maison que ceux du dehors. Elle s'en prenoit plutôt de préférence à son cercle le plus intime. Ceux qu'elle traitoit le mieux en action, étoient ceux qu'elle traitoit le plus mal en paroles ; il sembloit qu'elle prît alors la revanche de sa bonté, et qu'elle voulût dissimuler sous cette indifférence superficielle, son dévouement profond.

« Il y a de ces natures qui se défendent de leurs qualités comme on se défendroit de défauts.

Natures délicates qu'un remercîment embarrasse, qui échappent par une plaisanterie à l'émotion qui les gagne, et qui, pour ne pas pleurer, se mettent à rire.

« On savoit quel trésor d'abnégation et d'affection à toute épreuve recouvroit ce dessus ironique, et nul ne s'en fût blessé. Au contraire, la solidité du fond n'en valoit que mieux sous cette facilité de la forme. Double bonté : la bonté gaie ! La chaleur est meilleure quand le feu flambe, et vous taquine les yeux avec ses étincelles.

« Nous parlions tout à l'heure de l'humilité de Charles Nodier et de la pente qu'il avoit à se faire petit. Il l'avoit dans tous les sens. Il cherchoit dans ses habitudes et dans sa maison le train ordinaire, le terre-à-terre et le bourgeois, comme les autres y cherchent l'éclatant, le magnifique et le grand seigneur. Il n'auroit voulu brûler que de la chandelle. Il préféroit l'étain à l'argenterie, il n'aimoit le pain que bis, et la soupe qu'aux choux. Ainsi délicat à rebours, nous ne savons quelle harmonie il portoit en lui pour ne pas trancher crûment avec cette grande salle de l'Arsenal où il dînoit, vaste, à corniches sculptées, haute de plafond, peinte, royale. Le contraste du cadre et du tableau ne choquoit personne ; on n'eût voulu rien ajouter, ni rien ôter. En toute chose, la pompe importunoit Nodier. Il n'a 't jamais voulu mettre les pieds au Théâtre-Fra. çois ni à l'Opéra. En revanche, il ne quittoit pas le foyer des Variétés, et il étoit l'ami de tous les pierrots et de tous les jocrisses. Tout son enthousiasme littéraire étoit réservé à un tas de grands hommes anonymes et de génies obscurs qu'il avoit la prétention de déterrer. Il avoit la manie des ouvriers poëtes.

« Il étoit le même en tout. Il se faisoit autant qu'il pouvoit, enfant, peuple, foule. L'action lui répugnoit. La responsabilité lui pesoit. Il se plaisoit à être malade.

« La nouveauté, les découvertes, le mouvement de la civilisation, les progrès de l'industrie lui agréoient peu. Il abhorroit les chemins de fer. Il est vrai que rien n'étoit plus contraire à sa nature nonchalante que ces rails secs et rapides qui suppriment du voyage le caprice, et qui font du paysage une figure de mathématiques.

« Les vieilles éditions des vieux livres étoient sa passion dominante. Tous les anciens usages lui étoient chers. Il étoit resté fidèle à toutes les traditions domestiques : au gâteau des Rois, au jambon de Pâques, aux beignets du carnaval, aux souhaits des fêtes. Habitudes bien entendues au reste, qui resserrent de temps en temps le lien de famille, et qui sont comme les agrafes de l'affection.

« Il ne traitoit légèrement aucune superstition populaire : dîner treize, les salières renversées, le vendredi, les araignées; grands sujets de terreur. Le dimanche, c'étoit fête à l'Arsenal. C'étoit le dimanche que les amis venoient dîner. Venoit qui vouloit, on n'invitoit personne. La maison étoit aux amis, et chacun y montoit sans scrupule. Au besoin, on ajoutoit un plat et une rallonge, et l'on se mettoit à table avec cette gaieté et cet entrain qu'on ne retrouvera meilleurs nulle part. On rioit, on oublioit, on étoit heureux. L'hospitalité cordiale assaisonnoit tout et faisoit tout excellent, jusqu'aux plats que la cuisinière manquoit et qui étoient toujours l'occasion de joyeuses plaisanteries. La cuisinière n'y avoit pas mis de sel, Nodier y mettoit de l'esprit.

« Rien n'étoit plus ravissant et rien n'a laissé de plus délicieux souvenirs à ceux qui en ont été, que les dimanches de l'Arsenal. C'étoit une aisance, une facilité et un bien-être qu'on ne peut imaginer sans en avoir été témoin. C'étoit comme une atmosphère affectueuse qui enveloppoit ces mémorables soirées et qui préparoit les cœurs doucement réchauffés à prendre feu à la première étincelle. Plus d'un mariage résulta de ces dimanches.

« Aucune hospitalité ne sera plus cordiale et plus franche que celle de Nodier. On conçoit qu'avec sa nature lâchée et involontaire, il ne pouvoit rien avoir de ces maîtres de maison virils et souverains qui, même à leur insu, pèsent sur leurs invités; dont l'autorité inaliénable gêne instinctivement toute expansion, et chez lesquels vous sentez vaguement que vous n'êtes tout au plus que le locataire de votre joie.

« Chez Nodier, chacun possédoit son plaisir en propre, et n'en devoit compte à qui que ce fût.

Nodier étoit trop impersonnel et se supprimoit trop pour intervenir jamais en dominateur dans aucun élan. Ses amis étoient plus chez eux que chez lui.

« Foible, gracieux et presque féminin, il faisoit, pour ainsi dire, l'hospitalité femme. »

XII

Tous les souvenirs de ce temps, si bien rendus par cette description adorable, sont doux à ma pensée, mais il n'y en a guère qui s'y soit gravé avec une constance plus souriante que celui d'un déjeuner de soleil chez Ulric Guttinguer. Cet ami d'alors et de toujours, demeuroit au milieu d'un jardin de la rue de Courcelles. Pendant le repas, la nappe étoit soulevée par l'air circulant librement comme les soudainetés de caprice de la causerie, et se jouant dans les rideaux des fenêtres ouvertes, avec un murmure qui sembloit y applaudir. Les lilas étoient les héros de la fête. Pour venir prendre possession de ce cher « cottage » où la grâce souveraine régnoit cependant en toute saison, on attendoit que l'introducteur du printemps fût en fleurs. Le premier lilas épanoui commandoit le déjeuner. Alors on avertissoit les amis, et tous se rendoient à l'appel, car jamais personne n'a essayé de résister à une lettre d'Ulric Guttinguer. Il faut avoir eu le bonheur de correspondre avec cette plume sans pareille pour savoir ce que peut contenir de charme toutpuissant une feuille de papier pliée en quatre.

Ce jour-là dont je parle, les couverts étoient nombreux. Les mêmes invitations renouvelées réuniroient moins de convives aujourd'hui. De toute cette assemblée jeune, heureuse de vivre, animée par le souffle de tant de fleurs et de si beaux esprits, on ne retrouveroit sur la terre, ou sur notre terre, que quatre personnes, plus mortes et encore plus expatriées que le reste.

Le reste, le voici : Madame Guttinguer, à côté d'elle Victor Hugo et Charles Nodier, madame Victor Hugo et sa fille Léopoldine, Antoine de Latour, secrétaire des commandements de M. le duc de Montpensier, et sa femme, Félix Arvers, Alfred de Musset, Alfred Tastet et ma mère.

La question de savoir s'il ne seroit décidément pas à propos d'être tenu un peu au courant des choses de l'avenir, fut un des trente sujets de conversation effleurés pendant ces heures joyeuses. L'avenir s'est chargé d'y répondre.

XIII

Peu de mois plus tard, Charles Nodier, chevalier de la Légion d'honneur depuis 1822, fut élevé au grade d'officier.

On finit par se blaser sur les gloires de ce monde, et l'arrivée de la rosette ne fit pas, à beaucoup près, l'effet qu'avoit produit vingt ans auparavant celle du simple ruban. Deux excellents amis de mon père, nos voisins de l'Arsenal, Cayx et Augustin Soulié, étoient cependant venus des premiers pour le féliciter lorsqu'on annonça un troisième visiteur.

De même que tous les parents du roi ne portent pas la couronne, au dire du proverbe, tous les familiers d'un homme de haute intelligence ne sont heureusement pas tenus d'avoir autant d'esprit que lui. Celui-ci abusoit de la faculté qui lui étoit laissée pour n'en avoir pas du tout. Il joignoit un travers à ce malheur : il étoit d'une distraction sans bornes.

Lui aussi apportoit son compliment. Seulement, en lisant son journal, après le nom qui l'avoit frappé, son attention s'étoit attachée sans qu'il s'en aperçût à un second décret, et il étoit en train de remercier le ciel de la nomination de Charles Nodier au commandement de la garde nationale à cheval.

Mon père n'avoit jamais eu aucunes prétentions guerrières ni équestres, et il fut pris d'un fou rire à l'idée du curieux spectacle qu'eût offert à la population parisienne une manœuvre militaire confiée à sa direction. Quand le premier paroxysme de cette joie fut éteint, il tenta d'expliquer à cet homme ingénu sa singulière méprise ; mais outre qu'il étoit crédule, il étoit fort obstiné, et il continua à soutenir « qu'il l'avoit vu, de ses yeux vu », jusqu'à ce que le *Moniteur*, appelé en témoignage, destituât officiellement mon père d'un genre de fonctions qu'il n'avoit de sa vie ambitionnées.

XIV

Elles s'écouloient ces années pleines de lumière et de bruit, remplacées par d'autres toutes semblables, et qu'on ne s'appliquoit pas à vouloir retenir. Les enfants grandissoient ; on vivoit déjà des soucis et des espérances de leur vie future.

Le docteur Néophobus n'avoit jamais été plus en verve. Il adressoit à Alfred de Musset des vers paternels et doucement mélancoliques auxquels le poëte et l'ami répondoit par la mieux inspirée des effusions de cœur.

Nul ne se seroit douté que ce suprême entretien devoit être la dernière joie littéraire de Charles Nodier.

L'idée que cette intelligence dans toute sa force, qui nous abritoit à son ombre glorieuse, survivoit dès ce moment à son enveloppe brisée n'étoit venue à aucun de nous. Dieu dans sa miséricorde, nous avoit doués d'aveuglement. Une triste parole suffit pour faire évanouir l'illusion bienfaisante.

Il y avoit alors un fauteuil vacant à l'Académie françoise, et Balzac étoit l'un des candidats. Un jour qu'il sortoit du cabinet de travail de mon père, il passa par le salon et vint s'asseoir auprès de moi :

— Avez-vous assez l'air d'un solliciteur déconfit, lui dis-je en riant ; est-ce que mon immortel vous auroit refusé sa voix, par hasard?

— Vous ne devineriez pas ce qu'il m'a répondu, dit Balzac avec une émotion d'autant plus saisissante qu'il n'étoit pas dans sa nature de s'émouvoir volontiers : « Je fais bien mieux que de vous donner ma voix, mon ami, je vous laisse ma place. »

« Dès lors, reprend, en nous suivant jusqu'au terme de la voie douloureuse qui venoit de s'ouvrir devant nous, l'amical historien que je citois tout à l'heure, la vie de l'Arsenal s'obscurcit. A partir de ce moment, on ne vit plus guère Nodier que dans le jour, jouant à l'impériale, ou par les beaux temps, sur la route de Paris à Vincennes, accablé et marchant lentement accompagné des siens, accablés comme lui. Ils se dirigeoient vers un méchant cabaret de Saint-

Mandé que Nodier avoit pris en affection, et où il se régaloit de pain bis et de fourchettes d'étain. »

Le « méchant cabaret », plus méchant encore qu'on ne pourroit le croire, avoit pour tout mobilier quelques chaises et une table boiteuse dressée au soleil dans le petit courtil d'un des gardes du bois. Sa vieille femme, du nom de Marguerite, y étaloit, sur une nappe trop courte, les œufs de ses poules et la salade de son enclos.

Au mois de septembre 1843, en revenant d'une de ces visites au bois de Vincennes que prolongeoit un doux commencement d'automne, nous apprîmes la catastrophe effroyable dans laquelle une enfant charmante, aimée depuis sa naissance, qui sembloit nous appartenir par les droits certains que donne la tendresse, avoit été engloutie avec son mari pendant une promenade.

Mon père se laissa tomber sur le premier siége qu'il rencontra, silencieux, et le front baissé sur ses mains. Au bout de quelques instants, il releva la tête, et comme nous pleurions, il dit seulement :

— Que voulez-vous, mes enfants ! Ne le saviez-vous pas encore? C'est avec cela que la vie est faite.

Si nous ne le savions pas en effet, nous n'allions pas tarder à l'apprendre.

Le 6 décembre suivant, quoiqu'il ne fût pas sorti depuis une semaine, Charles Nodier voulut aller à l'Hôtel de ville, où avoit lieu l'élection des conseillers municipaux. Il portoit son suffrage à son ami M. Alexandre Thierry, et rien n'auroit pu le déterminer à manquer à ce devoir prescrit par sa consciencieuse affection.

En rentrant, il tomba évanoui sur les marches de son escalier qu'il montoit pour la dernière fois.

A dater de cette heure impossible à oublier, tout espoir nous abandonna. Mon père savoit la séparation inévitable, et nous avions tous deviné que le mal, aidé dans son œuvre par une foiblesse qui rendoit la lutte impossible, étoit sans remède désormais.

Ce qui lui restoit de force, et ce que nous avions conservé de courage, fut employé à essayer de nous tromper les uns les autres.

V

ÉPILOGUE

« Nodier n'eut pas un instant d'illusion, et dès le début il se préoccupa de mourir en chrétien ; car une des conséquences de sa nature, c'étoit la piété. La pensée du tombeau ne l'effrayoit nullement. Il regarda la mort en souriant et en homme fatigué qui arrive au repos. Le même motif qui lui avoit fait aimer la maladie, lui fit aimer la mort. En prenant la position horizontale qu'il ne devoit plus quitter, il dit avec une expression satisfaite que « c'étoit encore la meilleure de toutes. »

« Si tu savois comme je suis las, ma pauvre Marie ! » me disoit-il un de ces soirs funestes, où je le suppliois de se soumettre plus docilement aux prescriptions de son médecin. Et c'étoit la vérité. Le mal sous lequel il succomboit, c'étoit surtout la lassitude de vivre, et ce que son âme, au bout de ses forces, voyoit de plus enviable dans le bonheur des élus, c'étoit surtout l'espérance de l'éternel repos.

Pendant les trois dernières semaines de sa vie, le salon qui touchoit à sa chambre ne désemplit pas. Les amis des temps heureux et des soirées brillantes se retrouvoient assis à la place autrefois affectionnée. Seulement, toute gaieté étoit éteinte; ils parloient à voix basse, et le silence complet eût semblé moins morne à l'oreille que ce triste murmure à travers lequel on ne distinguoit que des mots confus et des monosyllabes désespérés.

Des inconnus venoient prendre place au milieu d'eux. Ils saluoient sans rien dire, attendant que le bulletin de l'heure écoulée circulât de bouche en bouche, puis ils se retiroient. D'autres leur succédoient, et pas plus aux derniers venus qu'aux premiers arrivés, personne ne songeoit à demander leurs noms.

Le roi et madame la duchesse d'Orléans faisoient prendre tous les jours des nouvelles du malade.

— Croiroit-on que je n'ai jamais été qu'un pauvre diable? disoit-il en souriant.

Un matin, c'étoit un mercredi, mon père qui y pensoit probablement depuis longtemps, mais qui avoit craint jusque-là de nous inquiéter par une demande que nous attendions nous-mêmes avec une inexprimable angoisse, témoigna le désir de recevoir la visite d'un prêtre. Lorsque la cruelle émotion dont nous n'avions pas pu nous défendre fut à peu près calmée, au moins en apparence, les amis qui entouroient son lit, les amis de son cœur, qui étoient aussi les fervents admirateurs de cette intelligence si vaste, indiquèrent les personnalités illustres du clergé d'alors; les noms les plus éminents de la chaire furent prononcés.

— Et pourquoi donc tout cela? dit mon père. Qu'on aille prier M. l'abbé Levé de venir. C'est un digne homme que j'aime, et c'est un bon prêtre. Pour le moment je n'ai pas besoin d'autre chose.

M. Levé étoit le curé de notre paroisse. Mon mari sortit pour l'avertir; il le ramenoit une demi-heure plus tard, et tous ceux qui étoient présents se retirèrent dans la chambre de ma mère.

« La confession achevée, dit le cher témoin sur lequel je m'appuie pendant ce cruel récit comme à l'heure où il assistoit avec moi à la scène imposante qu'il raconte, le curé fit entrer la famille, jusqu'aux petits-enfants, les amis et les domestiques. Nodier étoit couché dans une alcôve sombre et nue, la face tournée vers sa bibliothèque, vers ses chers elzévirs. Une table dressée en autel recevoit les objets consacrés. Les assistants s'agenouillèrent.

« Madame Nodier se contenoit de toutes ses forces; madame Mennessier éclata en sanglots et tout le monde se mit à pleurer.

« Le curé récita à haute voix les prières d'usage. Nodier répondoit clairement, avec justesse et précision, comme un homme instruit dans sa religion.

« L'effet de cette scène fut profond et grandiose, et ne s'effacera d'aucune mémoire.

« La vie de l'Arsenal a fini là.

« Fin solennelle et qui couronne dignement tant de fêtes. Pour ceux qui ont vu l'Arsenal dans ses jours de joie et qui l'ont vu dans son jour de mort, ces prières complètent ces danses. Ces larmes sanctifient ces rires. Cette hospitalité si cordiale, si dévouée, si entière, méritoit cette consécration. La religion y a mis le dernier sceau. Voyant cette maison si grande ouverte, Dieu y est entré ! »

« J'insiste, écrit à son tour M. Wey, sur les détails qui accompagnèrent le moment suprême ; ils couronnèrent trop dignement la vie de Nodier, et offrirent de trop nobles exemples pour qu'on puisse les passer sous silence.

« Bien que sa parole eût conservé toute son éloquente facilité, il ne sacrifia point au vain orgueil de marquer, par ces mots ambitieux que recherchent parfois, près d'expirer, les personnages illustres. Sa fin fut simple, digne et vraie comme son cœur; son courage fut modeste comme sa vie. Le jour où il reçut les derniers sacrements, qu'il avoit demandés, il répondit avec fermeté aux paroles du prêtre; puis, après nous avoir embrassés tous et rassurés sur son état, il dormit cinq heures du sommeil le plus paisible. »

Mon cœur n'a pas oublié les noms de ceux qui assistèrent, avec ma mère, mon mari, mes enfants et moi, à cette auguste et navrante cérémonie. C'étoient madame Victor Hugo, madame Vieillard, M. Francis Wey et M. Édouard Grenier.

Outre tant d'amis fidèles, qui ne se lassèrent pas de se faire nôtres pendant ce mois d'agonie, Dieu m'avoit envoyé ses anges pour me fortifier.

L'âge de trois d'entre eux ne leur permettoit d'être pour ma mère et pour moi que la plus douce des consolations; mais la main de ma fille aînée me soutint et ne quitta pas ma main. La première chose que cette enfant apprit de la vie ce fut la mort. L'âme candide qui alloit éclore à l'ombre d'un tombeau ne savoit encore qu'aimer, seulement comme elle le savoit bien !

A l'heure où son regard suivoit le doigt maternel qui lui enseignoit à lire, il devoit suivre en même temps le doigt de Dieu qui instruisoit son cœur.

ÉPILOGUE.

La science suprême à laquelle, alors et depuis, cette fille, cette femme, cette mère s'est appliquée sans peine et aussi sans relâche, c'est à comprendre et à traduire le mot qui les résume tous : le devoir.

Dix ans plus tard, elle venoit pencher sur un second lit funèbre son front rayonnant de toutes les bontés mortelles comme des intelligences divines, et elle recevoit, en rougissant dans son humilité, le symbole attendri d'une affection sans bornes mêlée à un respect profond : le baiser que sa grand'mère mourante, sans voix pour la remercier, déposoit sur sa main.

Une nuit sans trouble et presque exempte de souffrances succéda à cette journée émue. Le matin, j'arrivois au chevet de mon père en lui apportant une tasse remplie de la potion ordonnée :

— Bon! me dit-il, te voilà comme de Vigny. Il a passé la nuit dans ce fauteuil à me tourmenter pour me faire boire vos drogues.

Je demeurai atterrée. C'étoit la première fois que la lucidité de son esprit lui faisoit défaut. Peu d'instants après, ce cerveau si correct et d'un équilibre si sûr, se raffermit; mais il s'étoit peut-être rendu compte de son hésitation d'un moment, et, dans la crainte que la mémoire ou le raisonnement vinssent à l'abandonner de nouveau, il dicta une note précise de l'état de ses affaires. Et quelles affaires! Le compte exact à un centime près de quelques dettes insignifiantes contractées chez ses relieurs et chez son marchand de vieux livres.

Le vendredi soir, le docteur Sevestre, désolé, car il étoit affectionné et dévoué à Charles Nodier comme le furent sans exception tous ceux auxquels il a été donné d'approcher de lui, avertit mon mari qu'il pensoit que cette nuit funeste seroit la dernière. Depuis deux jours, cependant, bercée par cette chimère que la Providence maternelle envoie aux malheureux, ma mère s'étoit reprise à espérer. Nous cherchâmes à l'éloigner en lui laissant croire qu'effectivement la situation étoit meilleure, et elle consentit à se jeter sur un matelas étendu dans le salon, après que nous lui eûmes promis, madame Vieillard et moi, de l'appeler à la moindre alarme. Après notre rentrée dans la chambre de mon père, il eut quelques heures tranquilles ; mais, depuis le moment où il prononça, dans une sorte de demi-sommeil agité par la fièvre, les paroles que voici : « Messieurs, ce sont d'éminents artistes qui demandent toute considération, » il ne se reposa plus et parla sans cesse.

« Des mots sans suite, des idées rompues dont on ne pouvoit suivre le fil, écrit M. Francis Wey, et parmi lesquelles on peut signaler celle-ci sans pouvoir dire à qui elle s'adressoit : « Lisez « souvent Tacite et Fénelon pour donner plus « d'assurance à votre style. »

« Bientôt il fut secoué par une crise violente et douloureuse, à la suite de laquelle il reconnut sa fille qui lui présentoit à boire. Comme il but avec avidité, elle lui dit : — Tu as donc trouvé cela bon ?

« — Oui, répondit-il avec un regard de douceur ineffable ; oui, comme tout ce qui me vient de toi.

« Elle appuya son visage sur le chevet du mourant pour cacher son émotion.

« — Ah ! s'écria-t-il, si tu restois toujours ainsi, je ne mourrois jamais.

« Hélas ! il n'avoit plus que deux heures à vivre.

« Un moment après, il bénit ses petits-enfants, en les appelant chacun par leur nom et en ayant soin de s'informer s'il « n'y en avoit point de malade; » sa femme, qui l'assista si noblement dans ces heures difficiles, son gendre et sa fille.

« Déjà le froid mortel avoit envahi son corps, dont la vie s'étoit retirée; mais plus la matière s'anéantissoit, plus revenoit la limpidité de l'esprit.

« Après avoir chargé ses enfants de remercier toutes ses connoissances pour les sympathies qu'on lui avoit témoignées, pour l'empressement avec lequel ses amis n'avoient cessé d'affluer à toute heure dans sa maison pendant sa maladie, Charles Nodier demanda le quantième du mois.

« — Le vingt-sept janvier, répéta-t-il après sa femme, vous vous souviendrez de cette date. Il demanda l'heure et manifesta un vif désir de voir renaître encore une fois le jour. Alors il engagea ses enfants à prier avec lui, ce qu'ils firent, agenouillés devant son lit. »

ÉPILOGUE.

Peu de minutes après, s'adressant à mon mari :

— Jules, dit-il à voix basse, ces pauvres femmes ! Puis, il ajouta : C'est bien dur, mes enfants, je ne vous vois plus !

Ma main étoit dans la sienne, il la serra et reprit avec force.

— Souvenez-vous de moi, aimez-moi toujours.

« On n'entendit plus alors dans la chambre que le bruit de son souffle devenu intermittent et rare, et au moment où le soleil levant frappa les vitres et éclaira son visage, Charles Nodier cessa de respirer. »

Nos cœurs ont retenu son dernier vœu ; l'unique ambition de sa vie renfermée dans sa dernière parole. La suprême fidélité, la suprême tendresse à cette mémoire honorée et bénie, sont depuis vingt-deux ans la joie, la gloire, la torture de ceux qu'il a quittés. Je n'ai pas cessé de me souvenir, et de plus en plus je l'aime.

Est-ce là ce que tu voulois, et t'ai-je obéi ?

27 janvier 1866.

FIN.

TABLE

Avant-Propos. 1

PREMIÈRE PARTIE

I. — Besançon.	7
II. — Paris.	35
III. — Dôle.	75
IV. — Amiens.	101
V. — Quintigny.	119
VI. — Laybach.	143

DEUXIÈME PARTIE

I. — Paris. 167

TABLE.

II. — Au château de Buis. 183
III. — Paris. 205
IV. — L'Arsenal. 259

Épilogue. 357

Paris. — Imprimerie P.-A. Bourdier et Cⁱᵉ, rue des Poitevins, 6.

LIBRAIRIE ACADÉMIQUE
DIDIER ET CIE

Éditions in-8. 1
Éditions in-12. Bibliothèque Académique. 12
Ouvrages d'Allan Kardec et divers. 21
Bibliothèque d'Éducation morale. 21
Ouvrages illustrés. 23
Ouvrages de Napoléon Landais. 26
Collection de Mémoires sur l'histoire de France. 27
Trésor de Numismatique. 28
Œuvres de Borghesi, etc.. 29
Journal des Savants.. 30
Revue archéologique. 30

PARIS
35, QUAI DES AUGUSTINS, 35

1867

EN VENTE

Conférences littéraires de la salle Barthélemy, au profit des blessés polonais. *Première série*, par MM. SAINT-MARC GIRARDIN, LEGOUVÉ, LABOULAYE, HENRI MARTIN, WOLOWSKI, FOUCHER DE CAREIL, F. DE LESSEPS, LACHAMBEAUDIE. 1 volume in-12. . . . . 2 fr. 50

—— *Deuxième série*, par MM. ALBERT GIGOT, HENRI MARTIN, VIENNET, LEGOUVÉ, LEFÈVRE-PONTALIS, YUNG, JULES SIMON, A. BARBIER, ODILON BARROT. 1 volume in-12. . . . . 2 fr. 50

OUVRAGES SOUS PRESSE

LITTRÉ. Études sur le moyen âge. 1 vol. in-8.

E. GANDAR. Vingt sermons de Bossuet. Édition critique. 2 vol. in-8.

Mme MENNESSIER-NODIER. Charles Nodier. Souvenirs. 1 vol. in-12.

PIERRE CLÉMENT. Le Marquis de Seignelay ou l'Italie en 1671.

AMÉDÉE THIERRY. Saint Jérôme et saint Augustin. 2 vol. in-8.

AD. FRANCK. Religion et Philosophie. 1 vol. in-8.

AUG. VITU. Histoire civile de l'armée. 1 vol. in-8.

PHILARÈTE CHASLES. Voyages d'un critique à travers la vie et les livres. Italie. 1 vol.

J. J. AMPÈRE. Formation de la Langue française. Nouvelle édit. revue. 1 vol. in-8.

—— Histoire littéraire de la France avant Charlemagne. 2 vol.

Vicomte de MEAUX. La France moderne. 1 vol. in-8.

Le général CREULY et ALEX. BERTRAND. Commentaires de César. Guerre des Gaules. Deuxième volume.

FLAMMARION. Dieu dans la Nature. 1 vol.

AD. JOBEZ. La France sous Louis XV. Tome IV et suiv.

BUNSEN. Dieu dans l'Histoire, trad. par M. DIETZ, avec une Introduction par M. HENRI MARTIN. 1 vol. in-8.

ÉDEL. DUMÉRIL. Histoire de la Comédie. Période littéraire. 1 vol.

ÉDOUARD FOURNIER. Molière au théâtre et chez lui. 1 vol.

LIBRAIRIE ACADÉMIQUE DIDIER ET Cie

35, Quai des Augustins, à PARIS

HISTOIRE — LITTÉRATURE — PHILOSOPHIE

ÉDITIONS IN-8

AMPÈRE (J. J.)
La Philosophie des deux Ampère, publiée par M. J. Barthélemy Saint-Hilaire. 1 vol. in-8. . . . . 7 fr. 50
La Grèce, Rome et Dante, études littéraires d'après nature. 3ᵉ édition. 1 vol. in-8. . . . . 7 fr. 50
La Science et les Lettres en Orient. 1 vol. in-8. . . . . 7 fr. 50

D'ASSAILLY
Les Chevaliers poètes de l'Allemagne. — *Minnesinger.* 1 vol. in-8. . . 5 fr.

BABOU (H.)
Les Amoureux de madame de Sévigné. 1 vol. in-8. . . . . 6 fr.

BADER (CLARISSE)
La Femme biblique. Sa vie morale et sociale, sa participation au développement de l'idée religieuse. 1 vol. in-8. . . . . 7 fr. 50
La Femme dans l'Inde antique. (*Ouvrage couronné par l'Académie française*). 1 vol. in-8. . . . . 7 fr.

BAGUENAULT DE PUCHESSE.
L'Immortalité — la Mort et la Vie. — Étude sur la destinée de l'homme, précédée d'une lettre de Mgr l'évêque d'Orléans. 1 vol. in-8. . . . . 7 fr.

BARANTE
Vie politique de M. Royer-Collard. — *Ses discours et ses écrits.* 2 v. in-8. 14 fr.
Vie de Mathieu Molé. — *Le Parlement et la Fronde.* 1 vol. in-8. . . . 7 fr.
Histoire du Directoire de la République française, *complément de l'Histoire de la Convention.* 3 forts volumes grand in-8 cavalier. . . . . 21 fr.
Études historiques et biographiques. 2 vol. in-8. . . . . 14 fr.
Études littéraires et historiques. 2 vol. in-8. . . . . 14 fr.
Pensées et réflexions morales et politiques du comte de Ficquelmont, précédées d'une notice par M. de Barante. 1 vol. in-8. . . . . 6 fr.
Œuvres dramatiques de Schiller, trad. de M. de Barante. Nouvelle édition revue. 3 vol. in-8. . . . . 15 fr.

BARET (E.)
Les Troubadours et leur influence sur les littératures du Midi de l'Europe. 1 vol. in-8. . . . . 7 fr.

BARTHÉLEMY (ED. DE)
La Galerie des Portraits de mademoiselle de Montpensier : recueil des Portraits et Éloges des seigneurs et dames les plus illustres de France, la plupart composés par eux-mêmes. Nouvelle édition, avec notes. 1 vol. in-8. 6 fr.

BASTARD D'ESTANG
Les Parlements de France. Essai historique sur leurs usages, leur organisation et leur autorité. 2 forts volumes in-8. . . . . 15 fr.

BAUDRILLART
Publicistes modernes. 1 fort vol. in-8. . . . . 7 fr.
Jean Bodin et son temps. Tableau des théories politiques et des idées économiques au xviᵉ siècle. 1 vol. in-8. . . . . 7 fr.

BAUTAIN (L'ABBÉ)

La Conscience, ou la Règle des actions humaines. 1 vol. in-8 . . . . . 6 fr.

BERSOT (ERN.)

Essais de philosophie et de morale. 2 vol. in-8 . . . . 12 fr.

BERTAULD

Philosophie politique de l'histoire de France. 1 vol. in-8 . . . . . 6 fr.
La Liberté civile. Nouv. études sur les publicistes contemporains. 1 v. in-8 . 7 fr.

BERTRAND (ALEX.) ET GÉNÉRAL CREULY

Guerre des Gaules. Commentaires de J. César. Trad. nouv. avec texte, accompagnée de notes topographiques et militaires, suivie d'un index biographique et géographique. 2 vol. in-8 (le 1er est en vente) . . . . 14 fr.

BIAL

Chemins, habitations et Oppidum de la Gaule au temps de César. 1re partie. Chemins celtiques. 1 vol. in-8 avec planches. . . . . 8 fr.

BLAMPIGNON

Étude sur Malebranche d'après les documents inédits. (*Ouvrage couronné par l'Académie française.*) 1 volume in-8. . . . . 4 fr.

J. F. BOISSONADE

Critique littéraire sous le Ier empire, avec une notice par M. Naudet, de l'Institut, et une étude de M. F. Colincamp, etc. 2 forts vol. in-8 avec portrait. 15 fr.

BONNECHOSE (ÉMILE DE)

Histoire d'Angleterre, depuis les temps les plus reculés jusqu'à l'époque de la Révolution française, avec un résumé chronologique des événements jusqu'à nos jours. (*Ouvrage couronné par l'Académie française.*) 2e édit. 4 vol in-8. . 28 fr.

BROGLIE (DUC DE)

Écrits et Discours. Philosophie, littérature, politique. 3 vol in-8. . . . 18 fr.

BROGLIE (A. DE)

L'Église et l'Empire romain au IVe siècle. — 3 parties en 6 vol. in-8. 42 fr.
 Ire partie : Règne de Constantin. 3e édition revue et corrigée. 2 vol. in-8. 14 fr.
 IIe partie : Constance et Julien l'Apostat. 3e édit. 2 vol. in-8. . . . . 14 fr.
 IIIe partie : Valentinien et Théodose. 2 vol. in-8. . . . . 14 fr.
Le Prince de Broglie et dom Guéranger, par l'abbé Marty, in-8. . . 1 fr.

CARNÉ (L. DE)

Les Fondateurs de l'Unité française. Suger, saint Louis, Du Guesclin, Jeanne d'Arc, Louis XI, Henri IV, Richelieu, Mazarin. 2 vol. in-8. . . . . 14 fr.
La Monarchie française au XVIIIe siècle. Études historiques sur les règnes de Louis XIV et de Louis XV. Nouv. édit. 1 vol. in-8. . . . . . . 7 fr.
L'Histoire du Gouvernement représentatif en France (études sur), de 1789 à 1848. (*Ouvrage couronné par l'Académie française.*) 2 vol. in-8. . . 14 fr.

CASELLI (Dr)

La Réalité ou Accord du spiritualisme avec les faits, etc. 1 vol. in-8. . . 6 fr.

CHASLES (PHIL.)

Voyages d'un critique à travers la vie et les livres. — Orient. 1 vol. in-8. . . . .

CHASLES (ÉMILE)

Michel de Cervantes. Sa vie, son temps, etc. 1 vol. in-8. . . . . . . 7 fr. 50
La Comédie au XVIe siècle. 1 vol. in-8. . . . . 5 fr.

CHAMPAGNY (Cte FRANZ DE)

Les Césars et les Antonins. 6 vol. in-8. . . . . 36 fr.

CHASSANG

Apollonius de Tyane, sa vie, ses voyages, ses prodiges, par Philostrate, et ses Lettres ; ouv. trad. du grec, avec notes, etc. 1 vol. in-8. . . . . . . 7 fr.
Histoire du Roman dans l'antiquité grecque et latine, et de ses rapports avec l'histoire. (*Ouvrage couronné par l'Académie des inscriptions.*) 1 vol. in-8. 7 fr.

CLÉMENT (PIERRE)

La Police sous Louis XIV. 1 vol. in-8. . . . . 7 fr. 50
Jacques Cœur et Charles VII, ou la France au xve siècle. Nouv. édition revue. 1 fort vol. in-8. Portrait et grav. . . . . 8 fr.
Enguerrand de Marigny, *Beaune de Semblançay, le chevalier de Rohan.* Épisode de l'histoire de France. 2e édition. 1 vol. in-8. . . . . 6 fr.

COMBES (F.)

La Princesse des Ursins. Essai sur sa vie et son caractère politique. 1 v.in-8. 6 fr.

COURCY (MARQUIS DE)

L'Empire du Milieu. État et description de la Chine. 1 fort vol. in-8. . . 9 fr.

COURDAVEAUX

Entretiens d'Épictète, trad. nouvelle et complète. 1 vol. in-8. . . . . 7 fr.

COUSIN (V.)

La Jeunesse de Mazarin. 1 fort vol. in-8. . . . . 7 fr. 50
La Société française au XVIIe siècle, d'après le *Grand Cyrus*, roman de mademoiselle de Scudéry. 2 beaux vol. in-8 . . . . 14 fr.
Madame de Chevreuse. 2e édit. 1 vol. in-8, orné d'un joli portrait. . . 7 fr.
Madame de Hautefort. 1 vol. in-8. avec un joli portrait. . . . . . 7 fr.
Jacqueline Pascal. 4e édition. 1 vol. in-8, *fac-simile*. . . . . . . 7 fr.
La Jeunesse de madame de Longueville. 4e édition, revue et augmentée. 1 vol. in-8, 2 portraits. . . . . 7 fr.
Madame de Longueville pendant la Fronde (1651-1653) 1 vol. in-8. . 7 fr.
Madame de Sablé. 2e édition. 1 vol. in-8, avec portrait. . . . . . 7 fr.
Études sur Pascal. 1 vol. in-8. . . . . 7 fr.
Fragments et Souvenirs littéraires. 1 vol. in-8. . . . . 7 fr.
Premiers Essais de Philosophie. Nouv. édit. 1 vol. in-8. . . . . . 6 fr.
Philosophie sensualiste du XVIIIe siècle. Nouvelle édit. 1 vol. in-8. 6 fr.
Introduction à l'Histoire de la Philosophie. Nouv. édition. 1 vol. in-8. . 6 fr.
Histoire générale de la Philosophie depuis les temps les plus anciens jusqu'au xixe siècle. Nouv. édit. 1 vol. in-8. . . . . 7 fr. 50
Philosophie de Locke. Nouvelle édition entièrement revue. 1 vol. in-8. 6 fr.
Du Vrai, du Beau et du Bien, 10e édit. 1 vol. in-8 avec portrait. . . . 7 fr.
Fragments pour servir à l'histoire de la philosophie. 5 vol. in-8. . 40 fr.
Séparément : Philosophie ancienne et du moyen âge. 2 vol. in-8. 16 fr.
— Philosophie moderne. 2 vol. in-8. . . . . 16 fr.
— Philosophie contemporaine. 1 vol. in-8. . . . . 8 fr.

CRAVEN (Mme AUG.), NÉE LA FERRONNAYS
Récit d'une Sœur. Souvenirs de famille. 7e édition. 2 vol. in-8. . . . 15 fr.

DANTE
La Divine Comédie, traduct. de F. LAMENNAIS, avec introduction, notes et le texte italien, publ. par M. E. D. FORGUES. 2 vol. in-8. . . . . 14 fr.

DANTIER (ALPH.)
Les Monastères bénédictins d'Italie. Souvenirs d'un voyage littéraire au delà des Alpes. (*Ouvrage couronné par l'Académie française.*) 2 beaux v. in-8. 15 fr.

DAREMBERG
La Médecine dans Homère. Gr. in-8. . . . . 3 fr.

M. D'AZEGLIO.
L'Italie de 1847 à 1865. Correspondance politique publiée par M. E. RENDU. 1 vol. in-8. . . . . 7 fr.

DE BROSSES
Le Président de Brosses en Italie. Lettres familières écrites d'Italie en 1739 et 1740. 2e édit. revue et accomp. d'une Etude par R. COLOMB. 2 vol. in-8. 12 fr.

DELÉCLUZE (E. J.)
Louis David, son école et son temps. Souvenirs. 1 vol. in-8. . . . . . . 6 fr.

DESJARDINS (ERNEST)
Le grand Corneille historien. 1 vol. in-8. . . . . 5 fr.
Alésia (7e CAMPAGNE DE JULES CÉSAR). Résumé du débat, etc., suivi de notes inédites de Napoléon Ier sur les COMMENTAIRES DE JULES CÉSAR. In-8, avec *fac-simile*. 3 fr.

CH. DESMAZE
Le Châtelet de Paris, son organisation, ses priviléges, etc. 1 vol. in-8. . 6 fr.

DREYSS (CH.)
Mémoires de Louis XIV POUR L'INSTRUCTION DU DAUPHIN. 1re édit. complète, avec une étude sur la composition des Mémoires et des notes. 2 vol. in-8. . 12 fr.

DUBOIS D'AMIENS (FRÉD.)
Éloges prononcés à l'Académie de médecine. PARISET, BROUSSAIS, ANT. DUBOIS, RICHERAND, BOYER, ORFILA, CAPURON, DENEUX, RÉCAMIER, ROUX, MAGENDIE, GUÉNEAU DE MUSSY, G. SAINT-HILAIRE, A. RICHARD, CHOMEL, THÉNARD, etc., etc. 2 vol. in-8. . . . . 14 fr.

DUBOIS-GUCHAN
Tacite et son siècle, ou la société romaine impériale, d'Auguste aux Antonins, dans ses rapports avec la société moderne. 2 beaux volumes in-8. . . . 14 fr.

DU CELLIER
Histoire des Classes laborieuses en France, depuis la conquête de la Gaule par Jules César jusqu'à nos jours. 1 vol. in-8. . . . . 6 fr.

DU MÉRIL (ÉDEL.)
Histoire de la Comédie, période primitive. (*Ouvrage couronné par l'Académie française.*) 1 vol. in-8. . . . . 8 fr.

EICHHOFF (F. G.)
Tableau de la Littérature du Nord, AU MOYEN AGE, en Allemagne, en Angleterre, en Scandinavie et en Slavonie. Nouv. édit. revue et augmentée. 1 vol. in-8. 6 fr.

FALLOUX (Cte DE)
Correspondance du P. Lacordaire avec madame Swetchine, publiée par M. DE FALLOUX. 1 vol. in-8. . . . . 7 fr. 50

Madame Swetchine. Journal de sa conversion, méditations et prières publiées par M. DE FALLOUX. 1 vol. in-8. . . . . 7 fr. 50

Madame Swetchine. Sa vie et ses pensées, publiées par M. DE FALLOUX. 8ᵉ édit. 2 vol. in-8. . . . . 15 fr.

Lettres de madame Swetchine, publiées par M. DE FALLOUX. 2 vol. in-8. 15 fr.

Lettres inédites de madame Swetchine, publiées par M. DE FALLOUX. 1 vol. in-8. . . . . 7 fr. 50

Étude sur madame Swetchine, par Ern. Naville. In-8. . . . . . 1 fr. 50

FEILLET

La Misère au temps de la Fronde et saint Vincent de Paul. (*Mention très-honorable de l'Acad. des sciences morales.*) 2ᵉ édit. revue. 1 vol. in-8. . 7 fr.

FERRARI (J.)

Histoire des Révolutions d'Italie, ou Guelfes et Gibelins. 4 vol. in-8. . 24 fr.

FEUGÈRE (LÉON)

Les Femmes poètes au XVIᵉ siècle, étude suivie de notices sur Mˡˡᵉ de Gournay, d'Urfé, Montluc, etc. 1 vol. in-8. . . . . 6 fr.

FLAMMARION

La Pluralité des mondes habités. Étude où l'on expose les conditions d'habitabilité des terres célestes, etc. 4ᵉ édit. 1 fort vol. in-8 avec figures. . . . 7 fr.

Les Mondes imaginaires et les Mondes réels, voyage astronomique pittoresque, et revue critique des théories humaines sur les habitants des astres. 1 fort vol. in-8, fig. . . . . 7 fr.

GANDAR

Bossuet orateur. Études critiques sur les sermons de la jeunesse de Bossuet. 1 fort vol. in-8. . . . . 7 fr. 50

GEFFROY (A.)

Gustave III et la Cour de France, suivi d'une Étude sur Louis XVI et Marie-Antoinette apocryphes. 2 beaux vol. in-8 avec photographie, 2 beaux portraits gravés sur acier et fac-simile. . . . . 16 fr.

Lettres inédites de Mᵐᵉ des Ursins, avec introd. et des notes. 1 v. in-8. 6 fr.

GERMOND DE LAVIGNE

Le Don Quichotte de FERNANDEZ AVELLANEDA, traduit de l'espagnol et annoté. 1 beau vol. in-8. . . . . 6 fr.

SAINT-MARC GIRARDIN

Lettres inédites de Voltaire, publ. par MM. de CAYROL et FRANÇOIS, avec introduction, par M. SAINT-MARC GIRARDIN. 2ᵉ édit. augm. 2 vol. in-8. . . . 14 fr.

GODEFROY (F.)

Lexique comparé de la langue de Corneille et de la langue du XVIIᵉ siècle en général. (*Ouvrage couronné par l'Académie française.*) 2 vol. in-8. . . . 15 fr.

GUADET

Les Girondins, leur vie politique et privée, leur proscription, leur mort. 2 vol. in-8. . . . . 12 fr.

GUÉRIN (MAURICE DE)

Journal, lettres et fragments, publiés par M. TREBUTIEN, avec une étude par M. SAINTE-BEUVE. 1 volume in-8. . . . . 7 fr.

GUÉRIN (EUGÉNIE DE)

Journal et lettres, publiés par M. TREBUTIEN. (*Ouvrage couronné par l'Académie française.*) 2 vol. in-8. . . . . 11 fr.

GUIZOT

Sir Robert Peel, étude d'histoire contemporaine, accompagnée de fragments inédits des Mémoires de Robert Peel. Nouvelle édition. 1 vol. in-8.. . . . . 7 fr.

Histoire de la Révolution d'Angleterre, depuis l'avénement de Charles Ier jusqu'à la mort de R. Cromwell (1625-1660). 6 vol. in-8, en 3 parties. . . 42 fr.

— **Histoire de Charles Ier**, depuis son avénement jusqu'à sa mort (1625-1649) précédée d'un *Discours sur la Révolution d'Angleterre*. 8e édit. 2 vol. in-8. 14 fr.

— **Histoire de la République d'Angleterre et de Cromwell** (1649-1658). 2e édit. 2 vol. in-8. . . . . 14 fr.

— **Histoire du protectorat de Richard Cromwell**, et du *Rétablissement des Stuarts* (1659-1660). 2e édit. 2 vol. in-8. . . . . 14 fr.

Études sur l'Histoire de la Révolution d'Angleterre, 2 vol. in-8 :

— **Monk. Chute de la République**. 5e édit. 1 vol. in-8, portrait. . . . . 6 fr.

— **Portraits politiques** des hommes des divers partis. *Parlementaires, Cavaliers, Républicains, Niveleurs*. Études historiques. Nouv. édit. 1 vol. in-8.. 6 fr.

Essais sur l'Histoire de France. 10e édit. revue et corrigée. 1 vol. in-8. 6 fr.

Histoire des origines du gouvernement représentatif et des institutions politiques de l'Europe, etc. (*Cours d'Histoire moderne de 1820 à 1822.*) Nouv. édit. 2 vol. in-8. . . . . 10 fr.

Histoire de la civilisation en Europe et en France, depuis la chute de l'empire romain jusqu'à la Révolution française. Nouv. édition. 5 vol. in-8. 30 fr.

Discours académiques, suivis des discours prononcés pour la distribution des prix au Concours général et devant diverses sociétés, etc. 1 vol. in-8. . . 6 fr.

Corneille et son temps. Étude littéraire, etc. 1 vol. in-8. . . . . . . 5 fr.

Méditations et Études morales et religieuses. Nouv. édit. 1 vol. in-8. 6 fr.

Études sur les beaux-arts en général. 3e édit. 1 vol. in-8. . . . . 6 fr.

De la Démocratie en France. 1 vol. in-8 de 164 pages. . . . . . . 2 fr. 50

Abailard et Héloïse. Essai historique par M. et Mme Guizot, suivi des *Lettres d'Abailard et d'Héloïse*, traduites par M. Oddoul. Nouv. édit. 1 vol. in-8. 6 fr.

Grégoire de Tours et Frédégaire. — Histoire des Francs et Chronique, trad. Nouv. édit. revue et augmentée de la *Géographie de Grégoire de Tours et de Frédégaire*, par M. Alfred Jacobs. 2 vol. in-8, avec une carte spéciale. . 14 fr.
Cet ouvrage est autorisé par décision ministérielle pour les Écoles publiques.

Œuvres complètes de W. Shakspeare, traduction nouvelle de M. Guizot, avec notices et notes. 8 vol. in-8. 40 fr.

Histoire de Washington *et de la fondation de la république des États-Unis*, par C. de Witt, avec une Introduction par M. Guizot. 3e édition, revue et augmentée. 1 vol. in-8, avec portraits et carte. . . . . 7 fr.

Correspondance et Écrits de Washington, traduits de l'anglais et mis en ordre par M. Guizot. 4 vol. in-8. . . . . 12 fr.

Dictionnaire universel des synonymes de la langue française, contenant les synonymes de Girard, Beauzée, Roubaud d'Alembert, etc., augmenté d'un grand nombre de nouveaux synonymes, par M. Guizot, 7e édit. 1 vol. gr. in-8.... 12 fr.
L'introduction de cet ouvrage est autorisée dans les Etablissements d'instruction publique

GUIZOT (GUILLAUME)

Ménandre. Étude historique et littéraire sur la Comédie et la Société grecques. (*Ouvrage couronné par l'Académie française.*) 1 vol. in-8, avec portrait. . . 6 fr.

HOUSSAYE (ARSÈNE)

Les Charmettes. — *J. J. Rousseau et Madame de Warens*. 1 beau vol. in-8 avec portrait et grav. . . . . 7 fr.

HOUSSAYE (HENRY.)
Histoire d'Apelles. Etudes sur l'art grec. 1 vol. in-8 avec fig. . . . . . . 7 fr.

JACQUINET
Des Prédicateurs au XVII° siècle avant Bossuet. (*Ouvrage couronné par l'Académie française.*) 1 vol. in-8. . . . . 6 fr.

J. JANIN
La Poésie et l'Éloquence à Rome au temps des Césars. 1 vol. in-8. 6 fr.

JOBEZ (AD.)
La France sous Louis XV (1715-1774). Tome I à III parus. In-8. Prix du vol. 6 fr.

JOUSSERANDOT
La Civilisation moderne. Cours professé à l'Acad. de Lausanne. 1 v. in-8. 6 fr.

LACODRE
Les Desseins de Dieu. Essai de Philosophie religieuse et pratique. 1 v. in-8. 6 fr.

LÉON LAGRANGE
Joseph Vernet et la Peinture au XVIII° siècle, avec grand nombre de documents inédits. 1 volume in-8. . . . . 7 fr.

LA HARPE
Lycée ou Cours de Littérature. 18 vol. in-8. . . . . 24 fr.

LAMENNAIS
Dante. La Divine Comédie, trad. accompagnée d'une introduction et de notes, avec le texte italien, publ. par M. E. D. Forgues. 2 vol. in-8. . . . . . 14 fr.
Correspondance inédite, publiée par M. Forgues. 2 vol. in-8. . . . . . 14 fr.

LAPRADE (V. DE)
Questions d'art et de morale. 1 vol. in-8. . . . . 7 fr. 50
Le Sentiment de la nature avant le Christianisme. 1 vol. in-8. . . . 7 fr. 50

LE DIEU (L'ABBÉ)
Mémoires et Journal de l'abbé Le Dieu, sur la vie et les ouvrages de Bossuet, publiés sur les manuscrits autographes. 4 vol. in-8. . . . . 24 fr.

LÉLUT
Physiologie de la pensée. Recherche critique des rapports du corps à l'esprit. 2 vol. in-8. . . . . 14 fr.

LEMOINE (ALB.)
L'Aliéné devant la philosophie, la morale et la société. 1 vol. in-8. . . 6 fr.

LEPINOIS (H. DE)
Le Gouvernement des Papes et les Révolutions dans les États de l'Eglise, d'après des documents extraits des archives secrètes du Vatican, etc. 1 v. in-8. 7 fr.

LITTRÉ
Histoire de la langue française. Études sur les origines, l'étymologie, la grammaire, etc. Nouv. édit. 2 vol. in-8. . . . . 14 fr.

LIVET (CH.)
Précieux et Précieuses. Caractères et mœurs du XVII° siècle. 1 vol. in-8. 7 fr.
La Grammaire française et les Grammairiens du XVII° siècle. (*Mention très-honorable de l'Académie des inscriptions.*) 1 fort vol. in-8. . . . . 7 fr.

LOVE
Le Spiritualisme rationnel, à propos des divers moyens d'arriver à la connaissance, etc. 1 vol. in-8. . . . . 6 fr.

MARGERIE (A. DE)
Théodicée. Études sur Dieu, la Création et la Providence. 2 vol. in-8. . . 12 fr.

MARTHA BECKER

Le Général Desaix. Étude historique. 1 vol. in-8, avec portrait. . . . 6 fr.

MARY (D')***

Le Christianisme et le Libre Examen. Discussion des arguments apologétiques. 2 vol. in-8. . . . . 12 fr.

MATTER

Le Mysticisme en France au temps de Fénelon. 1 vol. in-8. . . . 6 fr.
Swedenborg. Sa vie, ses écrits, sa doctrine. 1 vol. in-8. . . . . . . 6 fr.
Saint-Martin, *Le Philosophe inconnu,* sa vie, ses écrits; son maître Martinez et leurs groupes. 1 vol. in-8. . . . . 6 fr.

MAURY (ALF.)

Les Académies d'autrefois, 2 parties :
 — *L'ancienne Académie des sciences.* 1 volume in-8. . . . . 7 fr.
 — *L'ancienne Académie des inscriptions et belles-lettres.* 1 volume in-8. . 7 fr.
Croyances et légendes de l'antiquité. 1 vol. in-8. . . . . 7 fr.

MÉNARD (L. ET R.)

Tableau historique des Beaux-Arts, depuis la Renaissance jusqu'au dix-huitième siècle. (*Ouvrage couronné par l'Académie des beaux-arts.*) 1 vol. in-8. 6 fr.
Hermès Trismégiste. Traduction nouvelle avec une étude sur les livres hermétiques. 1 vol. in-8. . . . . 6 fr.
La morale avant les philosophes. 1 vol. in-8. . . . . 3 fr. 50

MERCIER DE LACOMBE (CH.)

Henri IV et sa politique. (*Ouvrage couronné par l'Académie française. 2ᵉ prix Gobert.*) 1 vol. in-8. . . . . 6 fr.

MERRUAU (P.)

L'Égypte contemporaine. 1840 à 1857. De Méhémet-Ali à Saïd-Pacha; avec une Étude sur l'Isthme de Suez, par M. F. de Lesseps. 1 vol. in-8. . . . 5 fr.

MIGNET

Éloges historiques : *Jouffroy, de Gérando, Laromiguière, Lakanal, Schelling, Portalis, Hallam, Macaulay.* 1 vol. in-8. . . . . 6 fr.
Portraits et notices HISTORIQUES ET LITTÉRAIRES : *Sieyès, Rœderer, Livingston, Talleyrand, Broussais, Merlin, D. de Tracy, Daunou, Siméon, Sismondi, Comte, Ancillon, Bignon, Rossi, Droz, Cabanis, Franklin,* etc. Nouv. édit. 2 v. in-8. 10 fr.
Charles-Quint, SON ABDICATION, SON SÉJOUR ET SA MORT AU MONASTÈRE DE YUSTE. 5ᵉ édit., revue et corrigée. 1 beau vol. in-8. . . . . 6 fr.
Histoire de la Révolution française de 1789 à 1814. 9ᵉ édit. 2 vol. in-8. 12 fr.

MOLAND (LOUIS)

Origines littéraires de la France. Roman, Légende, Prédication, Poétique, etc. 1 vol. in-8. . . . . 6 fr.

MONNIER (F.)

Le Chancelier d'Aguesseau, etc., avec des documents inédits et des ouvrages nouveaux du Chancelier. (*Ouvr. cour. par l'Acad. franç.*) 2ᵉ édit. 1 vol. in-8. 6 fr.

MONTALEMBERT (COMTE DE)

L'Église libre dans l'État libre. Discours prononcé au congrès de Malines. 1 v. in-8. . . . . 2 fr. 50

MORET (ERNEST)

Quinze ans du règne de Louis XIV. 1700-1715. (*Ouvrage couronné par l'Académie française. 2ᵉ prix Gobert.*) 3 vol. in-8. . . . . 15 fr.

NOURRISSON

Philosophie de saint Augustin. (*Ouvrage couronné par l'Académie des sciences morales.*) 2 vol. in-8............ 14 fr.

La Nature humaine. Essais de psychologie appliquée. (*Ouvrage couronné par l'Académie des sciences morales.*) 1 vol. in-8............ 7 fr.

NOUVION (V. DE)

Histoire du règne de Louis-Philippe I**er**, roi des Français (1830-1840). 4 vol. in-8............ 24 fr.

PELLISSON ET D'OLIVET

Histoire de l'Académie française. Nouv. édit. avec une introduction, des notes et éclaircissements, par M. Ch. Livet. 2 gros vol. in-8...... 14 fr.

POIRSON (A.)

Histoire du règne de Henri IV. (*Ouvrage qui a obtenu deux fois le grand prix Gobert, de l'Académie française.*) Seconde édition, considérablement augmentée. 4 vol. in-8............ 30 fr.

PONCINS (L. DE)

Les Cahiers de 89 ou les vrais Principes libéraux. 1 vol. in-8...... 6 fr.

POUJADE (EUG.)

Chrétiens et Turcs, scènes et souvenirs de la vie politique, militaire et religieuse en Orient. 1 fort vol. in-8............ 6 fr.

PRELLER

Les Dieux de l'ancienne Rome. *Mythologie romaine*, trad. par M. Dietz, avec préface de M. Alf. Maury. 1 vol. in-8............ 7 fr. 50

RAYNAUD (MAURICE)

Les Médecins au temps de Molière. Mœurs, Institutions, Doctr. 1 v. in-8. 6 fr.

RÉMUSAT (CH. DE)

Bacon. Sa vie, son temps et sa philosophie. 1 vol. in-8........ 7 fr.
Saint Anselme de Cantorbéry. 1 fort vol. in-8........ 7 fr.
Abélard : Sa vie, sa philosophie et sa théologie. 2 vol. in-8...... 14 fr.
Channing : Sa vie et ses œuvres, avec préface de M. de Rémusat. 1 vol. in-8. 6 fr.

RONDELET (ANT.)

Du Spiritualisme en économie politique. (*Ouvrage couronné par l'Académie des sciences morales.*) 1 vol. in-8............ 6 fr.

ROUGEMONT

L'Age du Bronze ou les *Sémites en Occident*, matériaux pour servir à l'histoire de la haute antiquité. 1 vol. in-8............ 7 fr.

ROUX (AMÉDÉE)

Montausier, sa vie et son temps. 1 vol. in-8............ 6 fr.

ROUSSET (CAMILLE)

Histoire de Louvois et de son administration politique et militaire. (*Ouvrage couronné par l'Académie française. 1er prix Gobert.*) 3e édit. 4 vol. in-8. 28 fr.

SACY (S. DE)

Variétés littéraires, morales et historiques. 2e édit. 2 vol. in-8...... 14 fr.

J. BARTHÉLEMY SAINT-HILAIRE

Le Bouddha et sa religion. Nouv. édition, corr. et augm. 1 vol. in-8.. 7 fr.
Mahomet et le Coran. Précédé d'une introd. sur les devoirs mutuels de la philosophie et de la religion. 1 vol. in-8............ 7 fr.

SAISSET (E.)

Le Scepticisme. — Énésidème. — Pascal. — Kant. — Études, etc. 1 vol. in-8. 7 fr.
Précurseurs et Disciples de Descartes. Études d'histoire et de philosophie. 1 vol. in-8............ 7 fr.

SALVANDY (N. DE)

Histoire de Sobieski et de la Pologne. 2 vol. in-8. Nouv. édit..... 14 fr.
Don Alonso, ou l'Espagne ; histoire contemporaine. Nouv. édit. 2 vol. in-8. 14 fr.

La Révolution de 1830 et *le Parti révolutionnaire*, ou Vingt mois et leurs résultats. Nouv. édit. 1 vol. in-8. 1855. . . . . 5 fr.
Discours de MM. Berryer et de Salvandy à l'Académie française. In-8. 1 fr.
Discours de MM. de Sacy et de Salvandy à l'Académie française. In-8. 1 fr.

SAULCY (F. DE)

Histoire de l'Art judaïque d'après les textes sacrés et profanes. 1 vol. in-8. 7 fr.
Les Campagnes de Jules César dans les Gaules. Études d'archéologie militaire. 1re partie. 1 vol. in-8, fig. . . . . 7 fr.
Voyage en Terre-Sainte, 1865. 2 beaux vol. grand in-8, ornés de fig. et de cartes. . . . . 32 fr.

SCHILLER

Œuvres dramatiques, trad. de M. DE BARANTE. Nouv. édit. entièrement revue, accompagnée d'une étude, de notices et de notes. 3 vol. in-8. . . . 15 fr.

SCHNITZLER

Rostoptchine et Kutusof. *La Russie en* 1812. Tableau de mœurs et essai de critique historique. 1 vol. in-8. . . . . 7 fr.

SCLOPIS (F.)

Histoire de la Législation italienne, trad. par M. CH. SCLOPIS, 2 v. in-8. 10 fr.

SHAKSPEARE

Œuvres complètes, trad. de M. GUIZOT. Nouv. édit. revue, accomp. d'une Étude sur Shakspeare, de notices, de notes. 8 vol. in-8. . . . . 40 fr.

SOREL

Le Couvent des Carmes et le Séminaire Saint-Sulpice pendant la Terreur. 1 vol. in-8 avec pl. . . . . 7 fr.

DANIEL STERN

Dante et Gœthe. Dialogues. 1 vol. in-8. . . . . 7 fr. 50

STAAFF

Lectures choisies de littérature française depuis la formation de la langue jusqu'à la Révolution. 2e édition. 1 vol. in-8 de 900 pages. . . . . . 7 fr. 50

Mme SWETCHINE

Voir Cte DE FALLOUX.

THIERRY (AMÉDÉE)

Tableau de l'Empire romain, depuis la fondation de Rome jusqu'à la fin du gouvernement impérial en Occident. 4e édit. 1 vol. in-8. . . . . . . 7 fr.
Histoire d'Attila, de ses fils et de ses successeurs en Europe. Nouv. édit. revue. 2 vol. in-8. . . . . 14 fr.
Récits de l'Histoire romaine au ve siècle. 1 vol. in-8 (sous presse).
Nouveaux Récits de l'Histoire romaine aux ive et ve siècles. 1 volume in-8. . . . . 7 fr.
Histoire des Gaulois jusqu'à la domination romaine. 6e édition revue. 2 vol. in-8. . . . . 14 fr.
Histoire de la Gaule sous la domination romaine. 4 vol. in-8. Le tome Ier en vente. . . . . 7 fr. 50

TISSOT

Turgot. Sa vie, son administration, ses ouvrages. (*Ouvrage couronné par l'Académie des sciences morales.*) 1 vol. in-8. . . . . 5 fr.
Les Possédées de Morzine. Broch. in-8. . . . . 1 fr.

VILLEMAIN

Souvenirs contemporains d'Histoire et de Littérature. Première partie : M. DE NARBONNE, etc. 7e édit. 1 vol. in-8. . . . . 7 fr.
Souvenirs contemporains d'Histoire et de Littérature. Deuxième partie : LES CENT-JOURS. 1 vol. in-8. Nouv. édit. . . . . 7 fr.

VILLEMAIN (suite).

La République de Cicéron, traduite avec une introduction et des suppléments historiques. 1 vol. in-8.. . . . . 6 fr.

Choix d'Études SUR LA LITTÉRATURE CONTEMPORAINE : *Rapports académiques*, Études sur *Chateaubriand, A. de Broglie, Nettement*, etc. 1 vol. in-8. . . . . . 6 fr.

Cours de Littérature française, comprenant : *Le Tableau de la Littérature au XVIII° siècle* et le *Tableau de la Littérature au moyen âge*. Nouv. édit. 6 vol. in-8. . . . . 36 fr.

— **Tableau de la Littérature** au xviii° siècle. 4 vol. in-8. . . . . 24 fr.

— **Tableau de la Littérature** au moyen âge. 2 vol. in-8. . . . . 12 fr.

Tableau de l'éloquence chrétienne au iv° siècle, etc. Nouv. édit. 1 fort vol. in-8.. . . . . 6 fr.

Discours et Mélanges littéraires : *Éloges de Montaigne et de Montesquieu. — Sur Fénelon et sur Pascal. — Rapports et discours académiques*. Nouv. édit. 1 vol. in-8.. . . . . 6 fr.

Études de Littérature ancienne et étrangère : *Études sur Hérodote, Lucrèce, Lucain, Cicéron, Tibère et Plutarque. — De la corruption des lettres romaines. — Essai sur les romans grecs. — Shakspeare; Milton; Byron*, etc. Nouv. édit. 1 vol. in-8.. . . . . 6 fr.

Études d'Histoire moderne : *Discours sur l'état de l'Europe au XV° siècle. — Lascaris. — Essai historique sur les Grecs. — Vie de l'Hôpital*. 1 vol. in-8. 6 fr.

VILLEMARQUÉ (H. DE LA)

Barzaz Breiz. *Chants populaires de la Bretagne*, recueillis et annotés avec musique. 1 vol. in-8. . . . . 7 fr. 50

Le grand Mystère de Jésus. Drame breton du moyen âge, avec une Étude sur le théâtre chez les nations celtiques. 1 vol. in-8, pap. de Hollande. . . . 12 fr.

— LE MÊME, pap. ordinaire. . . . . 7 fr.

La Légende celtique et la poésie des cloîtres, etc. 1 vol. in-8. . . 7 fr.

Les Bardes bretons. Poèmes du vi° siècle, traduits en français avec fac-simile. Nouv. édit. 1 vol. in-8. . . . . 7 fr.

Les Romans de la Table ronde et les Contes des anciens Bretons. Nouv. édit. 1 vol. in-8. . . . . 7 fr.

Myrdhinn ou l'Enchanteur Merlin. Son histoire, ses œuvres, son influence. 1 vol. in-8. . . . . 7 fr.

VOLTAIRE

Lettres inédites de Voltaire, publiées par MM. DE CAYROL et FRANÇOIS, avec une Introduction par M. SAINT-MARC GIRARDIN. 2° édit. augmentée. 2 vol. in-8. 14 fr.

Voltaire à Ferney. Correspondance inédite avec la duchesse de Saxe-Gotha, nouvelles Lettres et Notes historiques inédites, publiées par MM. Ev. BAVOUX et A. FRANÇOIS. nouv. édit. augmentée 1 vol. in-8.. . . . . 7 fr.

Voltaire et le président de Brosses. Correspondance inédite, suivie d'un Supplément à la Correspondance de Voltaire, publiée avec notes, par M. TH. FOISSET. 1 vol. in-8. . . . . 5 fr.

WHYTE MELVILLE

Les Gladiateurs. — Rome et Judée. — Roman antique, trad. par BERNARD DEROSNE, avec préface de TH. GAUTIER. 2 vol. in-8. . . . . 12 fr.

WITT (CORNÉLIS DE)

Études sur l'histoire des États-Unis d'Amérique. 2 volumes :

— **Thomas Jefferson.** Étude historique sur la démocratie américaine. 2° édit. 1 vol. in-8, orné d'un portrait. . . . . 7 fr.

— **Histoire de Washington** *et de la fondation de la République des États-Unis*, avec une Étude par M. GUIZOT, 3° édit. 1 vol. in-8, orné de portraits et d'une carte. . . . . 7 fr.

ZELLER

Les Empereurs romains. Caractères et portraits historiques. 1 vol. in-8. 7 fr.

ÉDITIONS IN-12

ARMAILLÉ (C*sse* D') NÉE DE SÉGUR
La Reine Marie Leckzinska. Étude historique. 1 vol. in-12. . . . . 3 fr.
Catherine de Bourbon, sœur de Henri IV. Étude historique. 1 vol. in-12. 3 fr.

ALAUX
La Raison. — Essai sur l'avenir de la philosophie. 1 vol. in-12. . . . 3 fr. 50

AMPÈRE (J. J.)
La Science et les Lettres en Orient. 2ᵉ édit. 1 vol. in-12. . . . . 3 fr. 50
Littérature et Voyages. Nouv. édit. 1 vol. in-12. . . . . 3 fr. 50
Heures de poésie. Nouvelle édition. 1 vol. in-12. . . . . 3 fr. 50
La Grèce, Rome et Dante, études littéraires. 3ᵉ édit. 1 vol. in-12. . 3 fr. 50
Étude sur J. J. Ampère, par TAMISIER. 1 vol. in-12. . . . . . . 2 fr.

BADER (Mlle)
La Femme biblique, sa vie morale et sociale. 2ᵉ édit. 1 v. in-12. . . . 3 fr. 50

BABOU
Les Amoureux de Mᵐᵉ de Sévigné, etc. 2ᵉ édition. 1 vol. in-12. . . 3 fr. 50

BARANTE
Histoire des ducs de Bourgogne de la maison de Valois. Nouv. édit., illustrée de vignettes. 8 vol. in-12. . . . . 24 fr.
Tableau littéraire du XVIIIᵉ siècle. Nouv. édit. 1 vol. in-12. . . . 3 fr. 50
Royer-Collard. — Ses discours et ses écrits. Nouv. édit. 2 vol. in-12. . 7 fr.
Études historiques et biographiques. Nouv. édit. 2 vol. in-12. . . . 7 fr.
Études littéraires et historiques. Nouv. édit. 2 vol. in-12. . . . . 7 fr.
Histoire de Jeanne d'Arc. *Édition populaire.* 1 vol. in-12. . . . . 1 fr. 25

H. BAUDRILLART
Publicistes modernes. *Young, de Maistre, M. de Biran, Ad. Smith, L. Blanc, Proudhon, Rossi, Stuart-Mill*, etc. 2ᵉ édition. 1 vol. in-12. . . . . . 3 fr. 50

BAUTAIN (L'ABBÉ)
Philosophie des lois au point de vue chrétien. 3ᵉ édit. 1 vol. in-12. . 3 fr. 50
La Conscience, ou la Règle des actions humaines. 2ᵉ édit. 1 vol. in-12. 3 fr. 50

BENOIT
Chateaubriand, sa vie, ses œuvres. Étude littéraire et morale. (*Ouv. cour. par l'Académie française.*) 1 vol. in-12. . . . . 3 fr.

BERSOT (ERN.)
Essais de philosophie et de morale. 2ᵉ édit. 2 vol. in-12. . . . . . 7 fr.

BERTAULD
La Liberté civile. Nouvelles études sur les publicistes. 2ᵉ éd. 1 v. in-12. 3 fr. 50

BAGUENAULT DE PUCHESSE
L'Immortalité. — *La Mort et la Vie*, etc., avec une lettre de Mgr Dupanloup. 2ᵉ édit. 1 vol. in-12. . . . . 3 fr. 50

BOILLOT
L'Astronomie au XIXᵉ siècle. Tableau des progrès de cette science depuis l'antiquité jusqu'à nos jours. 1 vol. in-12. . . . . 3 fr. 50
Le Mouvement scientifique pendant 1864, par MENAULT et BOILLOT. 1 fort vol. in-12. 4 fr.
Le Mouvement scientifique pendant l'année 1865. 1 fort vol. in-12. 4 fr.

BONHOMME (H.)
Madame de Maintenon et sa famille. Lettres et documents inédits, avec notes, etc. 1 vol. in-12. . . . . 3 fr.

CASTLE
Phrénologie spiritualiste. 2ᵉ édition. 1 vol. in-12. . . . . 3 fr. 50

CHASLES (PHILARÈTE)
Voyages d'un critique à travers la vie et les livres. Orient. 2ᵉ édit. 1 vol. in-12. . . . . 3 fr. 50

CHASLES (ÉMILE)
Michel de Cervantes. Sa Vie, son temps etc., 2ᵉ édit. 1 vol. in-12. . . 3 fr. 50

CHASSANG
Apollonius de Tyane. Sa vie, ses voyages, ses prodiges par Philostrate et ses lettres, trad. du grec, avec notes, etc. 2ᵉ édit. 1 vol. in-12. . . . . . 3 fr. 50
Histoire du Roman dans l'antiquité grecque et latine. (*Ouvrage couronné par l'Académie des inscriptions.*) Nouv. édit. 1 vol. in-12. . . . . 3 fr. 50

CHESNEAU (ERNEST)
Les Chefs d'école. — La Peinture au xixᵉ siècle. 1 vol. . . . . 3 fr. 50
L'Art et les Artistes modernes en France et en Angleterre. 1 v. in-12. 3 fr. 50

CLÉMENT (PIERRE)
La Police sous Louis XIV. 2ᵉ édition. 1 vol. in-12. . . . . 3 fr. 50
Jacques Cœur et Charles VII. Étude historique. etc. (*Ouv. couronné par l'Acad. française.*) Nouv. édit. 1 fort vol. in-12. . . . . 4 fr. »
Portraits historiques. *Suger, Sully, Novion, Grignan, d'Argenson, Law, Paris. M. d'Arnouville, Terray,* etc. 2ᵉ édit. 1 vol. in-12. . . . . 3 fr. 50
Enguerrand de Marigny, *Beaune de Semblançay, le Chevalier de Rohan.* Épisodes de l'histoire de France. 2ᵉ édit. 1 vol. in-12. . . . . 3 fr. 50

CLÉMENT DE RIS
Critiques d'art et de littérature. 1 vol. in-12. . . . . 3 fr. »

COUSIN (V.)
La Société française au XVII siècle, d'après le *Grand Cyrus* de Mᵐᵉ Scudéry. Nouv. édit, 2 vol. in-12. 7 fr. »
Madame de Sablé. 3ᵉ édit. 1 vol. in-12. . . . . 3 fr. 50
La Jeunesse de madame de Longueville. 5ᵉ édition. 1 vol. in-12. 3 fr. 50
Jacqueline Pascal. Premières études, etc. 5ᵉ édit. 1 vol. in-12. . . 3 fr. 50
Madame de Chevreuse. 3ᵉ édition. 1 vol. in-12. . . . . 3 fr. 50
Premiers essais de philosophie. (Cours de 1815.) Nouv. édit. 1 v. in-12. 3 fr. 50
Philosophie sensualiste du XVIIIᵉ siècle. Nouv. édit. 1 vol. in-12. 3 fr. 50
Introduction à l'histoire de la Philosophie. (Cours de 1828.) 1 v. in-12. 3 fr. 50
Histoire générale de la Philosophie, depuis les temps les plus anciens jusqu'à la fin du XVIIIᵉ siècle. Nouvelle édition, 1 vol. in-12 (sous presse).
Philosophie de Locke. (Cours de 1830.) Nouv. édit. 1 vol. in-12. . . 3 fr. 50
Du Vrai, du Beau et du Bien, 12ᵉ édition. 1 vol. in-12. . . . . . . 3 fr. 50
Fragments philosophiques. 4 vol. in-12. . . . . 14 fr. »
Des Principes de la Révolution française et *du Gouvernement représentatif* suivis des *Discours politiques.* Nouv. édit. 1 vol. in-12. . . . . 3 fr. 50

CRAVEN (Mᵐᵉ AUG.)
Récit d'une sœur, souvenirs de famille. 6ᵉ édit. 2 vol. in-12. . . . . 8 fr. »

DAREMBERG
La Médecine. — *Histoire et doctrines.* (*Ouv. couronné par l'Académie française.*) 2ᵉ édit. 1 vol. in-12. . . . . 3 fr. 50

DELAVIGNE (CASIMIR)
Œuvres complètes : *Théâtre et poésies.* 4 vol. in-12. . . . . 14 fr

DELÉCLUZE (E. J.)
Louis David. Son école et son temps. Souvenirs. Nouv. éd. 1 vol. in-12. 3 fr. 50

DESJARDINS (ARTHUR)
Les Devoirs. — Essai sur la morale de Cicéron. (*Ouvrage couronné par l'Institut.*) 1 vol. in-12. . . . . 3 fr. 50

DESJARDINS (ERNEST)
Le Grand Corneille historien. Nouv. édit. 1 vol. in-12. . . . . . . 3 fr. »

FALLOUX (C¹ᵉ DE)
Correspondance du R. P. Lacordaire et de M™ᵉ Swetchine. 4ᵉ édition, 1 vol. in-12. . . . . 4 fr. »
Madame Swetchine. *Méditations et prières*, 2ᵉ édition. 1 vol. in-12. . 3 fr. 50
Madame Swetchine. *Sa vie et ses œuvres*, nouv. édit. 2 vol. in-12. . 7 fr. »
Madame Swetchine. *Lettres inédites*, 2ᵉ édit. 1 vol. in-12. . . . . 3 fr. 50
Histoire de saint Pie V, pape. 3ᵉ édit. 2 vol. in-12. . . . . 7 fr. »
Louis XVI, 4ᵉ édit. 1 vol. in-12. . . . . 3 fr. 50

FEILLET
La Misère au temps de la Fronde et saint Vincent de Paul. (*Mention très-honorable de l'Acad. des sciences morales.*) Nouv. édit. 1 vol. in-12. . . 3 fr. 50

FÉNELON
Aventures de Télémaque et d'Aristonoüs, précédées d'une Étude par M. VILLEMAIN. Nouv. édit., ornée de 24 vignettes. 1 vol. in-12. . . . . . . 3 fr. »

FEUGÈRE (LÉON)
Caractères et Portraits littéraires du XVIᵉ siècle. 2 vol. in-12. . . 7 fr. »
Les Femmes poètes du XVIᵉ siècle, étude suivie de notices sur mademoiselle de Gournay, d'Urfé, Montluc, etc. 1 vol. in-12. . . . . 3 fr. 50

FLAMMARION
La Pluralité des mondes habités, au point de vue de l'astronomie, de la physiologie et de la philosophie naturelle. Nouv. édit. 1 fort vol. in-12, fig. 3 fr. 50
Les Mondes imaginaires et les Mondes réels. Voyage astronomique pittoresque et Revue critique des théories humaines sur les habitants des astres. 4ᵉ édit. 1 vol. in-12. . . . . 3 fr. 50

FLEURY (ED.)
Saint-Just et la Terreur. Étude sur la Révolution. 2 vol. in-12. . . 6 fr. »

FOURNEL (VICTOR)
La Littérature indépendante et les Écrivains oubliés. Essais de critique et d'érudition sur le XVIIᵉ siècle. 1 vol. in-12. . . . . 3 fr. 50

FRARIÈRE
Influences maternelles pendant la gestation sur les prédispositions morales et intellectuelles des enfants. Nouv. édit. revue et augmentée. 1 v. in-12. 3 fr. »

GALITZIN (LE PRINCE AUG.)
La Russie au XVIIIᵉ siècle. Mémoires inédits sur Pierre le Grand, Catherine Iʳᵉ et Pierre III. 2ᵉ édition. 1 vol. in-12. . . . . 3 fr. 50

GERMOND DE LAVIGNE
Le Don Quichotte de F. Avellaneda. Trad. avec notes. 1 vol. in-12. 3 fr. »

GÉRUZEZ
Histoire de la Littérature française depuis ses origines jusqu'à la Révolution. (*Ouv. cour. par Académie française, 1ᵉʳ prix Gobert.*) Nouv. éd. 2 vol. in-12. 7 fr.

SAINT-MARC GIRARDIN
La Syrie en 1861. Condition des Chrétiens en Orient. 1 vol. in-12. . 3 fr. 50
Tableau de la littérature française au XVIᵉ siècle. 2ᵉ édit. 1 vol. in-12. . . . . 3 fr. 50

GOBINEAU (Cᵗᵉ DE)
Les Religions et les Philosophies dans l'Asie centrale. 2ᵉ édition. 1 vol. in-12. . . . . 4 fr. »

GONCOURT (E. ET J. DE)
Histoire de la société française pendant la Révolution et pendant le Directoire. Nouvelle édition. 2 vol. in-12. . . . . 7 fr. »

GRUN

Pensées des divers âges de la vie. Nouv. édit. 1 vol. in-12. . . 3 fr. 50

GUADET

Les Girondins. Leur vie privée, leur vie publique, leur proscription et leur mort. 2ᵉ édit. 2 vol. in-12. . . . . 7 fr.

GUIZOT

Histoire de la Révolution d'Angleterre, depuis l'avénement de Charles Iᵉʳ jusqu'au rétablissement des Stuarts (1625-1660). 6 vol. in-12, en trois parties. 21 fr.
— **Histoire de Charles Iᵉʳ**, depuis son avénement jusqu'à sa mort (1625-1649), précédée d'un *Discours sur la Révolution d'Angleterre*. 7ᵉ édit. 2 vol. in-12. 7 fr.
— **Histoire de la République d'Angleterre et de Cromwell** (1649-1658). Nouvelle édition. 2 vol. in-12. . . . . 7 fr.
— **Histoire du protectorat de Richard Cromwell et du rétablissement des Stuarts** (1659-1660). 3ᵉ édition. 2 vol. in-12. . . . . 7 fr.
Monk. Chute de la République, etc. Étude historique. 1 vol. in-12. 3 fr. 50
Portraits politiques des hommes des divers pariis : *Parlementaires, Cavaliers, Républicains, Niveleurs*; études historiques. 1 vol. in-12. . . . . . 3 fr. 50
Sir Robert Peel. Étude d'histoire contemporaine, augmentée de documents inédits. 1 vol. in-12. . . . . 3 fr. 50
Essais sur l'Histoire de France, etc. Nouv. édit. 1 vol. in-12. . . 3 fr. 50
Histoire de la civilisation en Europe et en France, depuis la chute de l'Empire romain, etc. 7ᵉ édit. 5 vol. in-12. . . . . 17 fr. 50
Histoire des origines du Gouvernement représentatif *et des Institutions politiques de l'Europe*. Nouvelle édit. 2 vol. in-12. . . . . 7 fr.
Corneille et son temps. Étude littéraire suivie d'un *Essai sur Chapelain, Rotrou et Scarron*, etc. Nouv. édit. 1 vol. in-12. . . . . 3 fr. 50
Méditations et Études morales. Nouv. édit. 1 vol. in-12. . . . . 3 fr. 50
Études sur les Beaux-Arts en général. Nouv. édit. 1 vol. in-12. . . 3 fr. 50
Discours académiques, suivis des *Discours prononcés au Concours général de l'Université et devant diverses Sociétés religieuses*, etc. 1 vol. in-12. . 3 fr. 50
Abailard et Héloïse. Essai historique par M. et Mᵐᵉ Guizot, suivi des *Lettres d'Abailard et d'Héloïse*, trad. par M. Oddoul. Nouv. édit. 1 vol. in-12. . 3 fr. 50
Histoire de Washington, par M. C. de Witt, avec une Introduction par M. Guizot. Nouv. édit. 1 vol. in-12, avec carte. . . . . 3 fr. 50
Grégoire de Tours et Frédégaire. — Histoire des Francs et chronique, trad. Nouv. édit. revue et augmentée de la *Géographie de Grégoire de Tours et de Frédégaire*, par M. Alfred Jacobs. 2 vol. in-12. . . . . 7 fr.
Cet ouvrage est autorisé pour les Écoles publiques par décision de Son Exc. le ministre de l'instruction publique.
Shakspeare. Œuvres complètes. 8 vol. in-12, à. . . . . 3 fr. 50

GUIZOT (GUILLAUME)

Ménandre. Étude historique et littéraire sur la Comédie et la Société grecques. (*Ouvrage couronné par l'Académie française.*) 1 vol. in-12 avec portrait. . 3 fr. 50

EUGÉNIE DE GUÉRIN

Journal et Fragments, publiés par Trébutien. (*Ouvrage couronné par l'Académie française.*) 18ᵉ édition. 1 vol. in-12. . . . . 3 fr. 50
Lettres d'Eugénie de Guérin. 10ᵉ édit. 1 vol. in-12. . . . . . . 3 fr. 50
Étude sur Eugénie de Guérin par Aug. Nicolas, broch. in-12. . . . 50 c.

MAURICE DE GUÉRIN

Journal, Lettres et Fragments publiés par Trébutien, avec une Étude par M. Sainte-Beuve. 10ᵉ édition. 1 vol. in-12. . . . . 3 fr. 50

HOUSSAYE (ARSÈNE)

Les Charmettes. — *J. J. Rousseau et Madame de Warens*. Nouvelle édition. 1 vol. in-12, portrait. . . . . 3 fr. 50

JACQUINET
Tableau du Mo. de physique. Excursions à travers la science. 1 vol. in-12. 3 fr.

JACOBS (ALFRED)
L'Afrique nouvelle. — Récents voyages. — État moral, intellectuel et social dans le continent noir. 1 vol. in-12 avec Carte. . . . . 3 fr. 50

J. JANIN
La Poésie et l'Éloquence à Rome au temps des Césars. Nouvelle édition. 1 vol. in-12. . . . . 3 fr. 50

JOUBERT
Pensées, précédées de sa Correspondance, d'une notice par M. P. DE RAYNAL, et de jugements littéraires par MM. SAINTE-BEUVE, SAINT-MARC GIRARDIN, DE SACY, GÉRUZEZ et POITOU. Nouv. édit. 2 vol. in-12. . . . . 7 fr.

JOULIN (Dr)
Causeries du Docteur. 1 vol. in-12. . . . . 3 fr.

JULIEN (STANISLAS)
Yu-kiao-li. — *Les Deux cousines.* — roman chinois. 2 vol. in-12. . . 7 fr.
Les Deux jeunes filles lettrées. Roman traduit du chinois. 2 vol. in-12. 7 fr.

LAFON (MARY)
Les Dernières armes de Richelieu. — Madame de Saint-Vincent. 2e édit. 1 vol. in-12. . . . . 3 fr.

LAGRANGE (Mme DE)
Laurette de Malboissière. Correspondance d'une jeune fille du temps de Louis XIV. 1 vol. in-12. . . . . 3 fr. 50

LAGRANGE (J.)
Joseph Vernet et la Peinture au XVIIIe siècle. 2e édit. 1 vol. in-12. . . 3 fr. 50

LAMENNAIS
Dante. *La Divine Comédie.* Trad. avec une introd. et des notes. Nouvelle édition. 2 vol. in-12. . . . . 7 fr.
Correspondance inédite de Lamennais, publiée par M. Forgues. Nouvelle édition. 2 vol. in-12. . . . . 7 fr.

LA MORVONNAIS
La Thébaïde des Grèves. — *Reflets de Bretagne.* — Suivis de poésies posthumes. Nouvelle édition. 1 vol. in-12. . . . . 3 fr. 50

LANNAU-ROLLAND
Michel-Ange et Vittoria Colonna. Étude suivie de la traduct. complète des poésies de Michel-Ange. Nouv. édit. 1 vol. in-12. . . . . 3 fr.

LA PILORGERIE (J. DE)
Campagne et Bulletins de la grande armée d'Italie commandée par Charles VIII, d'après des documents rares ou inédits. 1 vol. in-12. . . . . 3 fr. 50

LAPRADE (VICTOR DE)
Le Sentiment de la nature avant le christianisme. 2e édit. 1 vol. in-12. 3 fr. 50
Questions d'Art et Morale. Nouv. édit. 1 vol. in-12. . . . . 3 fr. 50

LEBRUN (PIERRE)
Œuvres poétiques et dramatiques. Nouv. édit. 4 vol. in-12. . . . . 14 fr.

LEGOUVÉ
Histoire morale des Femmes. 4e édit. revue et augm. 1 vol. in-12. 3 fr. 50

LÉLUT
Physiologie de la pensée. Recherche critique des rapports du corps à l'esprit. Nouv. édit. 2 vol. in-12. . . . . 7 fr.

LEMOINE (ALBERT)

L'Ame et le Corps. Études de philosophie morale et natur. 1 vol. in-12. 3 fr. 50
L'Aliéné devant la philosophie, la morale et la société. 2ᵉ édit. 1 vol. in-12. 3 fr. 50

LENORMANT (Mᵐᵉ)

Quatre Femmes au temps de la Révolution. (*Ouvrage couronné par l'Académie française.*) 1 vol. in-12.. . . . . 3 fr. 50

LENORMANT (FR.)

Turcs et Monténégrins. 1 vol. in-12.. . . . . 3 fr. 50

J. LEVALLOIS

Critique militante. Études de philosophie littéraire. 1 vol. in-12. . . 3 fr. 50

LITTRÉ

Histoire de la Langue française, études sur les origines, l'étymologie, la grammaire, les dialectes, la versification et les lettres au moyen âge. Nouvelle édition. 2 vol. in-12. . . . . 7 fr. »

LIVET (CH. L.)

Précieux et Précieuses. Caractères et mœurs du xvııᵉ siècle. 2ᵉ édition. 1 vol. in-12.. . . . . 3 fr. 50

MARGERIE (A. DE)

Théodicée. Études sur Dieu, la Providence, la Création. 2ᵉ édit. 2 vol. in-12. 7 fr. »

MARTIN (TH. HENRY)

La Foudre, l'Électricité et le Magnétisme chez les anciens. 1 v. in-12. 3 50

MARY *** (D')

Le Christianisme et le Libre Examen. Discussion critique des arguments apologétiques. 2ᵉ édition. 2 vol. in-12.. . . . . 7 fr. »

MATTER

Le Mysticisme au temps de Fénelon. 2ᵉ édit. 1 vol. in-12. . . . . 3 fr. 50
Saint-Martin, le Philosophe inconnu, etc. 2ᵉ édition. 1 vol. in-12. . . 3 fr. 50
Swedenborg, sa vie, sa doctrine, etc. 2ᵉ édition. 1 vol. in-12. . . . . 3 fr. 50

MATHIEU

Histoire des Miraculés et des Convulsionnaires de St-Médard, avec Notices sur le diacre Pâris, Carré de Montgeron et le Jansénisme. 1 v. in-12. 3 fr. 50

MAURY (ALFRED)

Les Académies d'autrefois. 2 vol. in-12.
— *L'ancienne Académie des Sciences.* 2ᵉ édition. 1 vol. in-12.. . . . 3 fr. 50
— *L'ancienne Académie des Inscriptions et Belles-Lettres.* 1 v. in-12. 3 fr. 50
Croyances et légendes de l'antiquité. 2ᵉ édition 1 vol. in-12. . . . 3 fr. 50
La Magie et l'Astrologie dans l'antiquité et au moyen âge. 3ᵉ édition. 1 vol. in-12.. . . . . 3 fr. 50
Le Sommeil et les Rêves. Études psychologiques sur les phénomènes et les divers états qui s'y rattachent, etc. 5ᵉ édit. revue et augm. 1 vol. in-12.. 3 fr. 50

MERCIER DE LACOMBE (CH.)

Henri IV et sa politique. (*Ouvrage couronné par l'Académie française, 2ᵉ prix Gobert*). Nouv. édit. 1 vol. in-12. . . . . 3 fr. 50

MERLET (G.)

Causeries sur les femmes et les livres. 1 vol. in-12. . . . . 3 fr. 50
Portraits d'hier et d'aujourd'hui. 1 vol. in-12. . . . . 3 fr. 50
Les Réalistes et les Fantaisistes dans la littérature. 1 vol. in-12. 3 fr. 50

MIGNET

Éloges historiques, faisant suite aux *Portraits et Notices.* Nouvelle édition. 1 vol. in-12.. . . . . 3 fr. 50
Charles-Quint, SON ABDICATION, SON SÉJOUR ET SA MORT AU MONASTÈRE DE YUSTE. 5ᵉ édit. 1 vol. in-12. 3 fr. 50
Histoire de la Révolution française depuis 1789 jusqu'à 1814. 9ᵉ édit. 2 vol. in-12.. . . . . 7 fr. »

MOLAND (LOUIS)
Origines littéraires de la France. — Légende. — Roman. — Prédication. — Théâtre, etc. 2ᵉ édit. 1 vol. in-12. . . . . 3 fr. 50

MONTALEMBERT
De l'Avenir politique de l'Angleterre. 6ᵉ édit. augmentée. 1 v. in-12. 3 fr. 50

MOUY (CH. DE)
Don Carlos et Philippe II (*Ouvrage couronné par l'Académie française.*) 1 vol. in-12. . . . . 3 fr. 50

NIGHTINGALE (MISS)
Des Soins à donner aux malades, etc. Traduit de l'anglais et précédé d'une lettre de M. Guizot et d'une Introduction par le Dʳ Daremberg. 1 vol. in-12. 3 fr.

NOURRISSON (F.)
Philosophie de saint Augustin (*ouvrage couronné par l'Institut.*) 2ᵉ édition. 2 vol. in-12. . . . . 7 fr. »
Spinoza et le Naturalisme contemporain 1 vol. in-12. . . . . 3 fr. »
Portraits et Études. Histoire et Philosophie. Nouv. édit. 1 vol. in-12. . 3 fr. 50
Le Cardinal de Bérulle. Sa vie, son temps, ses écrits. 1 vol. in-12. . 3 fr. »

D'ORTIGUE (J.)
La Musique à l'église. Philosophie, littérat., critique music. 1 v. in 12. 3 fr. 50

PAGANEL
Histoire de Scanderbeg ou *Turks et Chrétiens au XVᵉ siècle.* Nouv. édit. 1 vol. in-12. . . . . 3 fr. 50

PELLISSIER
La Langue française depuis son origine jusqu'à nos jours; tableau historique de sa formation et de ses progrès. 1 vol. in-12. . . . . . . 3 fr. »

PENQUER (Mᵐᵉ)
Les Chants du foyer. Poésies. 2ᵉ édition. 1 vol. in-12. . . . . . 3 fr. 50
Révélations poétiques. 2ᵉ édit. 1 vol. in-12. . . . . 3 fr. 50

PEZZANI (A.)
La Pluralité des existences de l'ame conforme à la doctrine de la pluralité des Mondes, opinions des philosophes anciens et modernes. 4ᵉ édit. 1 v. in-12. 3 fr. 50
Les Bardes druidiques. Synthèse philosophique du XIXᵉ siècle. 1 v. in-12. 1 fr. 50

PIERRON (ALEXIS)
Voltaire et ses Maîtres. Épisode de l'histoire des humanités en France. 1 volume in-12. . . . . 3 fr. »

POIRSON (AUG.)
Histoire de Henri IV. Nouv. édit. 4 vol. in-12. Les tomes I à III sont en vente. Prix des vol. . . . . 11 fr. »

PRELLER
Les Dieux de l'ancienne Rome. — **Mythologie romaine**, traduction par L. Dietz, avec préface de M. Alf. Maury. 2ᵉ édition. 1 fort vol. in-12. . . 4 fr. »

PUYMAIGRE (TH. DE)
Les vieux Auteurs castillans. 2 vol. in-12. . . . . 7 fr. »
Chants populaires recueillis dans le pays messin, mis en ordre et annotés. 1 fort vol. in-12. . . . . 5 fr. »

RAYNAUD (M.)
Les Médecins au temps de Molière. — Mœurs. — Institutions. — Doctrines Nouv. édition. 1 vol. in-12. 3 fr. 50

RÉMUSAT (CH. DE)
Bacon. Sa vie, son temps et sa philosophie. 1 vol. in-12. . . . . . 3 fr. 50
L'Angleterre au XVIIIᵉ siècle. Études et Portraits pour servir à l'histoire politique de l'Angleterre. 2 vol. in-12. . . . . 7 fr. »
Critiques et Études littéraires. Nouv. édition. 2 vol. in-12. . . . . 7 fr. »

✱ ✱ ✱

Channing. Sa vie et ses œuvres, préface de M. DE RÉMUSAT. 1 vol. in-12.   3 fr. 50
La Vie de village en Angleterre, ou Souvenirs d'un exilé. 1 v. in-12.   3 fr. 50

RONDELET (ANT.)

Le Lendemain du mariage. 1 vol. in-12. . . . .   3 fr. 50
La Morale de la richesse. 1 vol. in-12. . . . .   3 fr. 50
Du Spiritualisme en économie politique. (*Ouvrage couronné par l'Académie des sciences morales.*) 2ᵉ édit. 1 vol. in-12. . . . . . .   3 fr. 50
Mémoires d'Antoine, ou notions populaires de morale et d'économie politique. (*Ouvrage couronné par l'Académie française.*) Nouvelle édition. 1 vol. in-12.   2 fr.

ROSELLY DE LORGUES

Christophe Colomb. Hist. de sa vie et de ses voyages. 2ᵉ édit. 2 vol. in-12.   7 fr.

ROUSSET (C.)

Histoire de Louvois, etc. (*Ouvrage couronné par l'Académie française, 1ᵉʳ prix Gobert.*) Nouvelle édition. 4 vol. in-12. . . . .   14 fr.

SAISSET

Descartes, ses Précurseurs, ses Disciples. 2ᵉ édition. 1 vol. in-12.   3 fr. 50
Le Scepticisme. Ænésidème, Pascal, Kant, etc. 2ᵉ édit. 1 vol. in-12.   3 fr. 50

SACY (S. DE)

Variétés littéraires, morales et historiques. Nouv. édit. 2 vol. in-12. . . .   7 fr.

SAINTE-AULAIRE (Mᵐᵉ DE)

La Chanson d'Antioche, composée par RICHARD LE PÈLERIN, etc. trad. 1 vol. in-12. . . . .   3 fr. 50

SAINT-HILAIRE (BARTH.)

Le Bouddha et sa religion. 3ᵉ édit. revue et corrigée. 1 vol. in-12. .   3 fr. 50
Mahomet et le Coran, précédé d'une Introduction sur les devoirs mutuels de la religion et de la philosophie. 2ᵉ édit. 1 vol. in-12. . . . .   3 fr. 50

SALVANDY

Don Alonso, ou l'Espagne. Histoire contemporaine. Nouv. édit. 2 vol. in-12.   7 fr.

SCHILLER

Œuvres dramatiques complètes. Traduction de M. de Barante, revue par M. de Suckau. 3 vol. in-12 à. . . . .   3 fr. 50

SCHNITZLER

La Russie en 1812. — *Rostoptchine et Kutusof.* Nouv. édit. 1 vol. in-12.   3 fr. 50

SÉGUR

Histoire universelle. Ouv. adopté par l'Université. 8ᵉ édit. 6 vol. in-12.   18 fr.
— **Histoire ancienne** Nouv. édit. 2 vol. in-12. . . . .   6 fr.
— **Histoire romaine.** Nouv. édit. 2 vol. in-12. . . . .   6 fr.
— **Histoire du Bas-Empire.** Nouv. édit. 2 vol. in-12. . . . . . .   6 fr.
Galerie morale, avec une notice par M. SAINTE-BEUVE. 1 vol. in-12. . .   3 fr.

SHAKSPEARE

Œuvres complètes. Traduction de M. GUIZOT. 8 vol. in-12 à. . . . .   3 fr. 50

ALEX. SOREL

Le Couvent des Carmes et le Séminaire Saint-Sulpice pendant la Terreur. 2ᵉ édit. 1 vol. in-12 avec figures. . . . .   3 fr. 50

THIERRY (AMÉDÉE)

Histoire d'Attila et de ses successeurs en Europe. 3ᵉ édit. 2 vol. in-12. 7 fr.
Tableau de l'Empire romain, depuis la fondation de Rome, etc. Nouv. édit. 1 vol. in-12. . . . . 3 fr. 50
Récits de l'Histoire romaine au Vᵉ siècle. Derniers temps de l'empire d'Occident. Nouv. édit. 1 vol. in-12. . . . . 3 fr. 50
Histoire des Gaulois depuis les temps les plus reculés jusqu'à l'entière domination romaine. Nouv. édit. 2 vol. in-12. . . . . 7 fr.

VILLEMAIN

La République de Cicéron, traduite et accompagnée d'une Introduction et de Suppléments historiques. 1 vol. in-12. . . . . 3 fr. 50
Choix d'Études SUR LA LITTÉRATURE CONTEMPORAINE : *Rapports académiques. Études sur Chateaubriand, A. de Broglie, Nettement*, etc. 1 vol. in-12. . . . 3 fr. 50
Cours de Littérature française, comprenant : le *Tableau de la Littérature au XVIIIᵉ siècle* et le *Tableau de la Littérature au moyen âge*. Nouvelle édition. 6 vol. in-12. . . . . 21 fr.
— **Tableau de la Littérature au XVIIIᵉ siècle.** 4 vol. in-12. . . . 14 fr.
— **Tableau de la Littérature au moyen âge.** 2 vol. in-12. . . . 7 fr.
Tableau de l'Éloquence chrétienne au ıvᵉ siècle, etc. Nouvelle édition. 1 fort vol. in-12. . . . . 3 fr. 50
Discours et Mélanges littéraires : *Éloges de Montaigne et de Montesquieu. — Notices sur Fénelon et sur Pascal. — Discours sur la critique. — Rapports et Discours académiques*. Nouv. édit. 1 vol. in-12. . . . . 3 fr. 50
Études de Littérature ancienne et étrangère : *Sur Hérodote. — Études sur Lucrèce, Lucain, Cicéron*, etc. — *De la corruption des lettres romaines. — Essai sur les romans grecs. — Shakspeare; Milton; Byron*, etc. Nouvelle édition. 1 vol. in-12. . . . . 3 fr. 50
Études d'Histoire moderne : *Discours sur l'état de l'Europe au XVᵉ siècle. — Lascaris. — Essai historique sur les Grecs. — Vie de L'Hôpital*. Nouv. édit. 1 vol. in-12. . . . . 3 fr. 50
Souvenirs contemporains d'Histoire et de Littérature. 2 vol. in-12. . 7 fr.
— Première partie : **M. de Narbonne**, etc. Nouv. édit. 1 vol. in-12. . 3 fr. 50
— Deuxième partie : **Les Cent-Jours.** Nouv. édit. 1 vol. in-12. . . . 3 fr. 50

VILLEMARQUÉ (H. DE LA)

Le Grand Mystère de Jésus, drame breton du moyen âge, avec une Étude sur le théâtre celtique. 2ᵉ édit. 1 vol. in-12. . . . . 3 fr. 50
La Légende celtique et la Poésie des Cloîtres bretons. Nouvelle édition. 1 vol. in-12. . . . . 3 fr. 50
L'Enchanteur Merlin (Myrdhinn). Son histoire, ses œuvres, son influence. Nouv. édit. 1 vol. in-12. . . . . 3 fr. 50

WHYTE MELVILLE

Les Gladiateurs. Rome et Judée. Roman antique trad. par Bernard Derosne, avec préface de Th. Gautier. 2ᵉ édit. 2 vol. in-12. . . . . 7 fr.

WITT (C. DE)

Études sur l'histoire des États-Unis d'Amérique. 2 vol. in-12. . . . 7 fr.
— **Histoire de Washington** *et de la fondation de la République des États-Unis*, par M. Cornélis de Witt, avec une Étude par M. Guizot. Nouv. édit. 1 vol. in-12 avec carte. . . . . 3 fr. 50
— **Thomas Jefferson.** *Étude sur la démocratie américaine.* Nouvelle édition. 1 vol. in-12. . . . . 3 fr. 50

ZELLER

Les Empereurs romains. Caractères et portraits historiques. 2ᵉ édition. 1 vol. in-12. . . . . 3 fr. 50
Entretiens sur l'histoire. — Antiquité et moyen âge. 1 vol. in-12. . 3 fr. 50
Entretiens sur l'histoire. — Moyen âge. 1 vol. in-12. . . . . . . 3 fr. 50

OUVRAGES DE M. ALLAN KARDEC

Qu'est-ce que le Spiritisme ? Introduction à la connaissance du monde invisible ou des Esprits. 3ᵉ édition, augmentée. 1 vol. in-12. . . . . 1 fr.

Le Spiritisme à sa plus simple expression. Exposé sommaire de l'Enseignement des Esprits et de leurs manifestations. In-12. . . . . 15 c.

Le Livre des Esprits, contenant : les principes de la doctrine spirite sur l'immortalité de l'âme, la nature des Esprits et leurs rapports avec les hommes ; les lois morales ; la vie présente, la vie future et l'avenir de l'humanité, selon l'enseignement donné par les Esprits. 12ᵉ édition. 1 fort vol. in-12. . . . 3 fr. 50

Le Livre des Médiums, ou GUIDE DES MÉDIUMS ET DES ÉVOCATEURS, contenant l'enseignement spécial des Esprits sur la théorie de tous les genres de manifestations, les moyens de communiquer avec le monde invisible, etc. 8ᵉ édition. 1 fort vol. in-12. . . . . 3 fr. 50

Le Ciel et l'Enfer, OU LA JUSTICE DIVINE SELON LE SPIRITISME. 1 vol. in-12. 3 fr. 50

L'Évangile selon le spiritisme : PARTIE MORALE. 3ᵉ édit. 1 vol. in-12. 3 fr. 50

Révélations du monde des esprits, par J. ROZE, médium. 3 vol. in-12. 6 fr.

Phénomènes des frères Davenport. Trad. du Dʳ NICHOLS. 1 v. in-12. . . 3 fr.

Des forces naturelles inconnues, à propos des phénomènes produits par les frères Davenport et par les médiums en général. Étude critique par HERMÈS. In-12. . . . . 1 fr.

Histoire de Jeanne d'Arc, dictée par elle-même à Ermance DUFAUX. 2 édit. 1 vol. in-12. . . . . 3 fr

Les Bardes druidiques. Synthèse philosophique du XIXᵉ siècle par M. A. PEZZANI. 1 vol. in-12. . . . . 1 fr. 50

BIBLIOTHÈQUE D'ÉDUCATION MORALE

Première série à 3 fr. le vol. broché

Mᵐᵉ LA PRINCESSE DE BROGLIE

Les Vertus chrétiennes. — Les Vertus théologales et les Commandements de Dieu. Ouvrage approuvé par Mgr l'Archevêque de Paris. 2 vol. in-12, illustrés de lithographies et de vignettes.

Mᵐᵉ DE WITT, NÉE GUIZOT

Une Famille à Paris. Scènes de la Vie des jeunes filles. 1 vol. in-12, orné de lithographies et vignettes.

Promenades d'une Mère, ou les douze Mois. 1 vol. in-12, orné de lithographies et de vignettes.

Les Petits Enfants, contes. 1 vol. in-12, orné de lithographies et de vignettes.

Contes d'une Mère à ses Enfants. 1 vol. in-12, orné de lithographies et de vignettes.

Une Famille à la campagne. 1 vol. in-12, orné de lithographies et de vignettes.

Hélène et ses Amies, histoire pour les jeunes filles ; traduit de l'anglais. 1 vol. in-12, orné de lithographies.

DE GERANDO ET Bon DELESSERT

Les Bons exemples, nouvelle morale en action. — *Charité et Dévouement.* 1 vol. in-12, illustré de jolies vignettes de J. DAVID.

—— 2e série : *Courage et Humanité.* 1 vol. in-12, illustré de jolies vignettes de J. DAVID.

Mlle ULLIAC-TRÉMADEURE

André, ou LA PIERRE DE TOUCHE. *Ouvrage couronné.*) Nouv. édit. 1 joli vol. in-12, illustré de lithographies.

Contes de ma mère l'Oie. Nouv. édit. 1 joli vol. in-12, illustré de lithographies.

MICHEL MASSON

Les Enfants célèbres, histoire des enfants qui se sont immortalisés par le malheur, la piété, le courage, le génie, etc. Nouvelle édition. 1 vol. in-12, orné de lithographies et vignettes.

Mme GUILLON-VIARDOT

Cinq Années de la Vie des Jeunes Filles. (*L'Entrée dans le monde.*) 1 joli vol. in-12.

Mme A. TASTU

Lettres choisies de madame de Sévigné, avec son Éloge. (*Couronné par l'Académie française.*) 1 vol. in-12.

Deuxième série à 2 fr. le vol. broché.

Mme GUIZOT

L'Écolier, ou RAOUL ET VICTOR. (*Ouvrage couronné par l'Académie française.*) 12e édition. 2 vol. in-12, 8 vignettes.

Une Famille, par Mme GUIZOT, ouvrage continué par Mme A. TASTU. 7e édition. 2 vol. in-12, 8 vignettes.

Les Enfants. Contes pour la jeunesse. 10e édition. 2 vol. in-12, 8 vignettes.

Nouveaux Contes pour la jeunesse, 9e édition. 2 vol. in-12, 8 vignettes.

Récréations morales. Contes pour la jeunesse. 10e édit. 1 vol. in-12, 4 vign.

Lettres de Famille sur l'éducation. (*Ouvrage couronné par l'Académie française.*) 5e édition. 2 vol. in-12 . . . . 6 fr.

Mme F. RICHOMME

Julien et Alphonse, ou le NOUVEAU MENTOR. (*Ouvrage couronné par l'Académie française.*) 1 vol. in-12, 6 lithographies.

ERNEST FOUINET

Souvenirs de Voyage en Suisse, en Grèce, en Espagne, etc., ou RÉCITS DU CAPITAINE KERNOEL, destinés à la jeunesse. 1 vol. in-12 avec 6 lithographies.

Mlle C. DELEYRE

Contes pour les enfants de 5 à 7 ans. Nouv. édit. revue par Mme F. RICHOMME. 1 vol. in-12, avec jolies lithographies.

Contes pour les enfants de 7 à 10 ans. Nouv. édit. revue par Mme F. RICHOMME. 1 vol. in-12, avec jolies lithographies.

Mlle ULLIAC-TRÉMADEURE

Les Jeunes Naturalistes. Entretiens familiers sur les *animaux*, les *végétaux* et les *minéraux*. 5e édition. 2 vol. in-12, ornés de 32 vignettes.

Mlle ULLIAC-TRÉMADEURE (suite)

Claude, ou le Gagne-Petit. (*Ouv. cour. par l'Acad. fr.*) 2e édit. 1 v. in-12, 4 vig.
Étienne et Valentin, ou Mensonge et Probité. (*Ouvrage couronné.*) 3e édition. 1 vol. in-12. 4 vignettes.
Les Jeunes Artistes. Contes sur les beaux-arts. Nouv. édit. 1 vol. in-12. 4 vig.
Contes aux jeunes Naturalistes sur les animaux domestiques. 5e édition. 1 vol. in-12, 4 vignettes.
Émilie, ou la jeune Fille auteur 1 vol. in-12. 4 vignettes.

Mme A. TASTU

Les Récits du Maître d'école imités de César Cantu. 1 vol. in-12. 4 vignettes.
Les Enfants de la vallée d'Andlau, notions familières sur la religion, les merveilles de la nature, etc., par Mmes Voïart et A. Tastu. 2 vol. in-12, 8 vignettes.
Lectures pour les Jeunes Filles. Modèles de littérature en *prose* et en *vers*, extraits des Écrivains modernes. 2 vol. in-12, 8 portraits.
Album poétique des jeunes Personnes, ou Choix de poésies, extrait des meilleurs auteurs. 1 vol. in-12, 4 portraits.

Mme DELAFAYE-BRÉHIER

Les Petits Béarnais. Leçons de morale. 12e édition. 2 vol. in-12, 8 vignettes.
Les Enfants de la Providence, ou Aventures de trois Orphelins. 6e édition, revue par Mme F. Richomme. 2 vol. in-12, 8 vignettes.
Le Collége incendié, ou les Écoliers en voyage. 6e édit. 1 vol. in-12, 4 vign.

Mme L. BERNARD

Les Mythologies racontées à la jeunesse. 5e édition. 1 vol. in-12, orné de gravures d'après l'antique.

BERQUIN

L'Ami des Enfants. Édition complète. 2 vol. in-12, 32 figures.

Mme ÉL. MOREAU-GAGNE

Voyages et aventures d'un jeune Missionnaire en Océanie, etc. 1 vol. in-12, 4 lithographies.

FERTIAULT

Les Voix amies. Science, jeunesse, raison. Poésies. 1 vol. in-12.

OUVRAGES ILLUSTRÉS GRAND IN-8

Mme TASTU

Éducation maternelle. *Simples leçons d'une mère à ses enfants*, sur la lecture, l'écriture, l'arithmétique, la grammaire, la mémoire, la géographie, l'histoire sainte, etc. Nouvelle édition, imprimée avec luxe, illustrée de 500 jolies vignettes et cartes coloriées. 1 vol. grand in-8, papier jésus glacé. . . . . 15 fr.

FÉNELON

Les Aventures de Télémaque et les Aventures d'Aristonoüs. Édition illustrée par Tony Johannot, Baron, C. Nanteuil, etc., accompagnée d'Études, par MM. Villemain, S. de Sacy, de l'Académie française, et J. Janin, et suivie d'un *Vocabulaire historique et géographique*. 1 beau vol. grand in-8, illustré de plus de 200 belles vignettes.. . . . . 9 fr.

MICHELANT

Faits mémorables de l'Histoire de France, recueillis d'après nos meilleurs historiens, et accompagnés d'une Introduction par M. de Ségur. 1 beau vol. grand in-8, illustré de 128 très-belles vignettes de V. Adam. . . . . . 12 fr.

MICHEL MASSON

Les Enfants célèbres. Histoire des enfants qui se sont immortalisés par le malheur, la piété, le courage, le génie et les talents. Nouvelle édition. 1 beau vol. grand in-8, illustré de très-jolies lithographies et de vignettes sur bois. 9 fr

Mme GUIZOT

L'Amie des Enfants. Petit Cours de morale en action, comprenant tous les Contes de Mme Guizot. Nouvelle édition, enrichie de *Moralités* en vers, par Mme Élise Moreau. 1 fort vol. grand in-8, illustré de belles lithographies.. 9 fr.

L'Écolier, ou Raoul et Victor. (*Ouvrage couronné par l'Académie française.*) Nouvelle édition. 1 joli vol. grand in-8, illustré de belles lithographies. 9 fr.

PITRE-CHEVALIER

La Bretagne ancienne depuis son origine jusqu'à sa réunion à la France. Nouvelle édition. 1 beau vol. grand in-8, illustré par MM. A. Leleux, Penguilly et T. Johannot, de plus de 200 belles vignettes sur bois, gravures sur acier, types et cartes coloriés. . . . . 15 fr.

La Bretagne moderne depuis sa réunion à la France jusqu'à nos jours. *Histoire des États et des Parlements, de la Révolution dans l'Ouest, des guerres de la Vendée*, etc., illustrée par MM. Leleux, Penguilly et T. Johannot. 1 beau vol. grand in-8, orné de plus de 200 vignettes sur bois, gravures sur acier, types et cartes coloriés.. . . . . 15 fr.

La Suisse illustrée. Description et histoire de ses vingt-deux cantons, par MM. de Chateauvieux, Dubochet, Francini, Monnard, Meyer de Knonau, de Ruttimann, Schnell, Strohmeier, de Tscharner, Henry Zschokke, etc.; *illustrée* de 52 jolies vues gravées sur acier et carte. 1 vol. gr. in-8 jésus. Nouvelle édit. 10 fr.
— Le même ouvrage, en 2 vol. grand in-8, *illustrés* de 90 jolies vues gravées sur acier, costumes coloriés et cartes. . . . . 20 fr.

Mme ÉLISE MOREAU

Une Vocation, ou le Jeune Missionnaire. Ouvrage à l'usage de la jeunesse. 1 vol. in-8, orné de jolies lithographies.. . . . . 5 fr.

BUFFON

Le Petit Buffon illustré. Histoire naturelle des *Quadrupèdes*, des *Oiseaux*, des *Insectes* et des *Poissons*, extraite de Buffon, Lacépède, Olivier, etc., par le bibliophile Jacob. 4 vol. gr. in-32, ornés de 525 figures gravées sur acier. 6 fr.
— Le même, avec les 525 figures coloriées avec soin. . . . . 10 fr.

Mme AMABLE TASTU

Le premier Livre de l'Enfance, lecture et écriture. *Simples leçons d'une Mère à ses enfants*. 1 vol. de 80 pages, grand in-8, illustré de plus de 100 vignettes, papier vélin glacé, cartonné avec la couverture. . . . . 2 fr.

BERQUIN

L'Ami des Enfants. Nouvelle édition complète, 1 vol. grand in-8, illustré de jolies lithographies et de vignettes. . . . . 7 fr. 50

Œuvres complètes de Berquin, renfermant *l'Ami des Enfants et des Adolescents*, le *Livre de famille*, *Sandford et Merton*, etc. 4 vol. in-8, format anglais, illustrés de 200 vignettes. . . . . 10 fr.

— **L'Ami des Enfants et des Adolescents.** 2 vol. in-8, avec 100 fig. . 6 fr.

— **Le Livre de Famille.** 1 vol. in-8 avec 50 vignettes. . . . . . . 3 fr.

— **Sandford et Merton.** 1 vol. in-8, avec 50 vignettes. . . . . . 3 fr.

HERBIER DES DEMOISELLES

Traité de la Botanique présentée sous une forme nouvelle et spéciale, contenant la description des plantes et les classifications, l'exposé des plantes les plus utiles ; leur usage dans les arts et l'économie domestique et les souvenirs historiques qui y sont attachés ; les règles pour herboriser ; la disposition d'un herbier ; etc., etc., par Ed. Audouit, édit. revue par le Dr Hoefer. 1 v. in-8, *illustré* de 335 jolies vignettes coloriées. . . . . 10 fr.
— Le même ouvrage. 1 vol. in-12, avec les grav. noires. . . . . . . 5 fr.
— — — — grav. coloriées. . . . . . . 7 fr. 50

Atlas de l'Herbier des Demoiselles, dessiné par Belaife, gravé et colorié avec soin. Joli album de 106 pl. in-4, renfermant plus de 550 sujets. . . . . 10 fr.

DICTIONNAIRE DE MÉDECINE USUELLE

A l'usage des gens du monde, des chefs de famille et des grands établissements, des administrateurs, des magistrats, des officiers de police judiciaire, et enfin de tous ceux qui se dévouent au soulagement des malades.

Par une société de Membres de l'Institut, de l'Académie de médecine, de Professeurs, de Médecins, d'Avocats, d'Administrateurs et de Chirurgiens des hôpitaux dont les noms suivent : Andrieux, Andry, Blache, Blandin, Bouchardat, Bourgery, Cafe, Capitaine, Carron du Villards, Chevalier, Cloquet (J.), Colombat, Cottereau, Couverchel, Cullerier (A.), Deleau, Devergie, Donné, Falret, Fiard, Furnari, Gerdy, Gilet de Grammont, Gras (Albin), Guersent, Hardy, Larrey (H.), Lagasquie, Landouzy, Lélut, Leroy d'Etiolles, Lesueur, Magendie, Marc, Marchesseaux, Martins, Miquel, Olivier (d'Angers), Orfila, Paillard de Villeneuve, Pariset, Plisson, Poiseuille, Sanson (A.), Royer-Collard, Trébuchet, Toirac, Velpeau, Vée, etc. Publié sous la direction du docteur Beaude, médecin inspecteur des eaux minérales, membre du Conseil de salubrité. 2 forts vol. in-4. . . . . 24 fr.
En demi-reliure dos de chagrin. . . . . 30 fr.

ŒUVRE DE DAVID D'ANGERS

Collection de 125 portraits contemporains gravés par les procédés de M. Ach. Collas, d'après les médaillons du célèbre artiste. Chaque portrait séparément. . . . . 75 c.

Portraits de Washington, de Napoléon Ier, **de Louis-Philippe**, gravés d'après les procédés de M. Ach. Collas. In-folio, chacun. . . . . 3 fr.

Bas-reliefs du Parthénon et du temple de Phigalie, disposés suivant l'ordre de la composition originale et gravés d'après les procédés de M. Ach. Collas. 1 joli album in-4 oblong, contenant 20 planches et un texte de 40 pages, par M. Ch. Lenormant, de l'Institut, cartonné élégamment à l'anglaise. . . . 16 fr.

OUVRAGES DE NAPOLÉON LANDAIS

ET DE SES COLLABORATEURS

Grand Dictionnaire général des Dictionnaires français, résumé de tous les dictionnaires, par N. LANDAIS, 14° édition, revue et augmentée d'un *Complément* de 1200 pages. 5 vol. réunis en 2 vol. grand in-4 de 5000 pages. . . . . . 40 fr.
Ce dictionnaire contient la nomenclature exacte des mots *usuels et académiques, archaïques et néologiques, artistiques, géographiques, historiques, industriels, scientifiques,* etc., *la conjugaison de tous les verbes irréguliers, la prononciation figurée des mots, les étymologies savantes, la solution de toutes les questions grammaticales,* etc.

Complément du Grand Dictionnaire de Napoléon Landais, pour les onze premières éditions, par une société de savants sous la direction de MM. D. CHÉSUROLLES et L. BARRÉ. 1 fort vol. in-4 de près de 1200 pages à 5 colonnes. . . 15 fr.

Grammaire générale des Grammaires françaises, présentant la solution de toutes les questions grammaticales, par N. LANDAIS. 6° édit. 1 vol. in-4. . 9 fr.

Petit Dictionnaire des Dictionnaires français, par N. LANDAIS. Ouvrage *entièrement refondu*, et offrant, sur un nouveau plan, la nomenclature complète, la prononciation nécessaire, la définition claire et précise et *l'étymologie* vraie de tous les mots du vocabulaire usuel et littéraire, et de tous les termes scientifiques, artistiques et industriels de la langue française, par M. CHÉSUROLLES. 1 très-joli vol. in-32 de 600 pages. . . . . 1 fr. 50

Dictionnaire des Rimes françaises, disposé dans un ordre nouveau d'après la distinction des rimes en *suffisantes, riches* et *surabondantes,* etc., précédé d'un *Traité de Versification,* etc., par N. LANDAIS et L. BARRÉ. 1 vol. in-32. . 1 fr. 50

Petit Dictionnaire biographique des personnages célèbres de tous les temps et de tous les pays, *extrait du Dictionnaire de Napoléon Landais,* par M. D. CHÉSUROLLES. 1 fort vol. grand in-32 de 600 pages. . . . . 1 fr. 50

DICTIONNAIRE DE TOUS LES VERBES

De la langue française tant *réguliers qu'irréguliers*, entièrement conjugués, sous forme synoptique, précédé d'une théorie des verbes et d'un traité des participes, etc. d'après l'ACADÉMIE, LAVEAUX, TRÉVOUX, BOISTE, NAPOLÉON LANDAIS et nos grands écrivains; par MM. VERLAC et LITAIS DE GAUX, professeur, membre de la Société grammaticale de Paris, etc. 1 beau vol. in-4. Nouv. édit. . . . . 10 fr.

VERGANI

Grammaire italienne en 20 leçons, revue par MORFETTI et augmentée par BRUSETTI. Nouvelle édition. 1 vol. in-12. . . . . 1 fr.

LE CORPS DE L'HOMME

Traité complet d'anatomie et de physiologie humaine, suivi d'un *Précis des Systèmes de* LAVATER *et de* GALL; à l'usage des gens du monde, des médecins et des élèves, par le docteur GALET. 4 vol. in-4, *illustré* de plus de 400 figures dessinées d'après nature et lithographiées. . . . . 90 fr.
— LE MÊME OUVRAGE, avec les 400 figures coloriées avec le plus grand soin. 140 fr.

NOUVELLE COLLECTION DES MÉMOIRES RELATIFS A L'HISTOIRE DE FRANCE
Par MM. Michaud et Poujoulat,

Avec la collaboration de MM. Champollion, Basin, Moreau, etc.

34 volumes grand in-8 jésus à 2 col., illustrés de plus de 100 portraits sur acier. Prix : 300 fr.

TOME I.
G. DE VILLEHARDOUIN. — H. DE VALENCIENNES. P. SARRAZIN. — SIRE DE JOINVILLE. — Sur le règne de saint Louis et les Croisades (1198-1270).
DU GUESCLIN. — Mémoires (13..-1380).
CHRISTINE DE PISAN — Le Livre des faits, etc., du roi Charles V (1336-1372).

TOME II.
CH. DE PISAN. — Le Livre des faits, 2ᵉ part. (1373-1380).
EXTRAITS DES CHRONIQUEURS, sur les règnes de Philippe le Hardi, etc., jusqu'à Jean II.
JEAN LE MAINGRE dit BOUCICAUT (1368-1421).
J. DES URSINS (1380-1422). — P. DE FENIN (1407-1427).
ANONYME. — Journal d'un bourgeois de Paris sous Charles VI (1409-1422).

TOME III.
MÉMOIRES sur Jeanne d'Arc (1422-1429).
G. GRUEL. — Hist. d'Artus de Richemont (1413-1457).
ANONYME. — Journal d'un bourgeois de Paris sous Charles VII (1422-1449).
O. DE LA MARCHE. — J. DU CLERCQ (1435-1489).

TOME IV.
PH. DE COMINES. — Mém. (1464-1498).
JEAN DE TROYES. — Chronique (1460-1483).
G. DE VILLENEUVE. — Mém. (1494-1497).
J. BOUCHET. — Paneg. de la Trémouille (1460-1525).
LE LOYAL SERVITEUR. — Hist. du bon chevalier Bayard (1476-1524).

TOME V.
LA MARK, seign. de Fleurange. — Hist. des règnes de Louis XII et de François Iᵉʳ (1499-1521).
LOUISE DE SAVOIE. — Journal (1476-1522).
MARTIN et G. DU BELLAY. — Mém. (1513-1547).

TOME VI.
F. DE LORRAINE, duc de Guise. — Mém. (1547-1561).
L. DE BOURBON, prince de Condé (1559-1564).
A. DU PUGET. — Mémoires (1561-1596).

TOME VII.
B. DE MONTLUC. — FR. DE RABUTIN. — Commentaires (1521-1574).

TOME VIII.
SAULX-TAVANNES. — Mémoires (1515-1595).
SALIGNAC. — Le siège de Metz (1552).
COLIGNY. — Le siège de S.-Quentin (1557).
LA CHASTRE. — Mémoires du duc de Guise en Italie, etc. (1556-1557).
ROCHECHOUART. — ACH. GAMON. — J. PHILIPPI. — Mémoires (1497-1590).

TOME IX.
VIEILLEVILLE. — Mém. (1527-1571). — CASTELNAU. (1559-1570). — J. DE MERGEY (1554-1589). — FR. DE LA NOUE (1562-1570).

TOME X.
B. DU VILLARS. — Mém. (1559-1569). — MARG. DE VALOIS. (1569-1582). — PH. DE CHEVERNY. (1553-1582). — PH. HURAULT, év. de Chartres. (1599-1601).

TOME XI.
DUC DE BOUILLON. — Mém (1555-1586). — CH. DUC D'ANGOULÊME (1589-1593). — DE VILLEROY. Mém. d'État (1581-1594). — J.-A. DE THOU (1553-1601).
J. CHOISNIN. — Mém. sur l'élection du roi de Pologne (1571-1573).
J. GILLOT, L. BOURGEOIS, DUBOIS. — Relations touchant la régence de Marie de Médicis, etc.
MATH. MERLE S.-AUBAN. — Mém. sur les guerres de religion (1572-1587).
M. DE MARILLAC et CLAUDE GROULART. — Mém. et voyages de cour (1583-1600).

TOMES XII-XIII.
P. ... — Chronol. novenaire (1589-...). Septenaire, etc. (1598-1604).

TOMES XIV-XV.
P. DE L'ESTOILE. — Registre-journal d'un curieux, etc. (1574-1589), publié d'après le manuscrit autographe presque entièrement inédit, par MM Champollion. — Mém. et journal (1589-1611.)

TOMES XVI-XVII.
SULLY. — Mém. des sages et royales œconomies d'Estat, etc. (1570-1638).
MARBAULT, secrétaire de Duplessis-Mornay. — Remarques inédites sur les Mémoires de Sully.

TOME XVIII.
JEANNIN. — Négociations (1598-1609).

TOME XIX.
FONTENAY-MAREUIL (1609-1647). PONTCHARTRAIN Mém. (1610-1620). — M. DE MARILLAC. — Relation exacte de la mort du maréchal d'Ancre. — ROHAN. Mém. sur la guerre de la Valteline, etc. (1610-1629).

TOME XX.
BASSOMPIERRE (1597-1610). D'ESTRÉES (1610-1617). TH. DU FOSSÉ. — Mémoires de Pontis (1597-1652).

TOMES XXI-XXII.
CARDINAL DE RICHELIEU. — Mémoires (1600-1635).

TOME XXIII.
C. DE RICHELIEU. — Mém. et Testam. (1635-1689).
ARNAULD D'ANDILLY — Mém. (1610-1636).
ABBÉ ANT. ARNAULD (1634-1675).
GASTON, duc d'Orléans (1608-1636).
DUCHESSE DE NEMOURS. — Mémoires.

TOME XXIV.
Mme DE MOTTEVILLE. — LE P. BERTHOD (1615-1664).

TOME XXV.
CARD. DE RETZ. — Mémoires (1648-1679).

TOME XXVI.
GUY JOLY. — Mém. (1648-1665). CL. JOLY. — Mém. (1650-1655). — P. LENET. — Mém. (1627-1659).

TOME XXVII.
BRIENNE (1615-1661). — MONTRÉSOR (1632-1637).
FONTRAILLES. — Relation de la cour, pendant la faveur de M. de Cinq-Mars (1641).
LA CHATRE. — Mém. (1642-1643). — TURENNE. Mém. (1643-1659). — DUC D'YORK. Mém. (1652-1659).

TOME XXVIII.
Mlle DE MONTPENSIER. — Mémoires (1627-1686).
V. CONRART. — Mém. (1652-1661).

TOME XXIX.
MONTGLAT. — Mém. sur la guerre entre la France et la maison d'Autriche (1635-1660).
LA ROCHEFOUCAULD. — Mém. (1630-1652).
GOURVILLE. — Mémoires (1642-1698).

TOME XXX.
O. TALON. — Mém. (1630-1653). — CHOISY (1644-1724).

TOME XXXI.
HENRI, duc de Guise. — Mém. (1647-1648). — GRAMONT. — Mém. (1604-1677). — GUICHE. — Relation du passage du Rhin. — DU PLESSIS. — Mém. (1622-1671). M. DE *** (de Brégy). — Mém. (1613-1690).

TOME XXXII.
LA PORTE. — Mém. (1624-1666).
CHEVALIER TEMPLE. — Mém. (1672-1679).
MME DE LA FAYETTE. — Hist. de Mme Henriette d'Angleterre. — Mém. de la cour de France (1658-1689).
LA FARE. — Mém. (1661-1693). — BERWICK. — Mém. (1670-1734). — CAYLUS. — Souvenirs. — TORCY. — Mém. p. servir à l'hist. des négociat. (1697-1713).

TOME XXXIII.
VILLARS. — Mém. (1672-1734). — FORBIN (1677-1710). — DUGUAY-TROUIN. — Mémoires (1689-1710).

TOME XXXIV.
DUC DE NOAILLES — Mém (1663-1756). — DUCLOS. — Mém. secrets, etc. (1715-1738).
Mme DE STAAL-DELAUNAY. — Mémoires.

TRÉSOR
DE NUMISMATIQUE
ET DE GLYPTIQUE

OU

Recueil général des Médailles, Monnaies, Pierres gravées, Bas-Reliefs, Ornements, etc.

TANT ANCIENS QUE MODERNES

LES PLUS INTÉRESSANTS SOUS LE RAPPORT DE L'ART ET DE L'HISTOIRE

GRAVÉ PAR LES PROCÉDÉS DE M. ACHILLE COLLAS

SOUS LA DIRECTION DE

M. PAUL DELAROCHE, peintre; M. HENRIQUEL DUPONT, graveur,
M. CHARLES LENORMANT, conservateur de la Bibliothèque, membre de l'Institut, etc.

20 parties ou volumes in-folio, comprenant plus de 1,000 planches accompagnées d'un texte historique et descriptif.

PRIX : **1260** FR.

DIVISION DES VINGT PARTIES

I
Numismatique des Rois grecs............................ 1 vol. avec 92 pl.
Nouvelle Galerie mythologique......................... 1 vol. avec 52 pl.
Bas-reliefs du Parthénon, etc........................... 1 vol. avec 16 pl.
Iconographie des Empereurs romains et de leurs familles. 1 vol. avec 64 pl.

II
Histoire de l'Art monétaire chez les modernes........ 1 vol. avec 56 pl.
Choix historique des Médailles des Papes............. 1 vol. avec 48 pl.
Recueil de Médailles italiennes, XV° et XVI° siècle... 2 vol. avec 84 pl.
Recueil de Médailles allemandes, XVI° et XVII° siècle. 1 vol. avec 48 pl.
Sceaux des Rois et Reines d'Angleterre................ 1 vol. avec 36 pl.

III
Sceaux des Rois et des Reines de France.............. 1 vol. avec 28 pl.
Sceaux des grands feudataires de la couronne de France. 1 vol. avec 32 pl.
Sceaux des communes, communautés, évêques, barons et abbés... 1 vol. avec 24 pl.
Histoire de France par les Médailles :
  1° de Charles VII à Henri IV................... 1 vol. avec 68 pl.
  2° de Henri IV à Louis XIV..................... 1 vol. avec 36 pl.
  3° de Louis XIV à 1789.......................... 1 vol. avec 56 pl.
  4° Révolution française........................ 1 vol. avec 96 pl.
  5° Empire français............................. 1 vol. avec 72 pl.

IV
Recueil général de Bas-reliefs et d'Ornements....... 2 vol. avec 100 pl.

ŒUVRES COMPLÈTES
DE
BARTOLOMMEO BORGHESI

Publiées par les ordres et aux frais de S. M. l'Empereur NAPOLÉON III

ET PAR LES SOINS D'UNE COMMISSION COMPOSÉE DE

MM. LÉON RENIER, J. B. DE ROSSI, N. DESVERGERS, CAVEDONI, G. HENZEN, MINERVINI, RITSCHL, ROCCHI ET E. DESJARDINS, secrétaire

LES ŒUVRES COMPLÈTES DE BORGHESI FORMERONT 5 SÉRIES

En vente : 1° Les **Œuvres numismatiques** en 2 vol. in-4 . . . . 40 fr
2° **Œuvres épigraphiques** qui formeront plusieurs vol. in-4
Tomes 1 à 5 . . . . 60 fr.
Sous presse : 3° Les **Fastes consulaires** en 2 vol. in-folio.
4° La **Correspondance**, dont la plus grande partie est inédite et qui formera aussi plusieurs vol. in-4.
5° L'**Introduction**, comprenant la biographie et les œuvres littéraires de Borghesi.

LETTRES, INSTRUCTIONS ET MÉMOIRES
DE
COLBERT

PUBLIÉS

d'après les ordres de l'Empereur, sur la proposition de M. le Ministre des finances

PAR M. PIERRE CLÉMENT, DE L'INSTITUT

Tomes I à III parus en cinq parties, gr. in-8. — Prix : **46 fr.**

LE NORD DE L'AFRIQUE
DANS L'ANTIQUITÉ GRECQUE ET ROMAINE
ÉTUDE HISTORIQUE ET GÉOGRAPHIQUE

PAR

M. VIVIEN DE SAINT-MARTIN

OUVRAGE COURONNÉ EN 1860 PAR L'ACADÉMIE DES INSCRIPTIONS ET BELLES-LETTRES

1 vol. grand in-8 accompagné de 4 cartes (Imprimerie impériale). Prix : **12 fr.**

JOURNAL DES SAVANTS

COMPOSITION DU BUREAU

M. LE MINISTRE DE L'INSTRUCTION PUBLIQUE, *Président*.

Assistants

- M. LEBRUN, de l'Académie française.
- M. GIRAUD, de l'Acad. des sciences morales.
- M. NAUDET, de l'Académie des inscriptions et des sciences morales.
- M. MÉRIMÉE, de l'Acad. fr. et des inscript.

Auteurs

- M. V. COUSIN, de l'Acad. fr. et sc. morales.
- M. CHEVREUL, de l'Académie des sciences.
- M. FLOURENS, de l'Acad. fr. et des sciences.
- M. VILLEMAIN, de l'Acad. française et des inscriptions.
- M. PATIN, de l'Académie française.
- M. MIGNET, de l'Acad. fr. et des sc. morales.
- M. L. VITET, de l'Acad. fr. et des inscript.
- M. B. SAINT-HILAIRE, de l'Ac. des sc. mor.
- M. LITTRÉ, de l'Académie des inscriptions.
- M. FRANCK, de l'Acad. des sciences morales.
- M. BEULÉ, de l'Acad. des beaux-arts.
- M. J. BERTRAND, de l'Acad. des sciences.

CONDITIONS DE L'ABONNEMENT

Le *Journal des Savants* paraît chaque mois par cahiers de 8 feuilles in-4. Le prix de l'abonnement est de 36 fr. par an pour Paris, et de 40 fr. pour les départements.

Chaque année forme 1 volume. Il reste encore quelques exemplaires de la collection en 49 vol. au prix de 755 fr. On peut avoir ensemble ou séparément les années depuis 1850 jusqu'en 1865 au prix de 25 fr.

REVUE ARCHÉOLOGIQUE

OU

RECUEIL DE DOCUMENTS ET DE MÉMOIRES RELATIFS A L'ÉTUDE DES MONUMENTS
A LA NUMISMATIQUE ET A LA PHILOLOGIE

DE L'ANTIQUITÉ ET DU MOYEN AGE

PUBLIÉS PAR

MM. le vicomte de Rougé, de Longpérier, F. de Saulcy, Alfred Maury
le duc de Luynes, Renier, Brunet de Presle, Miller, Egger, Beulé,
Membres de l'Institut;

Viollet-le-Duc, Architecte du Gouvernement;

le général Creuly, A. Bertrand, Chabouillet, de la Société des Ant. de France.

A. Mariette, Devéria, Conservateurs du Musée du Louvre;

Vallet de Viriville, Professeur à l'École des chartes; Perrot, Heuzey,
de l'École d'Athènes, etc.

ET LES PRINCIPAUX ARCHÉOLOGUES FRANÇAIS ET ÉTRANGERS

MODE ET CONDITIONS DE L'ABONNEMENT

La *Revue archéologique* paraît chaque mois par cahiers de 64 à 80 pages grand in-8, qui forment, à la fin de chaque année, deux volumes ornés de planches gravées sur acier et de gravures sur bois intercalées dans le texte.

Prix : **Paris : Un an, 25 fr. — Départements : Un an, 27 fr.**

Les années 1860 à 1865, formant les 12 premiers volumes de la nouvelle série, coûtent chacune 25 fr. (Le souscripteur à l'année 1866 peut acquérir cette Collection pour 120 fr. au lieu de 150.)

PARIS. — IMP. SIMON RAÇON ET COMP., RUE D'ERFURTH, 1.